MARIANNE AMAR
PIERRE MILZA

L'immigration en France au XXe siècle

ARMAND COLIN

Illustration de couverture : Sylvie Faye.

© Armand Colin Éditeur.

© Armand Colin Éditeur, Paris 1990
ISBN : 2-200-37190-X

Armand Colin Éditeur, 103, Bd Saint-Michel, 75240 Paris, Cedex 05.

TABLE DES MATIÈRES

Introduction, 7

Action française, 15

Activité économique, 18

Afrique Noire, 25

Aigues-Mortes, 29

Algériens, 36

Allemands, 45

Amérique latine, 52

Ancien Régime, 54

Arméniens, 56

Associations, 60

Belges, 64

Boat people, 66

Catholiques, 69

Chinois, 74

Communauté économique européenne, 76

Daladier (décrets), 80

Délinquance, 82

Démographie, 85

Dreux, 92

Droit d'asile, 97

Droit de vote, 103

Enseignement, 108

Espagnols, 115

Expulsions, 119

Fontanet (circulaires), 125

Francisation des noms, 127

Front national, 129

Front populaire, 136

Fuorusciti, 143

Géographie, 147

Guerre d'Espagne, 152

Guerre 1914-1918, 155

Habitat, 158

Harkis, 163

Hollandais, 166

Immigration clandestine, 168

Islam, 174

Italiens, 179

Juifs, 195

Ligue des Droits de l'homme, 204

Mariages mixtes, 207

Marocains, 211

Marseille, 214

Millerand (décret), 218

Nationalité française, 219

Office national d'immigration, 226

Opinion publique, 229

Papiers, 239

Paris, 244

Parti communiste, 250

Polonais, 257

Portugais, 262

Recensements, 266

Russes, 274

Santé, 277

Socialistes, 282

Société générale d'immigration, 289

SOS Racisme, 293

Stoléru (décrets), 295

Suisses, 297

Syndicats, 299

Tamouls, 307

Tchécoslovaques, 309

Tunisiens, 312

Turcs, 314

Vénissieux/Villeurbanne, 317

Yougoslaves, 320

Introduction

L'afflux des étrangers dans l'espace qui constitue aujourd'hui "l'Hexagone" ne date pas d'hier, de même que les problèmes qu'il suscite. « Nostre France est une mère commune qui ne refuse nourriture ni accroissement », peut-on lire dans le *Mercure* au XVIIe siècle, et il n'est pas rare que la chronique locale, au temps de Richelieu et de Colbert, se fasse l'écho de conflits opposant des commerçants, des fabricants ou des ouvriers du cru à leurs homologues étrangers.

Plaintes et incidents, cependant, étaient rares. Ils n'ont pas empêché nombre de migrants de faire souche, et cela, pas seulement parce que, comme l'écrivait dans sa thèse pionnière de 1932 le géographe Georges Mauco, « le nationalisme de nos pères groupés en corporations était moins ombrageux que celui de nos ouvriers modernes [1]. » Doivent également être pris en compte la faible ampleur des flux et le rythme, généralement très lent, de la pénétration étrangère jusqu'au milieu du XIXe siècle.

Passons sur les très anciens déplacements de populations et sur les avatars d'une histoire millénaire qui a fait le "peuple français" : un fond composite et fortement brassé, enrichi de règne en règne par les acquis périphériques les plus divers et auquel sont venus s'agréger, par strates à peine perceptibles, des apports allogènes dont la somme a fini par constituer, à l'aube de l'ère industrielle, une fraction importante de la nation. Phénomène de très longue durée et qui s'est opéré selon des processus variés, nullement spécifiques d'un "modèle" français de la migration internationale : pour peu que cette expression ait un sens dans une Europe qui n'est pas encore celle des États-nations.

Si l'on s'en tient à l'époque moderne, on constate que l'implantation des migrants sur le territoire du royaume s'est opérée tantôt par capillarité, à partir d'une immigration frontalière qui ne fait que prolonger dans le temps de très anciens déplacements (Cf. l'article *Italiens*), tantôt par un cheminement au long cours qui fait intervenir des réseaux plus complexes et des mouvements d'une plus forte amplitude. Il en résulte qu'à la veille de la révolution industrielle, la répartition des étrangers garde un caractère de relative concentration. Les 2/3 de la population allogène recensée se répartissent entre les régions frontalières, tandis que le reste se trouve dispersé entre quelques pôles peu nombreux, dont Paris est de loin le plus important.

Pendant cette préhistoire de l'immigration de masse, la France a accueilli des populations aux activités très diverses. Les migrations frontalières ont surtout été le fait de ruraux, de pasteurs et aussi d'individus pratiquant des activités itinérantes. Au contraire, les mouvements au long cours concernent très souvent – différence fondamentale avec celle des cent dernières années – une immigration de "spécialistes", attirés dans le royaume non pour combler un vide démographique qui n'existe pas (la France est alors le pays le plus peuplé d'Europe), mais pour répondre à une demande en personnel hautement qualifié : artisans et artisans d'art venus de nombreuses régions de la péninsule, banquiers lombards ou florentins, marchands et armateurs néerlandais et castillans, typographes, armuriers, métallurgistes, spécialistes des industries minières originaires d'outre-Rhin, ingénieurs maritimes, charpentiers, raffineurs de sucre, fabricants de toile venus de Hollande, etc.

Les besoins du commerce et des manufactures, ceux de l'armée – nombre de migrants sont des mercenaires importés d'Allemagne, de Suisse, d'Italie, d'Espagne, dont beaucoup ont fait souche dans notre pays comme ces soldats venus du Wurtemberg au début du XVIIᵉ siècle et qui ont pris racine à Alençon –, ceux également des hautes administrations royale, princière, ecclésiastique ou municipale, ont ainsi drainé en divers points du territoire français de petites colonies étrangères.

A quoi il faut ajouter que la France a continûment joué le rôle de terre d'asile pour les bannis, les vaincus des luttes de factions et les victimes de la tyrannie. Encore que la migration politique et religieuse, on le sait, n'ait pas toujours fonctionné à sens unique, comme en témoignent notamment l'exil massif des protestants après la révocation de l'Édit de Nantes. Là encore, il s'agit le plus souvent de migrations individuelles ou par petits groupes, et toutes sont loin d'être définitives. Néanmoins, certains événements ont pu déterminer des flux d'une plus grande ampleur. Ainsi, la révolution de 1787 en Hollande a entraîné le départ d'environ 40 000 personnes et l'installation d'une partie de ces exilés dans le Nord de la France.

L'importance quantitative de ces différents mouvements est difficilement mesurable pour qui voudrait faire l'histoire du fait migratoire dans notre pays, et le bilan de cette lente transfusion de sang neuf est à peu près impossible à dresser. A l'exception des Juifs, qui ont été jusqu'à la Révolution soumis à un régime particulier, rares sont en effet les groupes qui ne se sont pas rapidement assimilés. La monarchie a de bonne heure favorisé cette évolution. Dès le XIVᵉ siècle, elle a accordé à des *horsins* (ceux qui sont venus du dehors, donc les étrangers au sens que nous donnons à ce terme) le titre de bourgeois de certaines villes, puis elle a multiplié les lettres de naturalisation pour finalement octroyer le statut de sujet du royaume à des colonies entières : les dessicateurs hollandais sous le règne d'Henri IV, les étrangers ayant servi cinq ans dans l'armée royale sous Louis XIV, la totalité des Polonais de Lorraine en 1738, etc. Les naturalisés de fraîche date étaient, semble-t-il, suffisamment nombreux au XVIᵉ siècle pour que certaines voix dénoncent la "dénationalisation de la France" et pour que les États de Blois protestent, en 1576, contre la facilité avec laquelle était accordé un privilège dont le roi pouvait d'ailleurs tirer profit en le confirmant contre paiement d'une taxe.

Rares sont dans ces conditions les ascendances étrangères qui ont laissé des traces, y compris dans les mémoires familiales. Ceci est d'autant moins surprenant que, jusqu'à la loi du 11 germinal de l'an XI, qui instituait en France la fixité des patronymes, la naturalisation s'accompagnait en général d'une francisation du nom, opérée à la seconde, troisième ou quatrième génération, par suite des déformations de la langue parlée, de transcriptions erronées effectuées par ceux qui tenaient les registres paroissiaux ou de modifications voulues par l'intéressé : substitution du surnom donné par l'entourage au patronyme étranger ou traduction de celui-ci en français lorsque cela était possible. Qui devinerait à la simple lecture d'une liste de diplomates français du Grand Siècle que Jean Armand, filleul de Richelieu et ambassadeur de France au Maroc, s'appelait originellement Mustapha ?

Jusqu'au milieu du siècle dernier, la population de la France s'est donc enrichie, par la lente sédimentation d'éléments allogènes relativement peu nombreux et dont l'assimilation a été facilitée par la forte vitalité démographique du corps social. Or les choses changent à partir de 1860 avec les effets contradictoires d'une révolution industrielle qui bouleverse la répartition des postes de travail, multiplie les besoins de main-d'œuvre non qualifiée et renforce les pratiques malthusiennes des couples.

Contrairement à ce qui se passe dans tous les autres pays européens, la France connaît au cours des trois dernières décennies du siècle un fort ralentissement du rythme d'accroissement de sa population, conséquence à la fois du maintien d'un taux de mortalité relativement élevé et du tassement du taux de natalité, tombé au-dessous de 22 ‰ : ce qui ne manque pas d'inquiéter les économistes et les démographes. Dans le courant des années 1890, le déficit naturel de la population devient même monnaie courante et il s'accompagne de migrations internes qui, dans certaines régions périphériques, créent un véritable désert, jugé dangereux pour la sécurité de nos frontières. Ceci, au moment où la République doit assurer le contrôle d'un vaste Empire colonial, faire face à une tension internationale toujours plus vive et surtout répondre aux besoins de main-d'œuvre suscités par l'essor industriel.

De là une demande de bras tournée vers les pays à forts excédents démographiques. Bien que les statistiques soient encore peu fiables (elles ne rendent compte ni de l'immigration clandestine ni des migrations de transit), on peut, à partir de 1851 – date du premier recensement dans lequel figurent les étrangers –, en mesurer le caractère de masse. A cette date, il n'y a encore que 380 000 immigrés dans l'Hexagone, soit un peu plus de 1 % de la population totale. Il y en aura 700 000 à la fin du Second Empire, 1 million en 1881, 1 126 000 dix ans plus tard et près de 1 160 000 en 1911, ce qui représente près de 3 % de l'effectif recensé. En un demi-siècle, la population étrangère a donc triplé, alors que le nombre des autochtones a tout juste augmenté de 20 %, naturalisés compris. Il est clair que, dès cette période, l'accroissement, au demeurant très modeste, de la population résidant en France est pour une large part (au moins 40 %) dû à l'afflux des migrants.

Ces premières vagues de migrants concernent principalement les populations des États riverains de la France et forment essentiellement des noyaux denses dans les départements frontaliers ou peu éloignés du pays de départ (à l'exception de la nébuleuse parisienne). Jusqu'à la fin du XIXᵉ siècle, les Belges viennent de loin en première position, avec une moyenne de plus de 40 % des entrées, mais, à partir de 1900, ce sont les Italiens qui forment la colonie la plus nombreuse et, à la veille du premier conflit mondial, ces deux nationalités réunies représentent encore plus des 2/3 de l'effectif immigré. Viennent ensuite les Allemands, les Espagnols et les Suisses avec, pour chacune de ces nationalités, un contingent à peu près égal représentant de 7 à 9 % de la population étrangère, puis les Britanniques, les Russes, les Luxembourgeois et les sujets de l'Empire des Habsbourg. Les autres pays sont très peu représentés et la part des non-Européens est alors quasiment nulle.

La guerre de 1914-1918 ne pouvait, du point de vue de la démographie et des échanges migratoires entre la France et les pays fournisseurs de main-d'œuvre, qu'accélérer les processus entamés depuis le dernier tiers du XIXᵉ siècle. Pour ne parler que des effets à court terme, la guerre a dessiné des entailles profondes dans la pyramide des âges avec les 1 400 000 tués – plus de 10 % de la population active – le million de mutilés et de gazés, les classes 1912 à 1915 amputées de 2/3 de leur effectif, le creux de 1,5 million de naissances imputable à l'absence prolongée des géniteurs mâles et à la diminution du nombre des mariages, etc. Certes, il y a eu un premier *baby boom* au cours des années immédiatement postérieures au conflit, mais le redressement a été de courte durée. Dès 1922, les chiffres sont retombés à un niveau voisin de celui de l'avant-guerre, la population française n'assurant plus son propre remplacement. De 1900 à 1939, elle n'a progressé que de 3 % – accroissement dû essentiellement au fait migratoire –, alors que dans le même temps l'effectif démographique augmentait de 36 % en Allemagne, de 33 % en Italie et de 23 % en Grande-Bretagne.

Dans ces conditions, l'appel à la main-d'œuvre étrangère est devenu, pour la France de l'entre-deux-guerres, une nécessité vitale, motivée par la diminution continue de la population active et augmentée à la fois par des mutations géographiques et sectorielles de forte amplitude et par des contraintes économiques, sociales et culturelles : la recrudescence de l'exode rural, les mesures de limitation du temps de travail, la sédentarité de la main-d'œuvre nationale et le fait que celle-ci se montre plus exigeante. Elle se détourne des tâches les plus rebutantes, répugne aux déplacements qu'imposent les restructurations industrielles et aspire à une promotion sociale que le tertiaire paraît lui offrir, abandonnant aux étrangers toute une gamme de postes de travail. Cela n'est pas nouveau, mais le phénomène se généralise entre 1920 et 1939.

Dès 1921, le nombre des étrangers dépasse le million et demi de personnes. Il y en aura – selon les statistiques officielles, sans doute très inférieures à la réalité – 2 400 000 en 1926 et plus de 2 700 000 en 1931, soit plus de 6,5 % de la population totale. Effectif record –

avec la crise, on retombe à 2,2 millions en 1936 – et qui marque en pourcentage une première crête dans la courbe séculaire des entrées. En tête viennent toujours les Italiens. Officiellement, ils sont un peu plus de 800 000 en 1931, mais le chiffre réel dépasse vraisemblablement le million de personnes. Les autres États voisins de l'Hexagone continuent de fournir des contingents importants qu'il s'agisse de l'Espagne (350 000 en 1931), de la Belgique (250 000), de la Suisse (100 000) ou même de l'Allemagne (72 000). Mais le fait nouveau et fondamental est l'arrivée des Polonais, venus en masse au lendemain de la guerre pour occuper des emplois de travailleurs agricoles et surtout de mineurs dans le Nord et le Pas-de-Calais : ils seront plus de 500 000 au début des années 30, concentrés dans des régions où commencent également à affluer des migrants venus de pays extra-européens et qui, comme eux, vont peu à peu occuper les postes de travail les plus rebutants, laissés vacants par les représentants des vagues précédentes. Il n'y a toutefois à la veille du second conflit mondial que 80 000 travailleurs nord-africains en France et quelques milliers d'Asiatiques.

La Seconde Guerre mondiale a produit des effets à peu près identiques à ceux de la première, à savoir un fort recul de l'effectif étranger pendant le conflit, suivi d'une reprise intense des flux motivée par les besoins de la reconstruction et de l'essor industriel qui caractérise les "Trente Glorieuses". Toutefois, jusqu'au début de la décennie 1960, la croissance de la population immigrée demeure relativement modeste. De 1946 à 1954, elle se stabilise à un niveau très inférieur à celui des années 30 (1 743 000 en 1946, 1 765 000 en 1954), et il faut attendre 1968 pour que celui-ci soit à peu près égalé. On compte alors en France 2 621 000 étrangers, parmi lesquels 72 % sont originaires des pays européens : l'Italie toujours, mais elle ne vient plus qu'en seconde position (571 000 ressortissants) après l'Espagne (607 000), tandis que le Portugal (296 000) s'installe au quatrième rang des pays fournisseurs de main-d'œuvre, laissant très loin derrière la Pologne (131 000), la Belgique (65 000) et l'Allemagne (43 000). Parmi les nouveaux arrivants, on trouve quelques dizaines de milliers de Yougoslaves et quelques milliers de Turcs, mais surtout le changement majeur réside dans la percée effectuée par les migrants originaires du Maghreb qui représentent désormais près de 1/4 de l'immigration étrangère. L'Algérie fournit à elle seule près de 18 % des entrées et vient au troisième rang des pays d'émigration vers la France.

La période de forte expansion, puis de brusque ralentissement de la croissance, qui sépare le recensement de 1968 de celui de 1975, est marquée par un important gonflement de l'effectif des migrants, tandis que se confirme la tendance au reflux des colonies européennes. Aujourd'hui, dans un contexte global de stabilisation des effectifs qu'expliquent les retombées de la crise et la suspension officielle (depuis 1974) de l'immigration des travailleurs permanents non originaires de la Communauté européenne, le nombre des étrangers résidant en France se situe autour de 4 millions de personnes : soit une proportion assez proche de celle des années 30 (environ 7 %).

Ce qui a fortement changé en revanche, c'est la répartition entre les nationalités et la part des non-Européens dans l'alimentation des flux migratoires. A l'exception du Portugal qui, avec 746 000 ressortissants recensés en 1982, conserve le second rang derrière l'Algérie (795 000), tous les pays européens ont vu en effet leurs apports se réduire, parfois dans des proportions considérables. Cela est vrai notamment de l'Espagne, et plus encore de l'Italie, devenue à son tour un pays d'accueil et où les retours l'emportent depuis quelques années sur les départs. Au total, les Européens ne représentent plus à l'heure actuelle que 47 % de la population étrangère résidant dans notre pays, alors que l'on dénombre 38,5 % de Maghrébins, 4,3 % de ressortissants des autres pays d'Afrique et 8 % d'Asiatiques (parmi lesquels 3,4 % de Turcs).

Aussi importantes que soient ces migrations de masses, elles ne constituent qu'une partie de la noria qui nourrit, depuis plus de cent ans, la population étrangère fixée sur le territoire français. Aux flux dominants de l'émigration du travail se sont en effet mêlés ceux de l'exil politique, tantôt originaires du même pays – socialistes et anarchistes russes et italiens avant 1914, adversaires de Mussolini et réfugiés de la guerre civile espagnole dans l'entre-deux-guerres, harkis algériens après 1962, etc. – tantôt venus d'autres aires de départ, comme les rescapés du génocide arménien et autres victimes, passées et présentes, de la répression dictatoriale ou totalitaire : Européens de l'Est fuyant les régimes fascisants des années 30, puis la terreur de l'ère stalinienne, opposants au pouvoir du général Pinochet après 1973, Cambodgiens et Vietnamiens depuis 1975, etc. Les éléments qui les composent ont en partie regagné leur pays d'origine, surtout lorsque la conjoncture politique s'y est modifiée, mais beaucoup sont restés en France et ont ainsi grossi, de décennie en décennie, le stock résiduel des migrants du travail.

Il faut en effet bien voir que l'immigration n'est pas l'accumulation linéaire de vagues successives venant, à sens unique, accroître l'effectif de la population étrangère. Joue et rejoue à tout moment, principalement durant les périodes d'expansion et de forte demande, un phénomène de *turn over* – de rotation – qui fait se croiser à un rythme rapide entrants et sortants. Seule fait souche une minorité qui rassemble en général les éléments les plus aisément assimilables (encore que la règle ne soit pas absolue : par exemple, les Italiens antifascistes ont plus volontiers regagné leur pays après la guerre que les Polonais), et dont les effectifs finissent par constituer une masse humaine considérable.

Il est difficile, dans l'état actuel de la recherche, d'avoir une idée tout à fait exacte de la part que représentent, par rapport à l'actuelle population de la France, les éléments d'origine étrangère, pour peu que l'on veuille simplement remonter aux premières vagues de l'immigration de masse. Nous connaissons certes, période par période, l'effectif des naturalisés – ils étaient 220 000 au début du siècle, 517 000 en 1936, 1 068 000 en 1954 ; ils sont près de 1,5 million aujourd'hui – et nous pouvons sans trop de difficultés repérer les francisés de la seconde génération. Au-delà de ces données aisément accessibles, les évaluations deviennent plus hasardeuses et les chiffres avancés sont, il faut le reconnaître d'une fiabilité incertaine. Selon les calculs effectués par les services du ministère de l'Intérieur, il y aurait à l'heure actuelle environ 18 millions de Français – soit 1/3 de l'effectif recensé en 1982 – ayant au moins un ascendant étranger, en remontant à trois ou quatre générations. On peut discuter le détail des chiffres, non l'ordre de grandeur qui place la France – immédiatement après les États-Unis et le Canada – au troisième rang des pays industriels dont le pourcentage de la population d'origine immigrante est le plus fort.

Cela signifie que, sans l'apport des éléments allogènes, le déclin démographique constaté par les démographes et les économistes dès la fin du siècle dernier auraient pris un caractère catastrophique et que le poids et le dynamisme de notre pays seraient, en cette fin de millénaire, sensiblement en deçà de ce qu'ils sont. C'est dire l'importance qu'a eue et que continue d'avoir pour la France le phénomène migratoire. Les auteurs de ce livre ont eu pour principal souci d'en rendre compte, en étant persuadés que la question qui se pose aujourd'hui est moins de savoir si nous pourrons vivre dans quinze ou vingt ans avec des étrangers porteurs d'une culture jugée "inassimilable" – l'intégration des migrants s'est toujours faite dans la douleur et a toujours fini par se faire – que de se demander si nous pourrons vivre sans eux.

---

1. Georges Mauco, *Les Étrangers en France. Leur rôle dans l'activité économique,* Paris, Armand Colin, 1932, p. 7.

Action française

Fondée en 1898, au plus fort de l'affaire Dreyfus, l'Action française (AF) demeure le meilleur exemple d'une tradition xénophobe et antisémite qui traverse la France du premier XXᵉ siècle. Prônant sous l'impulsion de Charles Maurras un nationalisme intégral, sa haine de "l'étranger" et du "Juif" est d'abord angoisse de voir la France pervertie, dénaturée, vaincue par un ennemi multiforme et omniprésent. Anglo-Saxons, Allemands, Slaves, Juifs et, plus loin, l'Islam et la Chine, tous menacent dans sa pureté une patrie divinisée et immaculée. Il faut donc la défendre sans relâche contre les attaques ouvertes (état de guerre) ou subversives (influences étrangères, supposées ou réelles, en temps de paix), double menace que l'on retrouve dans chaque action et manifeste de l'A.F.

Avant la Première Guerre mondiale, elle se fait bien sûr le chantre de la germanophobie, multipliant campagnes et avertissements contre le "Boche" qui vont influencer une génération entière. En août 1914, en dépit de sa haine non moins virulente contre la démocratie et le régime républicain, elle rallie l'Union sacrée, mais la victoire finale ne la rassure pas. A peine signé le traité de Versailles, l'A.F. va, en effet, en dénoncer les faiblesses, réclamant un démembrement total de l'Allemagne, tout en cultivant le ressentiment populaire. Maurras mène campagne contre l'utilisation de prisonniers allemands dans les travaux de reconstruction, prend les morts à témoin de la trahison des "démocrates" puis, tout au long des années 20, il pose en vigilant censeur d'Aristide Briand, qui essaie de transformer la paix en véritable réconciliation franco-allemande.

Mais l'Allemagne n'est pas seule, le "métèque" menace également pour reprendre la phraséologie des temps. Sous ce terme générique, l'A.F. englobe tout ce qui est "antifrançais", tous ceux qui se liguent contre une France idéale, parce qu'ils sont étrangers ou qu'ils lui sont soumis. L'ennemi est protestant, franc-maçon, démocrate, anarchiste, juif. A l'extérieur, il est anglais ou allemand, encerclant la France et menaçant de la broyer. Mais toujours, il est d'abord un étranger, étranger à une histoire, à une culture et à une civilisation, le nationalisme de Maurras étant souvent d'essence esthétique, voire sentimentale.

A l'exception des Belges, des Suisses et de quelques individualités qui méritent la qualité de Français pour "bons services rendus", aucune communauté ne trouve grâce aux yeux de l'A.F. Tout au long des années 30, elle cultive et flatte la xénophobie populaire, réclamant des mesures radicales pour protéger la main-d'œuvre française, la santé du pays et la sécurité nationale contre l'invasion des "métèques". Mais dans son opprobre, tous ne sont pas égaux : en dernier ressort, l'antisémitisme l'emporte sur la xénophobie, et le "Juif" symbolise, chez Maurras plus que les autres, l'ennemi, l'agent de l'étranger, celui qui inspire la conjuration universelle contre la France – révolutionnaire ou, à l'opposé, représentant de la haute finance internationale.

Condamnée par le Vatican en 1926, l'A.F. perdra beaucoup de son influence au cours des années 30, au profit de mouvements directement inspirés par le fascisme. Mais elle fait toujours entendre sa voix, déchaînant son antisémitisme contre Léon Blum au moment du Front populaire, dénonçant la "grande invasion" quand affluent les réfugiés fuyant le nazisme. Elle fait alors campagne pour un droit d'asile sélectif, réclamant qu'en soient exclus socialistes, communistes, anarchistes, mais aussi les franc-maçons, les Juifs, les délinquants et les malades qui menacent tous l'intégrité de la patrie. Sa germanophobie demeure néanmoins, car l'hitlérisme ne suffit pas à absoudre l'Allemagne. Conscient de l'impréparation militaire du pays, Charles Maurras sera pourtant munichois en 1938, avant de faire campagne contre la guerre l'année suivante. Puis vient la "divine surprise" de l'été 1940, quand triomphent Pétain et la révolution nationale.

Replié à Lyon pendant les années d'occupation, l'A.F. essaiera de définir une troisième voie entre la "dissidence" gaulliste, qui incarne à ses yeux le péril juif et anglo-saxon, et la collaboration avec une Allemagne toujours honnie. Cette germanophobie ne l'empêchera pas, néanmoins, de choisir son camp. Maurras poursuit son combat contre la démocratie et la franc-maçonnerie, il applaudit aux mesures antijuives et à la création de la Milice, ce qui lui vaudra d'être condamné à perpétuité en 1945. Gracié en 1952 en raison de son grand âge, il mourra à Tours quelques mois plus tard.

Activité économique

Dès l'Ancien Régime, migration et activité économique sont intimement liées. Ce sont d'abord les rois, qui font venir des spécialistes de l'agriculture, de l'industrie ou de la finance. Ce sont aussi, dans les régions frontalières, des migrations de proximité : quand la terre, l'artisanat ou les premières fabriques laissent des bras inemployés, les hommes partent un peu plus loin pour assurer leur subsistance. La révolution industrielle ne changera pas ces règles du jeu, mais elle va en bouleverser l'ampleur et la nature, jusqu'à créer des liens indissolubles entre certains secteurs d'activité et les travailleurs étrangers.

A la fin du XIXᵉ siècle, ces derniers s'enfoncent à l'intérieur du pays, privilégiant les régions de salariat agricole ou de grande industrie. Les mécanismes de reproduction sociale se mettent en place : quand la main-d'œuvre locale se fait trop rare, ou moins docile, les employeurs font appel aux étrangers prêts à travailler dans les pires conditions. Puis ceux-là s'assimilent, prennent conscience de leurs droits et gravissent les premiers échelons de l'échelle sociale, laissant leurs anciens emplois à une seconde vague de migrants. Car l'industrie réclame toujours plus de travailleurs étrangers : pénurie de main-d'œuvre, à laquelle s'ajoutent d'indéniables arrière-pensées sociales. Mais en privilégiant ainsi profits à court terme et une fragile paix sociale, le patronat va en fin de compte empêcher la formation d'une classe ouvrière homogène et surtout marginaliser les activités industrielles, trop "étrangères" pour être tenues en considération par l'opinion.

Ces mécanismes inaugurés par la révolution industrielle se

maintiennent au lendemain de la Première Guerre mondiale : dans les années 20, c'est encore l'économie qui déclenche l'immigration. Les régions dévastées du Nord et de l'Est sont à reconstruire ; les morts et les blessés font cruellement défaut. La France a perdu 9,9 % de sa population active dans l'agriculture, 8,7 % dans l'industrie, 8,1 % dans les transports, 9,4 % dans le commerce. A terme, le déficit démographique sera énorme ; dans l'immédiat, ces victimes manquent cruellement à l'économie. La reconstruction réclame des mineurs, des ouvriers dans l'industrie lourde. La révolution de l'automobile et de l'aéronautique offre de nombreux emplois.

Partout, ce sont des emplois durs, pénibles, souvent des emplois de manœuvres. Les Français n'en veulent pas, séduits par le tertiaire et des conditions de vie moins dures. On fera donc venir des étrangers, cette fois méthodiquement, avec création de centres de recrutement, contrôlés en partie par le patronat. En 1930, pour 100 actifs, on compte ainsi 7 immigrés, inégalement répartis entre les différentes branches d'activité. Appelés pour accomplir les tâches les plus ingrates et les plus dures, on les retrouve sans surprise dans les mines et les carrières (37,7 % des effectifs, jusqu'à 70 % dans les houillères, surtout d'origine polonaise), dans la construction et le terrassement (24 % des effectifs, en majorité italiens), l'industrie chimique (14,6 %) et la métallurgie (13 %). Dans les autres secteurs industriels, dans les services, on trouve à peu près la même proportion d'étrangers que dans l'ensemble des actifs, mais ils sont, en revanche, très largement sous-représentés dans l'agriculture (3,2 %).

L'explication est en partie structurelle : les campagnes françaises sont encore largement un monde de petits propriétaires, ce qui exclut la présence massive d'étrangers, même si leur nombre grandit régulièrement dans l'entre-deux-guerres. Mais surtout, les conditions de travail qui leur sont faites (quatorze à seize heures par jour), leurs conditions de vie et de logement – on les installe souvent dans l'étable, avec les bêtes – les poussent à partir au plus vite vers la ville, dès que l'occasion d'une embauche se présente. Les gouvernements successifs s'en irritent, essaient de multiplier les barrières administratives pour maintenir de force ceux que l'on a fait venir comme agriculteurs, mais peine perdue. Les étrangers préfèrent la condition ouvrière, aussi dure soit-elle. *A priori,* ils y sont mieux protégés puisque l'égalité de traitement est inscrite dans les textes.

Mais c'est oublier les employeurs qui ignorent ou tournent la loi. Certains exigent, par exemple, que toute la famille travaille dans l'entreprise, avec sanction en cas de refus. D'autres paient les étrangers à la journée et les Français à la tâche, ce qui permet à ces derniers d'avoir des salaires quatre à cinq fois plus élevés. On peut aussi déclasser l'ouvrier étranger qualifié, ou affecter le mineur dans les veines les plus pauvres. Brimés, menacés d'expulsion à la moindre incartade, rarement soutenus par leurs camarades français, les travailleurs étrangers n'ont, en général, d'autre salut que la fuite. Dès qu'ils trouvent un emploi moins pénible ou des conditions plus humaines, ils quittent le précédent. On les accuse alors d'instabilité.

Avec la crise, les griefs des Français vont devenir plus sévères. Cette fois, on leur reproche d'être là, simplement, et de prendre le travail des Français. Sous la pression de l'opinion, les autorités décident alors de limiter l'activité économique des étrangers, qui seraient responsables de la crise et du chômage. Après l'échec d'un premier train de mesures (limitation des entrées, incitation à l'embauche de travailleurs français), la loi du 10 août 1932 légalise la discrimination en matière d'activité économique. Chaque profession, chaque région, est autorisée à réclamer le contingentement de la main-d'œuvre immigrée dans son domaine d'intervention. A la fin de 1934, 72 décrets ont déjà été promulgués, mais ils ne concernent encore que des corporations sourcilleuses, comme le spectacle, et laissent à l'écart la grande industrie.

Pour peu de temps : le cabinet Flandin, sur recommandation d'une commission présidée par Édouard Herriot, choisit en 1934 des méthodes plus brutales. Les étrangers désireux de venir en France, y compris les réfugiés, n'auront pas le droit de travailler ; les cartes d'identité, qui ouvrent aux étrangers les portes du marché du travail, sont désormais renouvelés avec parcimonie, et les décrets de contingentement se multiplient. 553 sont signés à la veille du Front populaire, et ce dernier, en matière d'activité économique, ne changera rien à la politique de ses prédécesseurs. En novembre et décembre 1936, il signe de nouveaux décrets et refuse d'assouplir les conditions de renouvellement des cartes. Paradoxalement, ce sont les décrets Daladier, en 1938, si sévères envers les réfugiés et ceux que l'on soupçonne d'activités politiques, qui introduisent un peu de souplesse en matière économique. Mais il est vrai que les menaces de guerre s'accumulent, et l'industrie réclame à nouveau des bras dans les emplois les plus durs.

A la Libération, après cinq années de conflit et d'occupation, les conditions d'un nouveau recours massif à la main-d'œuvre étrangère paraissent réunies : population diminuée, vieillie ; pertes matérielles et humaines, tandis que se profile le rapatriement de milliers de travailleurs tchèques, polonais ou yougoslaves, réclamés par leurs gouvernements. Mais c'est finalement l'esprit de 1930 qui triomphe, la crainte malthusienne du chômage et de la concurrence, parfois teintée de xénophobie. Les syndicats réclament un contrôle strict des entrées : ils l'obtiendront. Le nouvel Office national d'immigration (ONI) reçoit pour mission de sélectionner et trier les candidats, afin d'éviter un nouvel afflux, et le Plan Monnet de 1946 se montre, en la matière, d'une extrême prudence.

Pour la période 1946-1950, les besoins en main-d'œuvre sont évalués à 980 000 travailleurs (500 000 prisonniers de guerre à remplacer et 480 000 nouveaux travailleurs à trouver pour relever le défi de la modernisation). Or, l'appel à l'immigration est réduit au strict minimum – 330 000 étrangers seulement, auxquels on ajoutera 150 000 soldats démobilisés, 100 000 Nord-Africains et 400 000 nouveaux travailleurs français (malades et blessés ayant repris leur activité, femmes, jeunes). L'apport culturel et démographique des étrangers est donc délibérément écarté. Ces derniers demeurent des suspects, à ne recruter que si toute autre solution s'avère impossible.

Finalement, à force de craindre "l'envahissement", le pays verra décroître le nombre de ses étrangers. Ils sont 1 743 000 en 1946 (4,2 % de la population totale), mais 1 553 000 seulement en 1954 (3,6 % de la population). De 1950 à 1955, l'ONI n'a introduit que 111 000 travailleurs permanents, dont 84 000 Italiens, et même si l'on y ajoute les 155 000 travailleurs algériens, comptabilisés comme nationaux, cela ne suffit pas à compenser les départs de l'après-guerre et les naturalisations. Mais l'échec de la politique migratoire n'est pas seulement dû à cet excès de prudence. Les années de reconstruction et de modernisation ont d'abord nécessité la reconstitution d'un potentiel technique et financier. Dans bien des secteurs, la production bute encore sur des goulets d'étranglement et la croissance s'enraye faute de débouchés. La France, par ailleurs, est une puissance coloniale, dont les échanges se font à l'abri de la zone franc. Le recours massif à une main-d'œuvre mobile et peu payée ne paraît alors ni vital, ni même possible.

Puis en quatre ans, de 1958 à 1962, tout est bouleversé. La mise en œuvre du Marché commun, la décolonisation de l'Afrique Noire en 1960, l'indépendance algérienne en 1962 obligent la France à réorienter sa production et ses échanges. Désormais tournée vers l'Europe, elle doit faire face à une concurrence plus rude, et baisser ses coûts de production. La paix revenue résorbe par ailleurs les goulets d'étranglement, les capacités d'investissement augmentent, la croissance prend son envol et, cette fois, la main-d'œuvre va manquer, une main-d'œuvre non qualifiée, mobile, capable de s'adapter aux nouvelles priorités industrielles. Les nationaux, seuls, ne peuvent répondre à ces besoins. De toute façon, ils ne le veulent pas : en quête de promotion sociale et de bien-être, ils se tournent désormais vers le secteur tertiaire. Alors, faute de nationaux, l'économie va se tourner vers la main-d'œuvre étrangère.

De 1957 à 1961, les rythmes de recrutement augmentent une première fois, si rapidement que l'ONI ne contrôle plus que la moitié des introductions. Nouvelle accélération de 1962 à 1968, 900 000 travailleurs étrangers passent la frontière pour soutenir le développement économique du pays : 8 sur 10, cette fois, échappent au contrôle de l'ONI et 8 sur 10 occupent un emploi non qualifié. Le bâtiment est le premier secteur d'accueil. Compte tenu des retards accumulés depuis la guerre, la demande y est pressante. La taille de ses entreprises permet par ailleurs de faire jouer plus facilement la solidarité communautaire entre les premiers installés, et les nouveaux venus. Les étrangers sont également nombreux dans le secteur de la transformation des métaux, attirés par des emplois nombreux et peu qualifiés.

Les préoccupations démographiques et culturelles de 1945 paraissent donc fort loin. Il faut des bras nombreux, dociles, et seul importe le potentiel économique des étrangers. Cynisme ou réalisme, le Vᵉ Plan désignera froidement les Portugais comme "source à exploiter" et les Espagnols comme "réserve essentielle". Une pause en mai 1968, et la course poursuite reprend entre croissance économique et immigration : de 1968 à 1975, on compte 800 000 nouvelles entrées de travailleurs.

Artisans de la croissance, les étrangers n'en auront pourtant guère profité. Leurs salaires sont inférieurs de 17 % à ceux des Français. Ils sont deux fois plus souvent victimes d'un accident du travail. Ils travaillent plus longtemps (quarante-trois heures en moyenne). On leur réserve toujours les emplois les moins qualifiés : en 1975, 60 % des étrangers sont manœuvres ou O.S. (34 % pour l'ensemble des salariés), 78 % occupent des postes nécessitant moins de trois semaines de formation, 3 % seulement sont agents de maîtrise, techniciens ou cadres (18 % pour l'ensemble des salariés). Les secteurs d'activité, enfin, sont toujours les mêmes : le bâtiment d'une part, et, plus généralement, les branches à faible investissement en capital qui survivent grâce à cette main-d'œuvre docile et mal payée ; les grandes entreprises d'autre part engagées dans la compétition mondiale car les étrangers ont accepté les emplois pénibles (3 × 8, travail posté) dont les Français ne voulaient pas.

Grandes ou petites entreprises, la crise économique frappera durement ces secteurs d'activité à forte présence étrangère. Et partout, les travailleurs étrangers seront les premiers débauchés, supportant jusqu'à 74 % des pertes d'emplois dans le bâtiment. Dès 1982, le nombre d'actifs étrangers a baissé de 1,8 % alors que la population active augmente encore au niveau national. Deux ans plus tard, le taux de chômage atteint 16,6 % dans la communauté étrangère, jusqu'à 22 % chez les Algériens, 9,5 % seulement pour les nationaux. Or, une fois licenciés, sans qualification, souvent illettrés, leurs possibilités d'embauche et de reconversion sont rares. Pourtant, de 1977 à 1987, 190 611 travailleurs et leurs familles seulement choisiront le retour au pays. Les autres sont restés : compte tenu du chômage, et du poids croissant des familles, les étrangers ne représentaient plus, en 1985, que 8,4 % de la population active.

En termes qualitatifs, les changements nés de la crise sont plus lents, plus précaires, mais réels. 79 % des étrangers sont aujourd'hui encore ouvriers, mais ils étaient 93 % en 1971 et le nombre de manœuvres est tombé à 15 %. Le bâtiment, l'automobile, la transformation des métaux demeurent les principaux secteurs d'accueil, y compris pour les stages de formation professionnelle, mais se dessine un redéploiement en direction des services, où les femmes jouent un rôle pionnier. Dans ce secteur, les emplois non qualifiés du secteur domestique sont encore largement majoritaires, mais des services comme les organismes financiers ou l'immobilier, réputés nobles, ont eux aussi enregistré une hausse spectaculaire du nombre d'étrangers, tandis que se renforçait le nombre d'artisans (+ 7 800 en 1986).

Ces changements sont plus sensibles encore dans la seconde génération, scolarisée en France, mieux armée aux métiers de demain que ses pères. Mais le taux de chômage des 15-24 ans demeure chez les étrangers de 10 points supérieur à celui des Français. D'une génération à l'autre, le sort réservé aux étrangers pendant les années de croissance fait donc toujours sentir ses effets. Les emplois de manœuvres sans espérance d'ascension sociale ont créé un environnement familial, culturel, social et géographique qui place souvent les jeunes en situation d'échec scolaire et bloque leur intégration.

Les mécanismes séculaires qui réservent aux étrangers les emplois les plus durs ont donc franchi une génération et survécu à la crise. Avec le retour de la croissance économique, on les retrouvera d'ailleurs inchangés, aux marges de l'activité économique. Dans le bâtiment, le textile, certains services, de nouveaux venus empruntent une fois de plus, à la fin des années 80, l'itinéraire des générations précédentes, parfois en clandestins, toujours en manœuvres sans droits ni qualification, car l'économie réclame des bras, de la docilité, de la souplesse et des bas salaires.

L'opinion, les pouvoirs publics ne voient que ceux-là, oubliant qu'une mutation fragile, mais décisive, est en cours. En vingt ans, à la notion de travailleur, défini par sa seule activité économique, s'est substituée la notion de communauté, de population. Désormais, le champ de son activité s'étend à un nombre croissant de secteurs économiques. Et ses problèmes dépassent largement ceux du marché du travail.

Afrique Noire

L'arrivée en France de ressortissants africains est un phénomène récent dans l'histoire de l'immigration. Ils sont 13 517 en 1946, date à laquelle on les recense pour la première fois, à peine plus en 1962, puis, en vingt ans, brusque poussée : les effectifs atteignent 134 000 [1] personnes en 1982, soit un peu plus de 3 % des étrangers vivant en France. Comme hier les Italiens, les Portugais ou les Nord-Africains, leur profil épouse celui du "dernier arrivé" puisqu'il s'agit d'une communauté jeune, masculine, aux conditions de vie précaires, qui essaie de maintenir encore les traditions culturelles et sociales du pays d'origine. Mais, à côté, demeure ce qui fait sa spécificité : au départ, une évidente hégémonie régionale : à l'arrivée, une hiérarchie sociale complexe et, en fin de compte, un taux élevé de retours dans le pays d'origine.

Les premiers venus furent soldats, tirailleurs sénégalais ou soudanais rescapés de la Première Guerre mondiale durant laquelle ils payèrent un lourd "impôt du sang" à la défense de la République. Rapidement rapatriés dans leurs foyers en 1919, ils ne s'attarderont pas en métropole, mais dans l'entre-deux-guerres, l'imagerie d'Épinal, la publicité (*Ya bon Banania*) et certains spectacles perpétuent le souvenir de leur présence, sans sortir des clichés de l'époque coloniale – bons sauvages et piètres travailleurs. Quelques-uns sont restés néanmoins, puis d'autres reviennent en France, mais toujours à titre individuel et parce qu'ils ont su se distinguer dans le sport, la culture ou l'administration.

Derrière cette apparente indifférence entre métropole et Empire, se tissent pourtant les liens qui feront l'émigration du second XXe siècle. Car les anciens soldats, au retour de France, sont restés en ville, à Dakar surtout, trop déracinés par quatre années de guerre, pour retourner vivre au village selon la tradition. La plupart appartiennent à l'ethnie des Soninké qui vit autour du fleuve Sénégal ; petit à petit, ils seront rejoints à Dakar par les saisonniers de l'agriculture, Soninké eux aussi, qui fuient une campagne où l'ancien ordre social se dissout, déstabilisé par l'administration coloniale. L'introduction des impôts en numéraire, le développement des transactions monétaires privent en effet les castes nobles de leur force économique, qui faisait l'essentiel de leur autorité morale. Certains nobles quittent alors la campagne pour essayer de regagner en ville un peu de ce pouvoir perdu ; d'autres villageois les suivront. A la veille de la Seconde Guerre mondiale, ils se retrouvent nombreux à Dakar, première étape d'une émigration vers la métropole, première esquisse de ce qu'elle sera – déracinement et prolétarisation des Soninké.

En Afrique, la guerre ne résout rien. Les problèmes économiques demeurent, les solidarités traditionnelles s'effilochent un peu plus. Mais, en métropole, la reconstruction, la croissance réclament des bras et surtout des bateaux car le commerce s'intensifie. Or, les Soninké sont un peuple de marins : quelques-uns embarquent en direction de Marseille, puis ils se font dockers et s'installent en ville. A la veille de l'indépendance africaine, au tournant des années 60, les jalons sont donc posés pour une émigration régulière, sinon massive, du village Soninké aux métropoles françaises, et aujourd'hui encore, la communauté africaine porte la marque de ces pionniers dans sa composition (1 immigré sur 2 est originaire de la région du fleuve Sénégal) et dans ses filières.

Si la décolonisation, en 1960, n'a pas fait naître le flux migratoire, il est sûr qu'elle a nettement accéléré le rythme des départs. Paradoxe : tandis qu'en Afrique, pour se protéger, les nouveaux États ferment rapidement leurs frontières et freinent les anciennes migrations de proximité, la France signe, au lendemain de l'indépendance, des accords de libre circulation avec le Mali, la Mauritanie et le Sénégal, qui permettent à leurs ressortissants de venir en métropole sans avoir à solliciter visa ou carte de travail. Les entraves administratives ainsi réduites au minimum, les réseaux informels d'accueil mis en place par les premiers arrivés vont donner une impulsion décisive au phéno-mène migratoire, et, en vingt ans, le nombre de ressortissants africains sera presque décuplé, sans perdre l'essentiel de ses caractéristiques originelles.

Le primat des Soninké demeure en effet. Ce sont eux qui ont

organisé les passages, les filières et le financement du parcours migratoire depuis l'Afrique. Cela permet de maintenir intactes, dans le pays d'accueil, les structures de la société traditionnelle. Car une fois arrivé et doté d'un emploi, le nouveau venu doit rembourser le prix de son voyage, ce qui le place d'emblée sous la tutelle des doyens, tutelle financière et sociale qui dure bien au-delà de l'arrivée. Une fois le voyage remboursé, il faut à nouveau économiser l'argent qui sera envoyé au village : les doyens le collectent en France ; d'autres anciens le distribuent en Afrique. Compte tenu de la médiocrité des revenus en France, ce sacrifice est lourd, surtout pour les célibataires qui doivent encore prélever l'argent de la dot et du futur mariage. Dernier instrument de tutelle : les anciens planifient les retours afin que les jeunes se relaient entre l'Afrique, où ils aident aux travaux de la terre, et la France, où ils contribuent à gagner l'argent nécessaire à la vie quotidienne, à la construction d'une école, d'une mosquée ou d'une poste.

Depuis une dizaine d'années néanmoins, ces règles strictes évoluent, au fur et à mesure que se tissent des liens avec la société française, dans la ville ou sur les lieux de travail. En général, le premier séjour dure plusieurs années, puis on retourne au pays, souvent pour se marier, avant de revenir en France, quand la vie en Afrique devient trop dure. Les séjours commencent alors à s'allonger, les retours s'espacent et, finalement, l'immigration devient définitive. Mais c'est encore rarement avoué, et le processus demeure plus lent que dans les autres communautés étrangères. Les regroupements familiaux, utile indice, y sont plus rares et les jeunes, clandestins, célibataires, plus nombreux.

Il faudrait d'ailleurs distinguer ici les Soninké, des autres Africains car depuis une quinzaine d'années, l'immigration s'est élargie avec la venue d'Ivoiriens ou de Camerounais. Premiers venus, majoritaires, les Soninké sont les plus démunis et les moins qualifiés de l'immigration africaine (81 % d'ouvriers, 60 % de manœuvres). Ils comptent dans leurs rangs davantage d'actifs (75 % contre 60%) et moins de femmes. Ainsi, les divisions géographiques de départ se transforment, à l'arrivée, en division sociale. Les Soninké sont restés massivement ouvriers, les autres Africains fournissent un fort contingent de cadres et étudiants. Inévitable corollaire : les premiers vivent beaucoup plus souvent en situation irrégulière, clandestins depuis que les frontières se sont fermées aux travailleurs en 1974 (lors de la procédure de régularisation de 1981-1982, 12 % des régularisés étaient Africains alors qu'ils représentaient à peine 5 % de la communauté étrangère). Cette hétérogénéité sociale, née de la géographie, trouve également à l'arrivée une expression spatiale. Les travailleurs Soninké habitent à Paris, à Marseille, dans des foyers surpeuplés ou des garnis aux conditions de vétusté extrêmes. Les étudiants sont, eux, plus disséminés, tributaires des places disponibles dans les facultés et les résidences universitaires de la France entière. Ces derniers sont, aux yeux de l'opinion, la face "respectable" de l'immigration africaine, avec les musiciens de la *world music* dont la renommée dépasse l'Hexagone. Ils laissent dans l'ombre et l'exclusion une communauté dont les conditions de vie, matérielles et morales, renvoient à la détresse d'une époque que d'aucuns espéraient révolue.

---

1. Les ressortissants de l'île Maurice exclus.

Aigues-Mortes

Si l'on excepte les retombées métropolitaines des événements d'Algérie, qui relèvent en partie d'une autre problématique, les affrontements très graves qui opposent en août 1893, à Aigues-Mortes, travailleurs italiens et autochtones constituent semble-t-il l'incident xénophobe le plus sanglant de l'histoire de l'immigration étrangère en France, en même temps qu'ils témoignent des difficultés rencontrées par les Transalpins pour s'intégrer à la société française à la charnière du XIXᵉ siècle et du XXᵉ siècle.

A la fin du XIXᵉ siècle, la Compagnie des salins du Midi exploitait, dans la région d'Aigues-Mortes, une demi-douzaine de marais salants ou elle employait une main-d'œuvre mixte, composée en majorité de journaliers italiens : des émigrés saisonniers, venus directement de la péninsule, ou des travailleurs sans qualification recrutés dans la région de Marseille.

En fait, la Compagnie ne procède pas au recrutement direct des ouvriers. Elle traite avec des chefs de chantier qui embauchent eux-mêmes les travailleurs, s'occupent de leur nourriture et de leur logement, et sont chargés de leur distribuer des salaires calculés au forfait. Un ouvrier employé au levage du sel peut se faire jusqu'à 12 F par jour, alors qu'un terrassier ordinaire gagne rarement plus de 5 F, mais, bien sûr, la Compagnie s'efforce de jouer sur la concurrence entre Français et immigrés pour comprimer le coût de la main-d'œuvre, ce qui n'est pas sans effet sur les rapports entre travailleurs des deux nationalités.

Dans les salins d'Aigues-Mortes, comme sur les grands chantiers du Paris-Lyon-Méditerranée ou sur les quais de Marseille, il n'est pas rare de voir Français et Italiens échanger des injures et des coups, quand ils ne se livrent pas à de véritables batailles rangées. Quoi qu'en dise la presse de l'époque, vecteur fidèle mais rarement innocent des mythes et des préjugés les plus tenaces, il ne semble pas que les Transalpins aient été plus batailleurs que les autochtones des mêmes professions, particulièrement dans le bâtiment où, pour ne citer que cette branche, maçons et charpentiers jouissent d'une solide réputation de violence.

Les rixes après boire, les batailles de rues entre ouvriers du même corps de métier ou de corporations rivales, les bagarres dans les guinguettes de banlieue ou dans les bals de campagne appartiennent autant à l'histoire des migrations internes qu'à celle des colonies étrangères. Simplement, la xénophobie aidant, des affrontements de ce type opposant une population sédentaire à des étrangers, perçus comme "envahisseurs" et comme ennemis, peuvent dégénérer en troubles graves. C'est ce qui s'était passé à Marseille en juin 1881 (il n'y a pas eu mort d'homme à l'occasion de ces "Vêpres marseillaises", survenues à la suite d'un incident banal sur le Vieux Port, mais pendant trois jours la colonie italienne a vécu dans la terreur). C'est également ce qui s'est produit à Aigues-Mortes en 1893.

Les premiers incidents sont encore une fois relativement bénins. Ils s'inscrivent dans un climat de tension dont les rapports de police et les enquêtes judiciaires s'accordent à indiquer qu'il est dû principalement à la concurrence exercée sur le marché du travail par les Transalpins. C'est dans l'après-midi du 16 août 1893 que se produit, au salin de la Fangouse, le premier heurt sérieux : une échauffourée générale opposant Italiens et Français et au cours de laquelle ont été utilisés des manches de pelles, des bouteilles et probablement des couteaux. Inférieurs en nombre, les autochtones ont dû abandonner le terrain, emportant avec eux 5 blessés légers. De retour à Aigues-Mortes, les rescapés ne tardent pas à répandre les rumeurs les plus fantaisistes : on parle de 3 morts laissés sur le champ de bataille et l'on appelle à l'expédition punitive.

A cette époque de l'année, la population de la ville se trouve grossie d'éléments allogènes n'ayant pas encore trouvé d'emploi dans les salines ou en attente de la saison des vendanges. Il y a là, écrira le procureur de Nîmes, "un ramassis de vagabonds et de gens sans aveu" qui, premières victimes de la concurrence italienne ou simplement marginaux que ne fait reculer aucune violence, sont les plus acharnés à crier vengeance. Derrière eux, c'est bientôt toute la population masculine d'Aigues-Mortes qui s'ameute devant la mairie pour réclamer la mort des *Christos,* principale appellation injurieuse utilisée à cette époque dans le Midi contre les Italiens. De là, armée de fourches et de manches de pioches, la foule se répand dans les rues et commence à faire la chasse aux quelques dizaines de Transalpins qui se trouvent dans la ville et vont réussir à trouver refuge dans une boulangerie et dans la prison municipale, protégés par une poignée de gendarmes et de douaniers.

Dans le courant de la nuit, devant l'excitation croissante des assiégeants, la gendarmerie et le juge de paix (pas le maire !) décident de faire appel aux autorités préfectorales qui dépêchent aussitôt sur place le procureur de la République et le juge d'instruction de Nîmes, flanqués d'une trentaine de gendarmes à cheval. En même temps, l'ordre est donné à toutes les brigades de gendarmerie de la région de se concentrer sur Aigues-Mortes, tandis que des renforts d'infanterie et de cavalerie sont demandés aux autorités militaires du chef-lieu.

Au matin, le calme est à peu près revenu, mais l'émeute se rallume dès que les autorités donnent l'ordre aux gendarmes d'évacuer les Italiens vers la gare où un train doit les prendre en fin de matinée. Il faudra deux convois, et beaucoup de sang-froid de la part des forces de l'ordre, pour que les assiégés soient ainsi conduits en lieu sûr, sous les vociférations et les jets de pierres des manifestants qui tentent, drapeau rouge en tête et au chant de la *Marseillaise,* de donner l'assaut à la gare. Le pire est cependant évité.

Vers midi, le préfet du Gard, qui est lui aussi arrivé à Aigues-Mortes, s'adresse aux émeutiers, leur prêchant le calme et leur promettant d'obtenir de la Compagnie des salins le remplacement des journaliers italiens par des Français. Mais il ne peut empêcher qu'une bande de 300 personnes environ ne prenne le chemin des marais, avec la ferme résolution de "venger les morts" de la veille. A la Fangouse, les Italiens se sont retranchés dans leur baraquement, protégés par une compagnie de gendarmes qui ne peuvent empêcher les Français de donner l'assaut, brisant les fenêtres à coups de gourdins, démolissant le toit et assaillant les 80 Transalpins qui ont eu l'imprudence de rester sur les lieux. Tant bien que mal, les gendarmes parviennent finalement à les rassembler et à leur faire prendre la route d'Aigues-Mortes, suivis à quelque distance par leurs agresseurs devenus un peu moins menaçants.

Le cortège se trouve à moins de 1 500 mètres de la ville lorsque le drame se produit. Il se trouve en effet arrêté par une autre colonne venue d'Aigues-Mortes, forte celle-ci de 500 ou 600 hommes armés de matraques et de fusils. Le procureur général retrace ainsi les faits : « Au moment où le capitaine croyait pouvoir mettre en sûreté à

Aigues-Mortes ceux qu'il protégeait, la population de la ville, échauf-fée par le vin et la colère, se porta à sa rencontre et attaqua les Italiens par devant, tandis que la bande qui les suivait les frappait par derrière. Malgré les pierres qui pleuvaient, ce lamentable convoi peut enfin pénétrer dans la ville, mais à ce moment les actes de sauvagerie redoublent. A chaque instant, des Italiens tombent sans défense sur le sol, des forcenés les frappent à coups de bâton et les laissent sanglants et inanimés. Toutes les portes se ferment devant eux. Pour échapper aux coups, ces malheureux se couchent sur le sol les uns au-dessous des autres, les gendarmes leur font un rempart de leur corps, mais les pierres volent et le sang ruisselle. M. le Préfet eut enfin l'heureuse idée de les faire conduire à une tour de fortifications où ils trouvèrent enfin le salut. Six d'entre eux avaient été tués et une quarantaine avait reçu des blessures. L'un de ces derniers a succombé dans la nuit et plusieurs autres sont encore en danger. Peu après, vers deux heures trente, deux Italiens sont reconnus sur la place Saint-Louis. La foule se précipite sur eux et les frappe à coups de bâtons sous les yeux des magistrats impuissants. L'un est tué et l'autre gravement blessé. Enfin, vers sept heures du soir, sous la protection de deux compagnies d'infanterie et d'un détachement d'artilleurs à cheval, arrivés enfin de Nîmes, les Italiens réfugiés dans la boulangerie et ceux qu'on avait enfermés dans la tour de Constance, sauf deux trop grièvement blessés et qui ont été portés à l'hôpital, ont pu être amenés à la gare et conduits à Nîmes et à Marseille.»

Le 17 au soir, l'agitation a complètement cessé à Aigues-Mortes où patrouillent soldats et gendarmes. Mais dans les environs de la ville, de petits groupes armés poursuivent à travers les marais les Italiens en fuite. Beaucoup ont, en effet, dès le début des troubles, quitté les autres chantiers de la Compagnie, pour gagner les Saintes-Maries-de-la-Mer, puis Marseille. Cette chasse à l'homme va se poursuivre au moins jusqu'à la nuit du 18 au 19, et il est vraisem-blable qu'elle a fait d'autres victimes.

Au lendemain des événements d'Aigues-Mortes, tandis que la police française procède à de nombreuses arrestations parmi les présumés responsables du pogrom, on assiste à un exode général des Italiens, que la Compagnie des salins a immédiatement débauchés, conformément aux engagements pris par les autorités. Or, tous ne sont pas des saisonniers et, avec eux, ce sont des familles entières qui quittent le pays, emportant leurs modestes biens dans des charrettes à bras. Convois faméliques et pitoyables, qui susciteront les remords tardifs de quelques journalistes parisiens en quête de récits émouvants, mais que la presse régionale salue plutôt comme un événement heureux. A Marseille, une bonne partie de ces réfugiés sollicitent, dès leur arrivée, l'aide financière du consulat et obtiennent leur rapatriement immédiat.

Rapportés en Italie par les journaux et par les récits, parfois amplifiés (mais la réalité était déjà passablement effroyable) des rescapés, les événements d'Aigues-Mortes provoquent dans toute la péninsule des incidents qui auraient pu avoir des conséquences graves. A Rome, tout d'abord où, dans la soirée du 19 août, a lieu une violente manifestation. Partie de la place Colonna, une foule de plusieurs milliers de personnes se porte vers l'ambassade de France en chantant l'hymne de Garibaldi et en scandant les slogans hostiles à la France (*Vive Sedan*). Le service d'ordre est vite débordé et la foule qui envahit la place Farnèse fait voler à coups de pierres toutes les vitres de l'ambassade. Seule l'intervention de la troupe permet de rétablir un calme relatif dans ce secteur, mais tard dans la nuit d'autres manifestations se produisent, notamment devant le séminaire français qui subit lui aussi d'importantes déprédations. Des incidents analogues ont lieu le lendemain soir mais, cette fois, la foule plus nombreuse et plus agressive que la veille, enfonce le cordon de troupes qui a été disposé dans la journée autour du palais Farnèse, envahit la place et tente de mettre le feu à l'ambassade.

Dans le reste de la péninsule, les manifestations et les meetings contre les responsables du massacre se poursuivent pendant plusieurs jours. Les incidents les plus graves ont lieu à Messine et surtout à Turin et à Naples où les magasins tenus par des Français sont saccagés et où les compagnies françaises de tramways subissent de forts dommages. Au total, cette flambée d'agitation gallophobe ne dure pas plus d'une semaine, mais elle est ensuite relayée par une campagne de presse d'une extrême violence allant jusqu'à évoquer froidement l'éventualité d'une guerre contre la France. Ce qui provoque aussitôt une réaction très vive de la presse française.

Il fallut beaucoup de sang-froid et d'esprit de conciliation aux deux gouvernements – celui de Charles Dupuy en France et celui de Giovanni Giolitti en Italie – pour empêcher que la fièvre xénophobe de l'été 1893 ne dégénérât en conflit ouvert. A Paris, on avait immédiatement décidé de suspendre le maire d'Aigues-Mortes de ses fonctions et de traduire en justice les principaux responsables du massacre du 18 août. A Rome, le préfet et le questeur, dont on avait estimé qu'ils n'avaient pas pris les mesures nécessaires pour prévenir les incidents devant l'ambassade, furent également relevés de leurs fonctions. De part et d'autre, on se félicita des bonnes dispositions du partenaire et l'on s'efforça de hâter le règlement des indemnités dues aux victimes des incidents d'Aigues-Mortes, de Rome, de Naples et de Turin.

Il reste que, pendant plusieurs mois, les événements d'août 1893 vont fortement peser sur l'atmosphère, déjà lourde, des relations franco-italiennes. L'acquittement, en décembre, des 39 inculpés d'Aigues-Mortes, sera suivi d'une nouvelle vague d'agitation anti-française. En outre, les rapports sur le terrain entre immigrés et autochtones des départements du Midi porteront pendant de longues années la trace de la tuerie, baptisée pudiquement "collision" par les journaux français de l'époque. Examinée avec le recul du temps, celle-ci nous incline à réfléchir sur les quelques points suivants :

– En premier lieu, la façon dont s'est opérée à la fin du XIXe siècle l'intégration de la première vague de l'immigration italienne. Consi-dérés aujourd'hui par beaucoup comme n'ayant pas posé de pro-blèmes, les Italiens, on le voit, n'ont pas toujours été accueillis à bras ouverts par les populations du cru, y compris dans des régions proches de la péninsule et où, plus qu'ailleurs, aurait dû jouer la parenté des cultures et des pratiques sociales. La presse de l'époque révèle à leur égard des sentiments d'extranéité et d'exclusion qui vont rejouer par la suite, appliqués à d'autres communautés, sans que change beau-coup la façon de les exprimer. En témoigne par exemple cet extrait d'un article paru dans *La Patrie* du 3 août 1896 :

« Ils arrivent, tels des sauterelles, du Piémont, de la Lombardo-Vénétie, des Romagnes, de la Napolitaine, voire de la Sicile. Ils sont sales, tristes, loqueteux, tribus entières émigrant vers le Nord, où les champs ne sont pas dévastés, où on mange, où on boit, où on est heureux... Puis ils s'installent au pis, chez les leurs, entre eux, demeurant étrangers au peuple qui les accueille, travaillant à prix réduit, jouant tour à tour de l'accordéon et du couteau, *funiculi, funicula...*

La nation hospitalière entre toutes est devenue enragée à l'égard d'une race limitrophe que ravage la misère. Est-ce jalousie des autochtones pour des envahisseurs qui avilissent la main-d'œuvre ?... Il y a de cela. Mais il y a surtout le sentiment qu'on se trouve devant des éléments dangereux, en même temps que bourrés de vanité, d'ambitions et de vantardise. »

– Il est clair d'autre part que la "collision" d'Aigues-Mortes s'inscrit dans une conjoncture socio-économique défavorable : la longue dépression du dernier quart du XIXe siècle. En France, comme ailleurs, difficultés économiques et xénophobie vont de pair. En témoignent les rejeux du phénomène dans le courant des années 30 et, bien sûr, depuis le milieu de la décennie 1970.

– Enfin, à la fin du siècle dernier comme de nos jours, les conflits de salaires et la concurrence sur le marché de l'emploi débouchent d'autant plus volontiers sur des affrontements avec les étrangers que ces derniers sont originaires d'un pays avec lequel la France entretient ou a entretenu dans un passé récent des relations difficiles. L'appartenance de l'Italie à un réseau d'alliances dominé par l'Allemagne et dirigé contre la France fait du Transalpin immigré dans notre pays il y a un siècle un ennemi potentiel et un espion caché. De même que pèsent de nos jours sur les rapports avec les communautés maghrébines les souvenirs de la guerre d'Algérie et les peurs produites par l'évolution récente du fait islamique.

Algériens

L'opinion l'affirme, les statistiques le confirment : "l'immigré" est d'abord algérien. Mais, paradoxe, aux premiers temps – ceux de l'Empire – l'Algérien était français, comme le sont aujourd'hui ses enfants. Jusqu'en 1913, cette immigration de type colonial demeure marginale. Quelques convoyeurs, qui acheminent à Marseille les troupeaux destinés à la métropole, s'installent sur le Vieux Port. En 1906-1907, les raffineries de la cité phocéenne font appel aux Algériens pour remplacer les ouvriers italiens en grève, mais ils sont encore peu nombreux (5 000 en 1912) et rapidement transférés en région parisienne. La plupart de ces derniers venus sont partis de Kabylie, à la fois héritiers d'une tradition migratoire ancestrale et premières victimes de l'économie coloniale.

Le mouvement ne dure pas. En 1914, la déclaration de guerre lui porte un coup d'arrêt. Les Algériens qui résident en France sont renvoyés de gré ou de force dans leur pays, après avoir été rassemblés au bois de Boulogne. Mais le conflit, qui devait être bref, dure. L'économie manque de main-d'œuvre et les filières traditionnelles d'immigration sont provisoirement taries. Alors, les autorités françaises font volte-face. Après l'échec d'un recrutement libre (5 000 arrivées en 1915, quand il en faudrait 40 000), mission est confiée au ministère de la Guerre de réquisitionner des travailleurs coloniaux. En deux ans, 78 000 Algériens débarquent en métropole pour travailler dans les usines d'armement et les arsenaux, en compagnie de Marocains, Tunisiens, Malgaches et Indochinois.

A cette immigration contrainte (ceux qui essaient d'échapper à la réquisition sont passibles du conseil de guerre), s'ajoutent ceux qui sont mobilisés dans l'armée, et l'émigration "libre", le permis de circuler entre la France et l'Algérie ayant été supprimé en 1905. Au total, 240 000 Algériens seront mobilisés ou réquisitionnés, soit 1/3 des hommes de vingt à quarante ans qui, à leur tour, font cruellement défaut en Algérie. Mais à la fin de la guerre, ils sont promptement rapatriés et, en 1919, il reste en métropole à peine quelques milliers de travailleurs.

La guerre a toutefois déclenché un phénomène irréversible. Pour les employeurs, preuve est faite désormais, que l'Afrique du Nord peut être utilisée comme réserve de main-d'œuvre, avec des avantages non négligeables : libre circulation, dispense de certains examens imposés aux autres étrangers. De leur côté, les paysans kabyles prolétarisés par la colonisation ont découvert les profits qu'ils pouvaient retirer de l'émigration. En 1919, le salaire moyen est en effet de 15 à 30 F en métropole, complété par diverses allocations familiales, de 5 F seulement en Algérie, sans autres prestations. Alors, quand les réserves familiales sont épuisées à la fin du printemps, certains jeunes quittent la terre pour la métropole. Dès 1922, ils sont 45 000, 71 000 deux ans plus tard, environ 100 000 à la fin de la décennie, installés dans les grandes villes industrielles. Les Kabyles fournissent toujours les bataillons les plus nombreux, mais désormais, les avantages de la métropole sont tels qu'ils séduisent dans toute l'Algérie. Plus diversifiée dans ses origines, plus nombreuse à l'arrivée, la communauté algérienne demeure néanmoins très minoritaire dans l'immigration. En 1931, avec 3,2 % des étrangers, elle n'occupe que le sixième rang, devancée par Belges et Suisses. Pourtant, l'opinion la rejette déjà. On dit les Algériens piètres travailleurs, paresseux, incapables de se plier à la discipline de l'industrie et le patronat ne fait pas mystère de ses réticences. Au quotidien, ils font peur. On les dépeint primitifs et violents, sans espoir d'être un jour intégrés : l'islam les empêche d'être français. A droite, on se réjouit certes de voir la religion les tenir à l'écart du militantisme politique, mais on ne leur trouve aucune autre qualité. A gauche, quelques voix mettent l'accent sur la surexploitation dont ils sont objet, qui les pousse vers l'alcoolisme, la débauche ou la maladie, mais le plaidoyer ne rencontre guère d'écho au sein du mouvement ouvrier.

Alors, quand vient la crise, les travailleurs algériens seront rapatriés, nombreux et les premiers, sans beaucoup émouvoir. La communauté perd ainsi la moitié de ses effectifs en région parisienne : 65 000 en 1932 ; 31 000 en 1936. Passée la brève parenthèse d'une nouvelle réquisition en 1940, la Seconde Guerre mondiale porte un coup d'arrêt sévère à l'immigration. Tous les départs vers la métropole sont strictement canalisés par le gouvernement général, puis définitivement interrompus après le débarquement allié en Algérie. Désormais, seule l'armée recrute.

En 1946, il reste un peu plus de 22 000 Algériens dispersés en métropole, conséquence de la guerre. Pour pallier les besoins de main-d'œuvre, le Plan Monnet prévoit d'en faire venir près de 100 000 en quatre ans. La liberté de circulation est rétablie d'un bord à l'autre de la Méditerranée, sous réserve de difficultés économiques en métropole. Les filières de recrutement se réorganisent, en dehors de l'ONI, puisque l'Algérie est un département français. Cette nouvelle génération de migrants ne sera pas mieux accueillie que la précédente, comme en témoignent l'enquête menée par l'Institut français d'opinion publique (IFOP) en 1947, et celle de l'Institut national des études démographiques (INED) deux ans plus tard. Elle ne sera donc pas mieux intégrée, marginale parmi les marginaux, vouée à la misère, aux taudis, aux emplois les plus durs.

Devant cet échec persistant, les autorités renoncent à appliquer leur plan de recrutement, mais les moteurs traditionnels de l'émigration demeurent : sous-développement, surpopulation, colonisation et attitudes culturelles en certaines régions. Les départs vont donc se multiplier avec une belle régularité au cours de la décennie 1945-1955. Ils suivent presque à distance les progrès de la mécanisation agricole en Algérie. Ils paraissent insensibles en revanche à la conjoncture en métropole : en 1951, il y a plus de 50 000 nouvelles arrivées, en dépit d'un taux de chômage proche des 50 % dans la communauté algérienne. A la veille de l'insurrection, ils sont déjà 212 000, soit 1 homme sur 7, et 10 fois plus qu'en 1946.

L'expansion n'a rien changé à leur condition. Ils demeurent parmi les plus pauvres, cantonnés dans des emplois de manœuvres, avec 30 000 chômeurs et autant de travailleurs en situation irrégulière. Ils vivent en exclus, voués aux bidonvilles, aux foyers soumis à haute surveillance ou aux marchands de sommeil qui sévissent dans les banlieues des grandes villes. L'hostilité de l'opinion française est une autre constante, mais derrière cet immobilisme, la communauté se transforme, le second XXe siècle arrive. D'Algérie en métropole, les flux migratoires diversifient leurs itinéraires : en 1947, 1 Algérien sur 2 vit hors région parisienne, 1 sur 5 seulement avant guerre.

La structure démographique se transforme également. Jusqu'à la fin des années 40, l'immigration est une immigration d'hommes seuls, qu'ils viennent envoyés par la famille d'origine, ou en rupture. Au cours de la décennie suivante, sous l'influence des avantages sociaux de la métropole, de la mécanisation accélérée de l'agriculture algérienne et de la crise économique, certains départs deviennent installations définitives et les familles commencent à rejoindre les célibataires. Un processus est enclenché, irréversible, inachevé. Car à court terme, la guerre d'Algérie va briser net la logique d'intégration et imposer l'affrontement.

Aux premiers temps, la guerre se déroule au sein même de l'immigration. En juillet 1956, 82 cadres du Front de libération nationale (FLN) sont exécutés par les partisans du Mouvement nationaliste algérien (MNA) de Messali Hadj. S'engage alors entre les deux mouvements nationaux une lutte féroce en métropole pour prendre le contrôle de la population immigrée. 4 000 Algériens y laisseront la vie. Finalement, en 1957, le F.L.N. l'emporte. Au grand dam de la C.G.T., il organise immédiatement les travailleurs algériens dans une structure nationale et lance un mot d'ordre de grève afin de démontrer que l'insurrection n'est pas le fait d'une poignée de rebelles, mais le soulèvement d'un peuple, de part et d'autre de la Méditerranée.

Sur le modèle algérien, la métropole est ensuite divisée en wilayas et dotée d'une armée – la Fédération de France – qui a les mêmes devoirs que celle d'Algérie. Pour l'entretenir, les ouvriers doivent verser 3 000 F, les commerçants de 5 à 100 000 F, ce qui donne au F.L.N. un budget de 6 milliards de francs. Rares sont ceux qui contestent l'impôt. Il est vrai que les travailleurs reçoivent un avertissement en cas de refus. En cas de récidive, ils sont soumis à un châtiment physique, voire exécutés, par des groupes de choc chargés, en outre, des attentats contre des objectifs politiques et policiers.

Certains, au vu de ces méthodes, parleront de racket exercé par le F.L.N. contre l'immigration. Ce serait nier l'engagement volontaire et massif des Algériens de France en faveur de l'insurrection. Et réduire singulièrement l'action du F.L.N. Car il intervient au-delà de ces aspects militaires et financiers. Tout au long de la guerre, le F.L.N. développe, dans l'immigration, les secours aux détenus, apporte une aide matérielle et administrative à l'ensemble des travailleurs afin de les éloigner des services sociaux français, soupçonnés de collaborer avec la police.

Non sans raison : à partir de 1958, le Service d'assistance technique mis en place par le Préfet de Police collecte des renseignements auprès des administrations "civiles" qui sont ensuite transmis aux forces de l'ordre. Il organise par ailleurs des réunions d'apparence anodine (échange de nouvelles avec la famille restée en Algérie), mais qui sont utiles pour le renseignement. Ceux qui paraissent suspects seront systématiquement regroupés dans des camps, ou mis en résidence surveillée, même s'ils ne font pas l'objet de poursuites judiciaires. Pratiques hors le droit, qui sont le lot quotidien des départements algériens, mais que subissent donc également les travailleurs restés en France, comme ils subissent l'arbitraire, la violence ou la torture dès qu'ils sont arrêtés.

A Paris, le Préfet de Police, Maurice Papon, a mis sur pied une force de police auxiliaire, encadrée par des policiers français, mais à recrutement musulman, qui sera chargée des plus basses œuvres. C'est à elle que revient le triste privilège des rafles et des ratissages dans les bidonvilles et dans les hôtels. C'est elle qui est chargée des interrogatoires "musclés" et de tout ce qui répugne aux policiers français. Les morts, les mutilés sont nombreux, mais il faudra les événements de l'automne 1961 pour que soit connu le sort réservé à la communauté algérienne de France.

Le 17 octobre, de 30 à 50 000 manifestants algériens défilent à l'appel du F.L.N. dans les rues de Paris. Les affrontements avec la police sont violents ; les forces de l'ordre pourchassent partout hommes, femmes et enfants, et le bilan s'alourdit d'heure en heure. 3 morts et 64 blessés selon les autorités, mais l'Institut médico-légal fera état de 200 tués, et autant de disparus, dont les corps sont parfois jetés à la Seine. Mais la violence ne date pas de ce jour. Tout au long de la guerre, elle a été le lot commun des travailleurs algériens, éclipsant les efforts mis en œuvre par les autorités dans le domaine économique et social. Créé en 1958, le Fonds d'action sociale (FAS) mène une politique active en matière de logement, d'alphabétisation et de formation professionnelle. Mais il est trop tard, la méfiance s'est installée, et l'égalité de traitement ne pouvait éclipser la revendication d'indépendance.

Pourtant, une fois cette indépendance acquise, les retours en Algérie seront peu nombreux, comme si le processus d'intégration amorcé dix ans auparavant l'emportait finalement sur la dynamique d'affrontement. Il est vrai que personne ne les réclame vraiment. L'Algérie indépendante a besoin de cadres après le départ des Européens, non de manœuvres. Du côté des immigrés, les accords d'Évian lèveront les dernières réticences. La libre circulation est garantie entre la France et l'Algérie, les résidents ont les mêmes droits que les nationaux à l'exception des droits politiques : les travailleurs déjà installés peuvent rester en France sans trop de préjudices et sans renoncer à la nationalité algérienne.

Mais cette position n'est guère confortable. Les Algériens sont exclus du droit commun partout où ils se trouvent. Aux yeux de leur gouvernement, ils sont des émigrés temporaires, ayant implicitement des devoirs vis-à-vis de leur pays, et leurs enfants sont Algériens. En France, ils sont étrangers, mais bénéficiant d'un statut distinct, et leurs enfants, s'ils sont nés en France, sont Français puisque nés de parents, eux-mêmes nés en France quand l'Algérie était un département. Aux yeux de l'opinion, enfin, ils sont étrangers, chargés de tous les péchés. Musulmans, on leur dénie la capacité de s'intégrer. Algériens, ils subissent la rancœur accumulée au cours de sept années de guerre. On les méprise, enfin, pour être au plus bas de l'échelle sociale, exclus à la périphérie des villes et souvent piètres travailleurs.

Mais sous l'orage, la communauté refuse d'abdiquer. Elle affiche son identité, ses traditions et, fière de son indépendance, elle s'engage ouvertement en faveur des grandes causes arabes. Pourtant, elle ne rentre pas au pays. Des besoins nouveaux ont surgi, éducatifs et culturels, que l'Algérie ne peut satisfaire. Et il n'est pas sûr que les épreuves subies ici soient plus rudes que celles qui les attendent là-bas. Même s'ils ne le reconnaissent pas, les travailleurs algériens le savent. Signe d'un choix, qui paraît irréversible : les regroupements familiaux s'accélèrent ; l'engagement dans la vie politique et sociale française se précise puisque l'avenir se joue désormais ici.

Des deux côtés de la Méditerranée, cette résolution ne réjouit personne. Les autorités algériennes voient dans l'immigration une opposition, un refus du régime dont il faut limiter l'ampleur, pour en réduire l'impact. L'Amicale des Algériens, fondée en 1962 dans le droit fil du F.L.N, trahit ce souci de maintenir serrés les liens entre l'immigration et la mère-patrie. Organisée autour de wilayas sur le modèle du parti en Algérie, elle est porte-parole de la communauté auprès du gouvernement français et ambassadeur du gouvernement algérien auprès de la communauté. Depuis un quart de siècle, l'Amicale a sans doute contribué à stabiliser une communauté en pleine expansion, mal intégrée et en butte à l'hostilité du pays d'accueil. Mais ses liens avec Alger, ses ambitions politiques et la réaffirmation solennelle d'une identité algérienne ont sans doute freiné l'intégration, qui réclamait plus de neutralité.

En ce domaine les efforts des autorités françaises paraissent également insuffisants. Sans cesse, elles tracent une ligne de partage entre les immigrés européens appelés à s'installer, et les autres que l'on souhaite voir repartir quand leur présence ne sera plus économiquement nécessaire. Face à cette double raison d'État, la volonté exprimée par la communauté ne pèse rien, et les deux pays signent, en décembre 1968, un accord qui va à l'encontre des flux migratoires spontanés. Toutes les dispositions nouvelles cherchent en effet à endiguer l'explosion de l'immigration (211 675 Algériens en 1954, 350 484 en 1962, 473 812 en 1968) par un renforcement des contrôles qui annule de fait la libre circulation prévue par les accords d'Évian.

Désormais, les deux parties fixeront chaque année un contingent de salariés autorisés à émigrer, l'Office national algérien de la main-d'œuvre (O.N.A.M.O.) étant chargé de contrôler et sélectionner les candidats. Le passeport, le titre de séjour (appelé certificat de résidence) sont rétablis, sans pourtant faire des Algériens des étrangers de droit commun comme si la France ne parvenait pas encore à les considérer comme définitivement indépendants d'elle. Cantonnés dans cette zone d'incertitude juridique, les Algériens vont perdre presque tout de leurs avantages (en particulier, en matière de droit social), sans rien gagner. En effet, là où l'accord de 1968 reste muet, il ne leur sera jamais appliqué la règle commune, si elle apparaît comme trop favorable. Les Algériens paient sans doute ici le prix d'un ressentiment historique qui n'ose pas dire son nom, mais aussi la crainte à peine voilée de les voir s'installer définitivement.

Par ce biais, comme celui des expulsions massives qui suivent les événements de mai 1968, les autorités réaffirment symboliquement que la présence d'Algériens en France ne peut être que temporaire, mais, en rompant le *statu quo,* elles inaugurent une période troublée, où la communauté algérienne paie cher son passé et ses effectifs. Au début des années 70, la surveillance administrative et policière se renforce, les violences individuelles à caractère ouvertement raciste se multiplient, sur fond de tension entre États, après la nationalisation du pétrole algérien et le conflit israélo-arabe.

L'arrivée de Valéry Giscard d'Estaing au pouvoir, en 1974, arrête l'escalade. Déjà, à l'automne précédent, le gouvernement algérien avait décidé de suspendre l'émigration, mesure confirmée ensuite côté français, avec la promesse d'intégrer ceux qui sont déjà installés. Le nouveau secrétariat d'État aux Immigrés est une marque de bonne volonté, les regroupements familiaux s'accélèrent, qui enracinent un peu plus les travailleurs algériens. Mais ce tournant suppose un réexamen global de la "question immigrée" puisqu'il sous-entend que les retours sont illusoires.

Or la crise est là, l'opinion s'impatiente et les autorités font volte-face, irritées, par ailleurs, de l'engagement de plus en plus marqué des Algériens sur la scène politique et sociale. La politique du retour et du "million" est inaugurée en 1977. Trois ans plus tard, un nouvel accord est signé entre Paris et Alger. Il entérine définitivement l'arrêt de l'immigration, la nécessité des regroupements familiaux, mais passe finalement sous silence l'organisation des retours. Les autorités algériennes, en fait, n'en veulent pas. Elles se méfient des émigrés, de leur engagement politique, des liens tissés avec l'opposition et préfèrent les tenir à l'écart des ouvriers restés au pays, venus de la campagne et encore dociles.

Un an plus tard, mai 1981 amènera aux Algériens, comme à l'ensemble des immigrés, la liberté d'association, des garanties judiciaires dans les procédures d'expulsion et, pour les clandestins, une régularisation. Quatre ans plus tard, le certificat de résidence, délivré pour dix ans, vient compléter ce premier train de mesures. Maigre bilan pour une intégration cent fois promise, quand, partout ailleurs, les mécanismes de rejet l'emportent. Très vite, passée l'ouverture des premiers mois, les pouvoirs publics ont en effet rétabli le contrôle aux frontières, les sanctions contre les immigrés en situation irrégulière ont repris et les refoulements sont devenus systématiques. Dans l'entreprise où les étrangers sont les premières victimes de la crise, les Algériens paient par ailleurs le prix le plus lourd car ils occupent les emplois les moins qualifiés dans les secteurs les plus exposés.

Victimes, l'opinion les tient néanmoins pour coupables. En 1984, les jugements négatifs à l'égard des Algériens l'emportent de 49 points sur les opinions favorables, le plus gros écart enregistré parmi les communautés étrangères. Quatre ans plus tard, 55 % des Français les citent en tête des nationalités qui peuvent "le plus difficilement s'intégrer à la société française". Dans ce procès, la gauche plaidera en faveur des Algériens, mais à demi-mots et sans convaincre. Les partis conservateurs cultivent l'ambiguïté, à l'égard de ces étrangers devenus inutiles et l'extrême droite renchérit, car les Algériens font un bouc émissaire idéal.

Ils sont les plus nombreux : 805 116 au recensement de 1982. Ils sont installés depuis plus longtemps, sans espoir de retour. Ils incarnent, plus et mieux que les autres communautés, cet étranger qui menace, l'islam que l'on rejette et tous les maux de la crise : délinquance, chômage, échec scolaire, destruction du tissu social et urbain. Pis, les Algériens restent visibles et refusent de jouer les victimes expiatoires. Que s'y ajoutent, facteurs décisifs, les héritages historiques, le ressentiment français, le refus de plier algérien, et la xénophobie s'installe, durable, retardant l'intégration des plus jeunes.

Dans la seconde génération, quelques-uns ont choisi l'Algérie, la nationalité, le mode de vie de leurs parents, par fidélité ou par lassitude d'être tenus en marge de la France. Mais la plupart des jeunes issus de l'immigration algérienne sont Français de culture et de nationalité. Rien ne les distingue des autres Français de leur âge, sinon le vocabulaire qui oppose "Français de souche" et "Algériens", pour signifier aux seconds qu'ils restent différents, héritiers de leurs pères, de leur guerre, de leur religion, en dépit de l'égalité promise par la loi.

Ce réquisitoire contre l'intégration, qui traverse les années 80 sans rien céder, rejoint paradoxalement les inquiétudes de la première génération. Dans ces enfants devenus français, elle ne reconnaît plus ses traditions et son combat. Dans leurs difficultés quotidiennes, elle lit trop clairement un échec économique et social qui rend ses victoires politiques presque dérisoires. D'Alger, le gouvernement a longtemps encouragé les anciens à maintenir ainsi l'identité nationale. Puis, devant l'évidence des évolutions historiques, il a dû abandonner l'idée d'une immigration tournée vers le retour, insensible aux influences françaises.

Brusque accélération avec les premiers pas de la démocratie : Alger concède désormais que ces enfants ne sont plus pleinement algériens ; la tutelle de l'Amicale se relâche ; la seconde génération s'organise dans ses propres structures. Mais de Paris à Alger, ses conquêtes restent fragiles. La génération des pères, les tenants de la tradition politique ou religieuse lui contestent toujours le droit d'être française sans restrictions ni arrière-pensées.

Entre cette fidélité exacerbée et la xénophobie d'une partie de l'opinion française, nombre de jeunes Algériens se retrouvent aujourd'hui, contre la loi et l'histoire, hors d'Algérie et hors de France, arrêtés devant les portes closes de l'intégration, faute de certitudes sur leur identité.

Allemands

Les Allemands sont devenus, en France, des étrangers singuliers. Pourtant, ils ne furent au début que des immigrés fort ordinaires.

De l'Ancien Régime au début du XIXᵉ siècle, les premiers Allemands installés en France sont des spécialistes de l'industrie ou de la finance. Peu nombreux, ils s'intègrent sans problème à la population. Puis le rythme des arrivées s'accélère. À la veille de la révolution de 1848, les Allemands sont 60 000 à Paris, 1 étranger sur 3. Dans la première moitié du XIXᵉ siècle, cette nouvelle immigration emprunte encore une image de l'Allemagne plus rhénane que prussienne, une certaine complicité entre les deux peuples et le poids de l'économie dans la naissance des flux migratoires.

Mais déjà, le XXᵉ siècle se dessine. Les exilés politiques arrivent nombreux, fidèles aux idéaux de 89. Heine, Büchner, Marx habitent Paris. La Ligue des communistes et d'autres sociétés secrètes recrutent dans les rangs d'une immigration allemande largement politisée.

La révolution vaincue de 1848 sonne le glas de ces temps d'amitié. Le coup d'État du 2 décembre détruit un mythe, celui d'une France terre des libertés. Les exilés allemands vont désormais chercher refuge en Suisse, aux États-Unis ou en Angleterre, à l'image de Karl Marx. Survient la guerre de 1870 : la défaite transforme, côté français, l'Allemand en "Boche", étranger par excellence qui menace la nation dans son intégrité géographique et son génie. Les Allemands immigrés en France sont alors moins de 100 000, environ 8 % des étrangers. A leur égard peu d'incidents, rien de comparable aux affrontements dont sont périodiquement victimes les Italiens, mais un rejet permanent sinon ouvert.

En 1918, la victoire n'efface rien de la germanophobie. Vivent en France d'anciens prisonniers, des Allemands venus en Alsace-Lorraine, des techniciens travaillant sur le matériel livré au titre des réparations, population hétérogène, mais unanimement condamnée. La presse, les politiques, l'opinion agitent régulièrement la menace du péril allemand ; certains industriels exigent qu'on leur interdisent toute activité économique sur le sol français, habile manière d'éliminer la concurrence. En bref, on cloue "le boche" au pilori, Action française en tête, et l'on se méfie de ses velléités de puissance et de revanche.

Face au déferlement nationaliste, la S.F.I.O. essaie de résister un peu et prend la défense des prisonniers allemands, trop souvent maltraités. Mais elle sait que l'opinion s'en moque et, dans ses rangs, l'heure n'est pas toujours à l'internationalisme. A gauche, encore, le parti radical prône le pragmatisme et une sorte de chantage : la France réservera aux prisonniers allemands un sort équitable, si les réparations sont payées. La C.G.T. n'a pas ces scrupules. En soutenant l'effort de guerre, les syndicats allemands ont trahi l'internationalisme et joué la carte du patriotisme. Le syndicat français fera de même.

L'armistice signé, les Allemands tentent pourtant un geste de réconciliation. Les syndicats du bâtiment proposent à la France de l'aider à se relever de ses ruines. Mais ils posent leurs conditions, veulent huit heures de travail par jour, des salaires égaux aux salaires français, le droit de grève, être exemptés d'impôts et, méfiants, être logés décemment. Tollé général et prévisible. Les populations locales s'indignent d'un éventuel retour de l'ennemi, même en habits civils, la gauche craint le chômage des ouvriers français, la droite s'insurge contre leurs exigences. Trois ans plus tard, obstinés, les Allemands renouvellent leur offre. Cette fois, le front du refus est lézardé. Les populations locales s'impatientent car la reconstruction n'avance pas et la gauche y voit un excellent moyen de stimuler l'économie. Les industriels, en revanche, y sont toujours hostiles. Quant à la droite, Action française en tête, elle en appelle au souvenir des morts et agite le spectre de l'indépendance nationale en péril.

Face à ces intérêts contradictoires, le gouvernement fait mine de consulter les populations locales. Mais, surprise, le vote est favorable à la venue de travailleurs allemands. Les autorités invoquent alors le vice de forme pour l'annuler. Entre les deux scrutins, la propagande et les pressions augmentent en faveur du refus, et le gouvernement, de haute lutte, obtient un vote négatif. Puis, en 1923, nouveau volte-face : comme rien n'est résolu sur le terrain, Poincaré, président du Conseil, autorise à l'essai la venue de 33 ouvriers allemands. Expérience réussie, elle sera donc condamnée, car personne ne veut en assumer les conséquences politiques. Dans l'entre-deux-guerres, l'Allemagne demeure donc une image, un enjeu. Les contacts réels restent l'exception : 65 000 Allemands, à peine 3 % des étrangers vivant en France, ne font plus une immigration.

En 1933, Hitler vainqueur à Berlin, les Allemands vont retrouver à Paris un visage quotidien, sinon familier. La première vague de réfugiés arrive au printemps 1933. Il s'agit surtout de "politiques", des hommes en grande majorité, jeunes (la moitié a moins de trente ans), avec peu d'ouvriers, mais un fort contingent de "professions libérales" dans lequel il faut inclure artistes et intellectuels. Tous, en fait, ne sont pas allemands. 40 % se trouvaient outre-Rhin en exil, venus de Pologne ou des Pays baltes. À la fin de 1933, ils sont déjà 35 000, parfois en transit vers l'Amérique du Nord. Mais les autres sont décidés à rester. Ils espèrent toujours un rapide effondrement du régime hitlérien et s'inquiètent de la vie outre-Atlantique, si peu conforme à leur culture.

L'accueil en France est mitigé. On n'y aime guère Hitler, mais ces opposants sont, malgré tout, des Allemands. Dans un premier temps, le gouvernement choisit d'être fidèle aux traditions d'accueil. Dès le mois d'avril, les frontières sont largement ouvertes à ceux qui, ayant tout abandonné, se présentent aux frontières sans papiers ni visa. On leur remet un sauf-conduit, en attendant la délivrance d'une carte d'identité. Instruction est donnée aux préfets d'accélérer les démarches, et les réfugiés sont mis en contact avec l'administration chargée de la main-d'œuvre.

Mais, dès le début, la générosité est encadrée dans de strictes limites. Les visas sont délivrés pour deux mois seulement ; les sauf-conduits pour vingt jours et ceux qui poursuivent, en France, leurs activités politiques sont menacés d'expulsion. Au bout de quelques mois, l'émotion retombée, le cercle se referme un peu plus sur les réfugiés. Gage donné à la droite extrême qui ne cesse de fustiger, et l'"Allemand" et le "Juif" ? Le 18 juillet 1933, pour pouvoir entrer en France, les Juifs doivent désormais être munis d'un passeport allemand et chacun doit prouver qu'il encourt de graves risques à retourner dans son pays d'origine. Au mois de novembre, premier bilan : 413 Allemands ont été refoulés.

Accueillis sans enthousiasme, les réfugiés doivent de plus faire face au dénuement. La plupart sont venus les mains vides, une valise, quelques vêtements. A Paris, les autorisations de travail sont rares et les secours officiels, inexistants. Il faut donc l'assistance de comités privés pour assurer le minimum. Le Secours ouvrier et le Secours rouge international s'occupent des communistes ; le Comité Matteoti, des socialistes ; le Comité national de secours aux réfugiés allemands victimes de l'antisémitisme, des Juifs. Mais ils manquent d'argent tandis que gonfle, au fil des mois, l'afflux de réfugiés. Trouver de l'argent et des papiers, travailler et rester ; les jours passent, l'angoisse s'installe.

Dans la France des années 30, tous les étrangers sont victimes de la xénophobie, d'une hostilité plus ou moins ouverte, mais les réfugiés allemands sont parmi les plus menacés. Ils vivent en transit, sans avoir le droit de travailler, sans papiers. Ces hommes qui étaient des écrivains, des artistes, des professeurs reconnus sont désormais des parias qui font le triste apprentissage d'une semi-mendicité, des meublés sinistres, de l'ennui et de l'inactivité. Ils passent leurs journées à marcher pour s'occuper ou simplement économiser le prix du ticket de métro ; ils font la queue des heures devant les guichets de la préfecture de Police et le siège des organisations charitables. Leur ignorance du français complique la moindre démarche ; l'allemand les trahit aux yeux d'une opinion publique toujours méfiante. On les accuse d'être allemands, mais aussi d'être des exilés, des hommes qui ont bien dû commettre quelque délit.

Même suspicion du côté de l'administration et de la Police. Les réfugiés n'ont pas de papiers. Les visas à durée déterminée ne sont pas renouvelés. Sans travail, ils ne peuvent obtenir la carte d'identité, indispensable aux étrangers en France. La plupart survivent avec un simple récépissé, dans la crainte permanente d'une expulsion. L'arrêté d'expulsion leur laisse en général un répit de cinq jours. Pour éviter un retour vers l'Allemagne et ses conséquences, il reste alors les sursis, de trois à quinze jours, qu'il faut aller quémander au cinquième étage de la préfecture de Police. Le jeu est risqué, les règles anarchiques et les résultats bien maigres, mais il n'y a rien d'autre à faire. Parfois, hors de toute logique, le couperet tombe, le sursis est refusé et les réfugiés sont priés de quitter la France, avant minuit.

De désespoir, certains se suicident. Pour échapper à cette spirale du malheur, d'autres coupent les ponts avec la communauté allemande, essaient de se fondre dans la société française. Les derniers, les plus nombreux, se regroupent en revanche et cultivent entre eux l'espérance d'une proche victoire. Mais à trop se fréquenter, à parler sans agir, les divisions éclatent, l'ennui s'installe. Ils ne sont pas, bien sûr, totalement inactifs. Tous essaient de continuer à écrire, à peindre, à donner des spectacles, pour préserver leur identité et montrer aux Français ce que fut la culture allemande avant Hitler. Dès l'été 1933, se constitue la Société allemande des gens de lettres à Paris. Heinrich

Mann ouvre la Bibliothèque allemande de la liberté qui réunit les œuvres visées par les autodafés nazis. Il y aura aussi une université allemande libre, des expositions, des spectacles de cabaret, des pièces de théâtre comme *Les Fusils de la mère Carrar* de Brecht, montée à Paris.

Les "politiques" ne sont pas en reste, même si l'engagement, d'un parti à l'autre, n'a pas la même intensité. Les catholiques du *Zentrum* – à peine 300 réfugiés – agissent à titre individuel. Les socialistes sont écartelés entre leur désir d'action et les directives ambiguës de leur direction, exilée à Prague. Les communistes, les plus nombreux, n'ont guère d'hésitation, bien intégrés par leurs camarades français. Mais s'ils exaltent la résistance en Allemagne, ils se contentent de secourir "leurs" réfugiés sans se battre pour améliorer la condition de tous. Quel que soit le parti, les possibilités d'action restent limitées. Des militants sont envoyés dans l'Est de la France, chargés de recueillir les informations en provenance d'Allemagne et d'aider au passage des écrits clandestins. Mais les risques sont énormes, et le bilan paraît dérisoire face à un régime qui se consolide mois après mois tandis que grossit le flot des réfugiés.

En 1935, vient le tour des Sarrois. Ceux qui avaient pris position contre le rattachement au Reich quittent en masse le pays, dès le soir du scrutin. Pour quelques-uns, il s'agit d'un second exil. Allemands, ils s'étaient réfugiés en Sarre après janvier 1933. La France, qui avait encouragé ce front du refus, a des obligations ; elle accueillera les vaincus. En quelques jours, 7 000 réfugiés sollicitent l'asile politique. Ceux qui n'ont pas d'amis sont pris en charge par l'État et répartis sur tout le territoire. Mais très vite, les pouvoirs publics vont se lasser de payer. Les Sarrois qui veulent rester sont priés de trouver des ressources, avec promesse d'obtenir une carte de travail. Ils ont donc au moins des papiers en règle et la possibilité de gagner leur vie. Pour les autres réfugiés allemands, le seul répit viendra, trop bref, avec le Front populaire.

En 1936, le gouvernement de Léon Blum accorde à tous la liberté de résidence ; les apatrides obtiennent un véritable statut et, le 17 septembre 1936, les réfugiés en provenance d'Allemagne qui résidaient en France avant le 5 août reçoivent un certificat de résidence. Les derniers arrivés demeurent donc sous la menace d'une expulsion, mais ils ont désormais l'espoir de pouvoir être entendus par les plus hautes autorités pour leur défense, au lieu de subir l'arbitraire administratif.

Après les défaites accumulées de l'année 1935 (rattachement de la Sarre au Reich, répression en France), l'espoir renaît, et les réfugiés allemands tentent alors de forcer la victoire. Les politiques essaient de se regrouper à leur tour en Front populaire, les artistes montrent un autre visage de la culture allemande en marge de l'Exposition Universelle. Symbole de cet esprit nouveau, 5 000 réfugiés allemands et autrichiens s'engagent dans les Brigades internationales : 3 000 laisseront la vie en Espagne.

Ce sursaut du Front populaire ne sera que sursis. Dès avril 1938, les décrets Daladier interdisent toute activité politique aux réfugiés et menacent d'expulsion ceux qui passeraient outre. L'étau se resserre par ailleurs sur les étrangers en situation irrégulière. Les délais qui leur permettaient de survivre dans une zone de non-droit sont supprimés, les décrets d'expulsion deviennent exécutoires sans sursis. Pourtant, en cette année 1938, le pire est encore à venir. Munich, l'allégeance à Hitler, le renoncement face au nazisme est en effet vécu dans les milieux de l'immigration comme une défaite absolue : alliance avec l'ennemi, échec de leurs mises en garde. Il ne leur reste dès lors que la résignation, le suicide ou la fuite. De nombreux Allemands décident de quitter la France pour les États-Unis, car ils savent la guerre inéluctable et comprennent que la France, politiques et opinion publique confondues, n'est pas en état de résister.

La déclaration de guerre, en 1939, redonne pourtant à ceux qui sont restés une raison d'être et de se battre. Pour affronter le nazisme les armes à la main, les immigrés se portent volontaires et demandent à s'engager dans l'armée française. Mais ils sont Allemands, et souvent communistes ou militants de gauche. Or, après la signature du pacte germano-soviétique, l'ennemi est lui aussi allemand et communiste. Pour les autorités françaises, la place des réfugiés n'est pas donc dans l'armée, mais dans des camps. Dès la déclaration de guerre, les hommes sont rassemblés dans des camps militaires ou dans des stades : Colombes, Buffalo, Roland Garros et le Vel' d'Hiv', déjà. Rien n'est organisé, les conditions d'hygiène sont déplorables, les médecins internés n'ont pas le droit de soigner leurs compatriotes, et l'on y meurt chaque jour. Fin novembre, les réfugiés sont répartis dans une centaine de camps d'internement installés à la hâte sur tout le territoire.

Au début de 1940, 20 000 réfugiés allemands sont ainsi retenus prisonniers ; 500, en Grande-Bretagne, seulement. Des "commissions de criblage" sont alors mises en place. Elles visitent les camps, étudient les dossiers, le passé des réfugiés, avant de les répartir en trois catégories : "nazis" ; "douteux", soit, selon l'administration française, les antinazis politiquement engagés ; simples réfugiés. Ces derniers, s'ils le désirent, sont autorisés à s'engager dans l'armée, et, en attendant leur incorporation, on les envoie en Afrique du Nord ou dans des camps de prestataires. Leur statut change ; les conditions de vie demeurent. Les réfugiés allemands manquent de tout, traités en parias, laissés sans soins, sans chauffage, parfois sans même le minimum vital en matière d'hygiène et de nourriture.

Lors de l'offensive de mai 1940, les autorités françaises ne changent rien à leur attitude. Au contraire, les arrestations reprennent : cette fois, on interne aussi les femmes et les hommes de plus de cinquante ans, sauf s'ils ont un enfant, un père ou, pour les femmes, un mari de nationalité française. Pour ces milliers de réfugiés qui ont cru en une certaine France et n'ont cessé de réclamer une place aux avant-postes du combat, ces regroupements, dûment fichés et recensés, sont un arrêt de mort.

L'armistice signé, des commissions allemandes visitent les camps. Les "anonymes" sont flattés et pressés de rentrer en Allemagne. Certains céderont, écœurés des épreuves de l'exil. Mais pour les politiques, pour les Juifs arrivés d'Allemagne, d'Autriche ou d'ailleurs, ces camps français vont se transformer en antichambre de la mort. Les militants antinazis sont arrêtés sans pouvoir fuir, rapatriés et exécutés dans les prisons allemandes. Plus tard, pour rendre crédible sa politique "nationale", c'est ici que Vichy viendra chercher les "étrangers" à livrer aux nazis en échange des "Juifs français", un moment épargnés.

A la Libération, impossible de dire combien de réfugiés allemands ont survécu à ces onze années de chaos. Devant le labyrinthe des lois, des disparitions, des fausses identités, des évasions et des départs clandestins ; dans la tourmente des offensives de 1940 et 1944 et de l'Occupation, les statistiques ne sont guère faciles. Il reste la certitude d'un drame, d'une génération atomisée et d'une nation décapitée. La France n'en porte pas bien sûr l'entière responsabilité et, avant 1940, ses efforts n'ont pas été négligeables. Mais cela pèse peu dans la mémoire historique. La mauvaise volonté, les réticences, la lâcheté, les crimes de Vichy enfin ont effacé le dévouement et la solidarité de quelques-uns.

Alors, en 1945, les réfugiés allemands qui ont survécu ne resteront pas. Le pardon viendra plus tard, dans la grande réconciliation franco-allemande. Derrière l'imagerie officielle d'une France martyr pardonnant au pays de ses bourreaux, les exilés feront, de leur côté, loin des célébrations officielles, la paix avec une certaine France qui fut nazie, collaboratrice ou simplement coupable de non-assistance, par excès de méfiance ou trop d'indifférence.

Amérique latine

L'Amérique latine n'a pas de tradition migratoire, sinon l'exil politique. A chaque *pronunciamiento,* les anciens dirigeants, les opposants partaient se réfugier à l'étranger. Migration temporaire : tous rentraient, une fois l'orage passé. Mais, avec les années 60, les dictatures se font plus durables et d'essence totalitaire. Les exilés sont cette fois des milliers, sans espoir de retour immédiat.

Les Brésiliens partiront les premiers, après l'installation de la dictature en 1964. Au début, il s'agit surtout des opposants politiques et syndicaux les plus connus et des anciens membres du gouvernement. Mais la dictature devient petit à petit institution, la répression se durcit en 1968, et une seconde vague de réfugiés doit alors partir. Moins célèbres, moins engagés, ce sont des libéraux qui ne veulent ni du communisme, ni du régime en place. La dernière vague, enfin est plus jeune, mais surtout plus radicale que ses aînés. Ce sont presque tous des militants de gauche, venus à la politique par la lutte clandestine et recherchés dans leur pays, voire condamnés.

L'immigration brésilienne est exemplaire, mais rares sont ceux qui choisiront la France car ils y ont peu d'attaches. Les Haïtiens, en revanche, qu'ils soient opposants déclarés au régime Duvalier, ou qu'ils fuient l'enrôlement de force dans la milice, seront nombreux à choisir la France par affinité culturelle. Les Chiliens, après le coup d'État de 1973, puis les Argentins, complètent l'immigration latino-américaine en France, répartie presque également entre ces 4 nationalités (3 940 Brésiliens, 4 080 Argentins, 4 520 Haïtiens, 5 580 Chiliens au recensement de 1982). Mais elles forment, en fait, une seule communauté qui partage la même culture, les mêmes raisons d'exil et le même profil.

Le réfugié latino-américain est plus jeune que les autres. Souvent issu des classes moyennes, il est arrivé en France comme étudiant, parfois comme enseignant. La plupart des Latino-Américains sont recherchés dans leurs pays pour des faits précis, voire condamnés, mais ils arrivent plus souvent que les autres réfugiés, avec des papiers en règle et des contacts qui rendent leur adaptation plus facile. Politiquement, ils sont à gauche, voire à l'extrême gauche (1 réfugié sur 3 environ adhère à un parti révolutionnaire), autant de points communs qui les rapprochent en dépit de nationalités différentes. Cela les éloigne en revanche des autres réfugiés, comme les en éloigne l'espérance du retour.

Pour les Sud-Américains en effet, le retour n'est pas un vain mot. Depuis le début de la décennie, Argentins, Brésiliens puis Chiliens ont petit à petit quitté la France, pour participer, voire accélérer, le processus de démocratisation qui se dessinait dans leur pays. La peur d'un nouveau bouleversement politique, le chômage qui les attend ne les ont pas arrêtés, mais l'exil ne s'efface pas d'un trait. Certains se sont mariés en France, des enfants sont nés ici, déjà largement marqués par la culture française. Dans certaines familles, le choix est déchirant et les pères partent seuls. Restent également en France ceux qui ont entamé un cycle d'études. Mais, en dépit de ces exceptions, les retours l'emportent. Parce que l'Amérique latine retrouve la démocratie et parce que les Latino-Américains ont de l'exil une image temporaire, héritée du XIXᵉ siècle quand le cours politique déjà paraissait réversible.

Ancien Régime

L'immigration n'est pas venue avec la révolution industrielle ou la République. Elle les précède, traversant toute l'histoire de France, apportant au pays des populations nouvelles qui vont petit à petit le modeler et l'influencer. Mais cette première immigration n'est pas de même nature que celles qui suivront. Géographiquement, il s'agit principalement d'une immigration de proximité dont on retrouve la trace dès le Moyen Age.

Les flux sont surtout saisonniers, liés à l'activité économique. Les colporteurs parcourent une vallée, une région, un massif montagneux, passant et repassant la frontière qui les traverse ; d'autres viennent aider aux travaux de la terre ou de l'artisanat. Certains, seuls ou en petits groupes, arrivent néanmoins avec l'ambition de rester, pour des raisons économiques ou politiques, mais ils demeurent eux aussi dans les régions frontalières. Le recensement de 1851, qui dénombre pour la première fois les étrangers vivant en France, révèle que les 2/3 habitent à la périphérie.

Les autres ont pénétré l'intérieur du pays, attirés par les grands pôles de peuplement, au premier rang desquels figure la capitale. Souvent, ils sont arrivés là en suivant des itinéraires empruntés il y a fort longtemps par leurs aïeux, comme ces petits groupes venus de l'Apennin jusqu'en région parisienne, à Londres et au pays de Galles, sur la trace de leurs ancêtres colporteurs, musiciens et montreurs d'ours qui parcouraient l'Europe dès l'époque moderne. Cette pénétration à l'intérieur du pays n'est donc pas le fruit d'une trajectoire rectiligne, d'une avancée régulière vers l'intérieur, mais plutôt l'héritage d'anciennes traditions. En tout cas, quelle que soit leur origine géographique et leur destination finale, ces premiers étrangers se distinguent des immigrés venus après la révolution industrielle, par leur activité économique.

Sous l'Ancien Régime, la France est en effet le pays le plus peuplé d'Europe. Elle ne manque ni de bras, ni d'enfants et les flux migratoires n'auront donc jamais l'ampleur qu'ils connaîtront aux XIXᵉ et XXᵉ siècles. En revanche, les spécialistes manquent. La monarchie fait appel aux meilleurs professionnels, s'inspire de leurs méthodes et de leurs découvertes. Artistes italiens, banquiers lombards et florentins, armateurs néerlandais, spécialistes de l'industrie venus d'outre-Rhin, tous arrivent en France apporter un savoir-faire ; certains y resteront définitivement. L'économie n'est pas la seule préoccupation des rois. Ils appellent également des mercenaires pour servir dans l'armée et des hauts fonctionnaires. Restent les bannis et les victimes de persécutions politiques et religieuses : la France les accueille déjà, mais dans le même temps, certains Français quittent le royaume, comme les protestants, qui se réfugient nombreux à l'étranger après la révocation de l'édit de Nantes.

Au total, combien sont-ils, ces premiers immigrés ? Beaucoup moins qu'aujourd'hui, bien sûr, car la révolution industrielle et le déclin démographique vont bouleverser les règles anciennes de l'immigration. Mais un dénombrement précis est impossible. Il manque un outil statistique, et surtout, en s'intégrant rapidement, les étrangers effacent les traces de leur origine. Les noms, utiles repères, sont déformés ou francisés, et si quelques documents témoignent de plaintes contre leur présence trop nombreuses ou leur concurrence trop vive, les incidents sont rares. Largement accordées par lettre royale à des individus, puis à des communautés entières, les naturalisations seront d'ailleurs comme une reconnaissance officielle du régime, envers des hommes qui ont grandement contribué au rayonnement du pays.

Arméniens

L'immigration arménienne est née d'un génocide. Avant le premier conflit mondial, la communauté ne compte, en France, que 2 000 membres, militants politiques, intellectuels, fuyant les premières persécutions. Le mouvement s'accélère après 1908, car la révolution "Jeune Turque" victorieuse impose aux Arméniens une assimilation intransigeante. Mais c'est en 1915 que l'histoire bascule. La Turquie, un moment hésitante, s'est rangée aux côtés des puissances centrales. La Russie est dans l'autre camp. De chaque côté, les Arméniens se sont comportés en citoyens loyaux, répondant aux ordres de mobilisation russe ici, turque là-bas.

Or, voilà qu'on leur demande plus. Les Arméniens de Turquie sont sommés de mener une action subversive en Russie : ils refuseront. De son côté, l'armée tsariste utilise dans la montagne des volontaires arméniens : les Jeunes Turcs saisissent l'occasion, dénoncent la trahison de l'Arménie et mettent au point, au début de 1915, un véritable plan d'extermination. Sa mise en œuvre commence le 24 avril, à Constantinople, par des rafles de notables et intellectuels, puis viennent les massacres et la déportation systématique d'un peuple entier. Vieillards, femmes et enfants sont pourchassés à marche forcée vers le Tigre, l'Euphrate et les terres désertiques de l'Empire ottoman. A la fin de la guerre, sur les 2 millions d'Arméniens vivant en Turquie en 1914, il reste 600 000 survivants.

Rescapés du désert, beaucoup trouvent refuge en Syrie et au Liban, avant de prendre la route de l'exil. La plupart choisiront la France. La politique des quotas ferme les portes du Nouveau Monde ;

la France réclame en revanche des travailleurs après la saignée de 1914-1918. Comme elle exerce à cette époque un mandat sur la Syrie et le Liban, l'organisation des filières migratoires s'en trouvera facilité. À partir de 1920, des industriels français font le voyage, des recruteurs arméniens sélectionnent les candidats, candidats de plus en plus nombreux après l'échec du traité de Sèvres qui prévoyait la naissance d'une grande Arménie.

Ceux qui débarquent à Marseille pendant les années 20 arrivent totalement démunis. Ils s'entassent à plus de 10, dans une seule pièce, près du Vieux Port. Ils acceptent n'importe quel travail sur les docks, dans les raffineries de sucre, quelques-uns en usine, travaillant jusqu'à dix-huit heures par jour pour survivre. Mais la cité phocéenne ne peut tous les accueillir. Certains remontent alors vers le nord, en longeant la vallée du Rhône. Ils s'installent dans l'agglomération lyonnaise, dans la région parisienne, le plus souvent en banlieue car les loyers y sont plus bas, et les terrains plus nombreux. À Vienne, Villeurbanne, Alfortville ou Issy-les-Moulineaux se développe très vite autour des premiers arrivés une véritable communauté, avec ses commerces, ses lieux de culte et de culture, qui essaie de préserver l'identité nationale. Aujourd'hui encore, ces villes demeurent d'importants foyers arméniens. Ils sont 60 000 dans la région Rhône-Alpes, 10 000 entre Clamart et Issy-les-Moulineaux.

Mais le maintien des traditions ne sera jamais un obstacle à l'assimilation. Traumatisés par le génocide et les épreuves subies, les rescapés cherchent d'abord à se faire oublier. Ils se plient sans réserve aux règles du pays d'accueil ; l'opinion française, de son côté, les accepte assez bien. On leur reconnaît des qualités, de l'intelligence, le sens de l'économie et de l'effort, même si une minorité les accuse d'être piètres travailleurs. On leur reproche également d'être parfois trop "orientaux", de ne pas s'intégrer davantage en dépit de toute leur bonne volonté. Mais ces réserves initiales ne sont rien en regard des critiques subies par d'autres communautés étrangères et elles vont très rapidement s'atténuer. Les mariages mixtes sont nombreux, l'école joue pleinement son rôle d'assimilation, la communauté s'organise et finalement elle passera plutôt bien le cap de la crise des années 30, avec son cortège de xénophobie et d'expulsions.

La guerre remet brutalement en cause cette logique de l'intégration tranquille. Les naturalisés, déjà nombreux, sont bien sûr normalement incorporés dans l'armée. Les autres se portent volontaires, avant de participer activement à la Résistance. Manouchian était Arménien. Mais en contrepoint de ces combats qui tissent des liens étroits avec la France, l'occupation donne paradoxalement aux

Arméniens l'espoir d'une alternative. La Wehrmacht compte, en effet, dans ses rangs, des prisonniers originaires d'Arménie soviétique, qu'elle a enrôlés de force. Quelques-uns se retrouvent en France, occupants malgré eux. À leur contact, les Arméniens de France se prennent à rêver de ce foyer national, reconstitué en U.R.S.S.

Aussi, quand Staline, au lendemain de la victoire, lance un appel à la diaspora pour qu'elle retourne sur sa terre, des Français se laisseront séduire. Sur place, le choc est rude. Rien n'est prêt pour les accueillir, le modèle soviétique refroidit bien des enthousiasmes, et surtout, ils découvrent que la russification va bon train dans cette Arménie-là aussi. Quelques-uns repartent très vite mais, au tournant des années 50, avec le raidissement du stalinisme et la fermeture des frontières, le rideau tombe et les perspectives de retour s'éloignent. À force de persévérance, quelques-uns parviendront à revenir en France. Les autres s'intègrent bon gré, mal gré en formant, par endroits, des semi-ghettos français.

Ceux qui sont restés en France retiennent en tout cas la leçon. Même s'ils demeurent reconnaissants à l'U.R.S.S. de faire vivre une Arménie soviétique, nul ne songe plus à partir. Il faut donc s'installer en France, cette fois définitivement. La seconde génération qui parvient alors à l'âge adulte va parachever ce processus d'assimilation. La presse communautaire, l'enseignement, les nombreuses associations culturelles, l'Église arménienne continuent bien sûr de porter l'identité nationale, mais la langue est en déclin et la tradition populaire périclite loin de ses racines.

Pourtant, l'Arménie n'est pas oubliée : rien n'est résolu sur le plan politique ; la Turquie refuse toujours de reconnaître ses responsabilités. Le réveil viendra en 1965. Pour le cinquantième anniversaire du génocide, des manifestations sont organisées un peu partout dans le monde. En France, la commémoration est confiée au Comité de défense de la cause arménienne. Passées les cérémonies, il essaie d'être le porte-parole unique de la communauté et milite pour que soit reconnue la réalité du génocide.

La première génération est heureuse de voir ainsi réaffirmées ses revendications. Les plus jeunes, frustrés des échecs répétés de la voie diplomatique, inquiets du devenir arménien dans une France qui les a complètement assimilés, réclament plus. Ils sont tentés d'afficher nettement leur "différence", militent pour une Arménie indépendante qui réunirait ses terres russes et turques. Quelques-uns sauteront le pas, utilisant la violence contre des objectifs turcs. Le premier attentat, en 1975, qui vise un diplomate, remet brutalement en lumière la cause arménienne, et les Français découvrent tout d'un problème qu'ils ignoraient.

L'affaire dépasse en fait largement les frontières de l'Hexagone. La diaspora tout entière est concernée et l'opinion mondiale interpellée. En cette année 1975, la guerre éclate au Liban, où vit une importante communauté arménienne. C'est elle qui donnera à l'Armée secrète arménienne de libération de l'Arménie (A.S.A.L.A.) ses premiers militants. Contre les partis politiques et les organisations de la diaspora, l'A.S.A.L.A. choisit de rompre avec la légalité et engage une lutte acharnée contre le gouvernement turc. Ses premières actions, spectaculaires, comme l'occupation de l'ambassade de Turquie à Paris en septembre 1981, seront comprises, sinon approuvées, par une frange non négligeable de la communauté arménienne de France.

Puis, dans le bourbier libanais, la revendication initiale de l'A.S.A.L.A. – « une terre, un peuple, un État » – devient rapidement prétexte au jeu des milices, des puissances occupantes et du terrorisme. L'A.S.A.L.A. multiplie les attentats aveugles, et quand, en 1983, une bombe explose à l'aéroport d'Orly, provoquant la mort de 8 personnes, les Arméniens de France, unanimes, dénoncent ses méthodes. L'A.S.A.L.A. discréditée et bientôt marginalisée, l'exigence demeure d'une reconnaissance solennelle du martyre arménien. Elle sera satisfaite. Le 6 janvier 1984, à Vienne, le président de la République admet sans ambiguïté la réalité du génocide, suivi trois ans plus tard du Parlement européen.

« Comment parler du problème arménien, puisque vous êtes en France un modèle d'intégration ? » À cette interrogation de François Mitterrand, cette réponse des Arméniens : le génocide. La Turquie frappe aux portes de l'Europe, sans avoir rien cédé. Et en U.R.S.S. de pogromes en massacres, les Arméniens menacent d'être emportés, premières victimes de la tourmente qui disloque l'empire soviétique. Tant que durent ici le silence, là-bas les persécutions, l'identité nationale arménienne survit en France, en dépit d'une intégration et d'une réussite exemplaires.

Associations

Privés de droits politiques, coupés de leur culture d'origine, isolés dans une société qui les ignore ou les accuse, les étrangers ont très tôt investi le réseau associatif. Des associations italiennes du premier XXᵉ siècle aux groupements portugais qui fleurissent après 1981, leur rôle ne change guère. Dès le début, le réseau associatif a servi de relais entre la France et le pays d'origine, limité le choc de la séparation et facilité l'adaptation des migrants.

Les associations ont brisé l'isolement par la convivialité (repas, fêtes), affirmé la pérennité d'une communauté dans des activités collectives (sport) et valorisé ses traditions, par de multiples activités culturelles. Mais surtout, le primo-immigrant, tenté par le repli, menacé par le déclassement social, a trouvé ici les moyens d'entamer un dialogue avec le pays d'accueil. Toutes ces activités étaient en effet une première porte ouverte sur la société française, à laquelle elles empruntaient leurs structures et leurs modes d'expression, même si ce qu'on y faisait, et les hommes qui y venaient, étaient rattachés au pays d'origine. On allait par exemple dans une association sportive étrangère, mais on y pratiquait les sports populaires en France, avant de rejoindre le club de la ville, première ouverture sur la société d'accueil.

Le maintien d'une identité culturelle, la langue maternelle que l'on peut parler, les journaux qui informent sur le pays qu'on a laissé ont, par ailleurs, évité à beaucoup la marginalité. Aux migrants qui souffraient d'une perte de statut, voire de déclassement, tout cela redonnait un peu de dignité, sans laquelle aucune insertion n'était possible. Le projet, aujourd'hui comme hier, n'est pourtant pas sans ambiguïté, menaçant de transformer l'identité nationale en patriotisme de défense, qui serait, lui, un obstacle à l'intégration. Toutes les associations n'ont pas cette arrière-pensée, mais toutes en sont soupçonnées, surtout dans l'entre-deux-guerres.

Les Polonais et, dans une moindre mesure, les Italiens, sont visés au premier chef. Il est vrai que les deux communautés sont fort bien structurées, encadrées même, par un réseau serré d'églises, d'écoles et d'associations où l'on cultive un nationalisme qui va bien au-delà de la simple identité culturelle. Dans les colonies installées aux abords des villes industrielles de l'Est et du Nord, le prêtre est une figure centrale, celui qui aide les immigrés dans le dédale administratif, celui qui coordonne les activités sociales.

Les associations sont présentes dans chaque espace du quotidien : associations religieuses, intellectuelles et artistiques comme l'Université ouvrière de Lille ; associations sportives comme les Sokols ; associations professionnelles, économiques ou d'assistance comme Opieka Polska. À Bruay, dans le Pas-de-Calais, exemple parmi d'autres, on ne compte pas moins de 42 sociétés, affiliées à des fédérations régionales et nationales. Même phénomène dans la communauté italienne, mais il est plus discret. Les Italiens ont moins de goût pour la vie collective, et, installés en France depuis plus longtemps, ils peuvent individuellement prendre en charge les nouveaux venus, sans faire appel aux instances communautaires.

Rigide, voire autoritaire ici, plus souple ailleurs, le réseau des associations étrangères sert toujours à structurer une communauté et il apparaît souvent comme le meilleur rempart contre le désœuvrement, la marginalité, la délinquance. L'opinion française, pourtant, s'en irrite. Dans cette organisation, dans ces traditions maintenues, elle ne voit qu'un refus de la France, de sa civilisation, de sa culture. Pis : elle soupçonne les étrangers de fomenter des complots, à l'abri de leurs associations. La police les surveille, fait traduire leur presse, infiltre leurs réunions, et, bien souvent, l'association est dissoute, la presse suspendue, au nom de l'ordre public. Accusation excessive en général, mais il est vrai que les militants, antifascistes italiens, réfugiés allemands, nationalistes n'ont pas d'autre moyen d'expression.

Dans le sillage du Front populaire, ces associations s'enhardissent. Certaines fusionnent, d'autres naissent, organisations de secours qui entrent en politique ; mais cet espace de liberté ne vivra que quelques mois. À la veille de la guerre, le décret du 12 avril 1939 soustrait au droit commun les associations d'étrangers. Sont classées sous cette rubrique celles qui ont leur siège à l'étranger, celles qui sont de fait dirigées par des étrangers, celles qui ont des administrateurs ou 1/4 de leurs membres de nationalité étrangère. Toutes doivent désormais solliciter auprès du ministre de l'Intérieur une autorisation, qui peut être refusée ou retirée si elles s'écartent de leurs buts déclarés.

À la Libération, le décret loi de 1939 est maintenu. Pourtant, le mouvement associatif ne paraît plus guère menaçant. L'intégration de l'immigration européenne est acquise ; les groupements communautaires se contentent désormais de maintenir les traditions culturelles. La guerre d'Algérie brisera ce tranquille équilibre. Très vite, en effet, les nationalistes utilisent le réseau associatif comme espace politique. La lutte pour l'indépendance va commencer ici, dans les cours d'alphabétisation, dans les centres de secours aux chômeurs ou l'aide au logement. Pendant sept ans, au quotidien, le Front de Libération Nationale (F.L.N.), qui cherche à étendre son influence sur la société civile, et l'administration française, qui veut utiliser les services sociaux pour assurer un contrôle politique, vont se livrer une incessante lutte d'influence sur le terrain associatif.

Les accords d'Évian signés, le mouvement associatif algérien peut sortir de l'ombre. Au F.L.N. succède l'Amicale des Algériens en France, liée au gouvernement d'Alger, même si elle s'en défend. Par sa présence, ses moyens et son prestige, l'Amicale facilite, tout au long des années 60, l'installation de primo-immigrants sans cesse plus nombreux. Elle conseille et structure une communauté déstabilisée par la misère et ces arrivées incessantes. Elle est aussi modérateur et médiateur, canalisant la colère face aux injustices, parfois face aux crimes. Mais elle demeure d'abord le porte-parole du gouvernement algérien. À ses yeux, il n'y a donc en France qu'une immigration temporaire de travailleurs qui rentreront, un jour, dans leur pays d'origine. Or, à partir des années 70, la communauté algérienne s'installe, avec femmes et enfants, qui sont parfois Français. Dans ces conditions, le contrôle de l'Amicale paraît inutile et inadapté à la communauté : la seconde pense insertion, quand la première dit retour.

Pour répondre aux besoins nouveaux d'une immigration durable, des associations rivales vont voir le jour, plus autonomes, décentralisées, souvent tournées vers une population spécifique, femmes ou jeunes par exemple. Les opposants au régime s'engouffrent dans la brèche ouverte, s'organisent, imités ensuite par les autres communautés. À leur tour, l'Amicale des Marocains, l'Amicale des travailleurs et commerçants marocains, l'Amicale des travailleurs tunisiens voient leur monopole contesté, symboles d'une époque révolue, porte-parole de gouvernements rejetés. En éclairant la société civile d'un jour nouveau, Mai 68 avait ouvert la voie de l'émancipation. Mais l'impulsion décisive vient le 9 octobre 1981. La loi réintègre alors les associations d'étrangers dans le droit commun. Les autorisations préalables et les contrôles administratifs sont supprimés ; l'accès aux subventions publiques est ouvert, via le Fonds d'action sociale (F.A.S.). Aujourd'hui, il subventionne 3 000 associations, 6 fois plus qu'en 1981, avec un budget de 1,3 milliard de francs.

Cet essor prodigieux trahit, chez les étrangers, une volonté d'autonomie par rapport au pays d'origine. Mais il est également une déclaration d'indépendance prononcée à l'encontre du mouvement associatif français. La ligue des Droits de l'homme, le Mouvement contre le racisme et pour l'amitié entre les peuples (M.R.A.P.), le Groupe d'information et de soutien des travailleurs immigrés (G.I.S.T.I.) ont en effet longtemps joué un rôle de relais entre la communauté étrangère et la société française, apportant un soutien administratif et juridique essentiel quand les étrangers étaient privés de porte-parole. Ils continuent de le faire surtout pour les réfugiés mais, désormais, les étrangers veulent parler en leur nom propre.

La diversité du mouvement associatif témoigne à cet égard de leur dynamisme, de leur engagement, mais il dit également les contradictions d'une communauté étrangère hétérogène dans ses origines et ses ambitions. Parmi les milliers de groupements, la plupart se contentent, en fait, de maintenir vivantes des traditions culturelles, une langue, un folklore, une religion dans des communautés largement intégrées. D'autres prônent, au contraire, le repli sur la vie associative, afin d'y lutter contre l'influence française, vécue comme une trahison de la patrie d'origine. De ce côté, figurent des groupements qui se réclament de l'islam. Ce ne sont pas les plus nombreux, mais, placés sans cesse sous les feux de l'actualité, ils ont fini par devenir l'encombrant symbole de la liberté retrouvée.

La troisième et dernière voie empruntée par les associations étrangères tourne résolument le dos aux traditions et prône l'intégration. On y retrouve l'essentiel des associations de jeunes issus de l'immigration. Dans ce cadre, ils essaient de définir ce que sera leur place dans la société, comment exercer leurs responsabilités. Cet apprentissage peut-il se faire à l'écart des associations françaises ? Non sans conflit, non sans méfiance, les tenants de l'intégration ont finalement choisi de cohabiter au sein des mêmes structures, comme en témoigne l'irrésistible essor de S.O.S. Racisme, au détriment des associations de jeunes Maghrébins.

Belges

Sur le thème des affinités électives, la communauté belge a longtemps incarné dans l'opinion, le "bon immigré", trop intégré pour être véritablement un étranger. La proximité géographique, la parenté culturelle ont, de fait, grandement facilité les rapports entre Français et Belges, qui dépassaient pourtant au XIXe siècle, le fameux seuil de tolérance, si cher aux défenseurs de la France seule. Ce qui n'a pas empêché, localement, des heurts, parfois violents, d'avoir lieu, comme d'ailleurs entre Français "de souche" originaires de régions différentes.

En 1851, les Belges sont 128 000, soit 1/3 des étrangers de France, et la plus importante des communautés. Deux ans plus tard, leur suprématie se transforme en quasi-hégémonie : effectifs triplés, 1 étranger sur 2 est originaire de Belgique, presque tous installés dans les départements frontaliers du Nord. Migration de proximité par excellence, leur venue en France dit bien ce que furent ces premiers mouvements de population : la suite logique de déplacements séculaires à l'intérieur même du pays, qui poussaient les hommes à quitter leurs villages, leurs foyers, pour s'installer un peu plus loin, au gré des besoins de main-d'œuvre.

Au XIXe siècle, la révolution industrielle, les inégalités de développement démographique et économique ont simplement allongé les distances et les hommes ont dû franchir la frontière. La politique a également changé la nature de certains itinéraires. Les Belges qui arrivent en France après 1850 sont des immigrés ; leurs ancêtres des régions de la Sambre et de la Meuse, qui empruntaient le même chemin, ne l'étaient pas car leur département faisait alors partie intégrante de la France napoléonienne.

Longtemps dominante, l'immigration belge perd sa suprématie au tournant du XXᵉ siècle. Le déficit démographique réclame de plus en plus d'hommes, les origines géographiques des étrangers se diversifient et, en 1901, les Italiens ravissent la première place à la communauté belge. Son déclin est en fait amorcé depuis 1876. Au cours des quinze années qui suivent, si elle croît toujours en valeur absolue (374 000 en 1876, 466 000 en 1891), elle pèse déjà relativement moins dans l'ensemble des étrangers (46,6 % en 1876, 41,20 % en 1891). L'intégration, la brusque poussée de l'immigration dans l'entre-deux-guerres vont accélérer ce double mouvement à la baisse : chute des effectifs et poids réduit dans la communauté étrangère (8,9 % en 1936). S'y ajoute un glissement géographique : au cours des années 20, si 2/3 des Belges habitent toujours dans le Nord, certains descendent vers le Sud-Ouest, voire la Côte-d'Azur.

L'opinion française à leur égard ne varie pas en revanche. Honnêtes, durs au travail, parfaitement assimilables et assimilés, ils sont unanimement loués y compris par l'Action française qui recommande de les accueillir avec sympathie. Deux enquêtes menées en 1924 et 1926 confirment cette image positive. Les employeurs interrogés se disent comblés et les classent en tête des travailleurs étrangers. S'agissant d'économie, les Belges se dirigent plutôt vers les industries de transformation et l'agriculture, où ils viennent aider, souvent comme saisonniers, aux récoltes et à la culture des betteraves.

Socialement, ils apparaissent comme un groupe charnière entre Français et la masse des immigrés, avec un assez fort contingent d'emplois non qualifiés, mais déjà des techniciens et un effectif croissant de propriétaires-exploitants dans l'agriculture. Cette ascension sociale accélère leur complète intégration, et ils sont nombreux à solliciter leur naturalisation dès l'entre-deux-guerres. Tendance sans cesse confirmée depuis 1945 : au recensement de 1962, ils sont moins de 100 000, cinquième communauté étrangère vivant en France avec 3,6 % des effectifs ; moins de 50 000 aujourd'hui, la Communauté économique européenne ayant parachevé l'œuvre du temps, de la culture et de la géographie.

Boat people

Les 100 000 réfugiés du Sud-Est asiatique qui vivent en France ne sont pas tous des *boat people,* réfugiés de la mer. Mais les premiers l'étaient, ils ont ému, le nom est resté. L'exil commence en 1975. Retraite de vaincus : les anciens alliés des Américains partent après leur défaite, trop compromis pour espérer le pardon des nouvelles autorités. Trois ans plus tard, après l'abolition du secteur privé, commerçants et artisans les suivent, puis viennent les catholiques et les Chinois, désormais classés "indésirables".

Au fil des ans, hommes, femmes et enfants de toutes origines les rejoignent, qui n'ont rien en commun, sinon le désir de partir, à n'importe quel prix. Embarqués clandestinement sur des bâtiments de fortune, souvent au prix d'énormes sacrifices financiers, les uns et les autres traversent les pires épreuves. Attaques en mer de Chine des pirates thaïlandais qui pillent, violent, enlèvent ; naufrages d'embarcation surchargées, et toujours la faim, le froid, avant d'accoster en Malaisie, en Thaïlande ou ailleurs.

Partout, l'accueil est glacial. Les États de la région refusent aux *boat people* le statut de réfugiés. On les traite en immigrants illégaux, pour décourager de nouveaux départs. À Hong-Kong, les Sino-Vietnamiens venus du Nord sont enfermés dans des camps de prisonniers ; en Malaisie, leurs compatriotes du Sud se voient interdire l'accès à la terre ferme, parqués de force dans l'île de Pulau Bidong. Autres camps, ceux de Thaïlande. Les "réfugiés de la terre", qui ont passé clandestinement la frontière, y achèvent leur périple. Les premiers arrivent du Cambodge, fuyant la terreur des Khmers rouges puis l'invasion vietnamienne. Les Laotiens les rejoignent, quelques-uns citadins, la plupart montagnards comme les Hmong suspectés, persécutés pour avoir servi dans les forces spéciales américaines.

Quelle que soit leur origine, de 1975 à 1980, la solidarité internationale joue à plein en faveur des réfugiés. Les États-Unis et la France qui portent leur part de responsabilité, le Canada et l'Australie dans une moindre mesure, ouvrent leurs frontières. Au tournant de la décennie, 830 000 hommes, femmes et enfants ont trouvé un asile (68 000 en France). Mais 400 000 Cambodgiens, Laotiens, Vietnamiens attendent encore dans les camps du haut-commissariat aux Nations Unies. Quand une famille s'en va, une autre arrive. L'opinion internationale se lasse : la crise encourage l'égoïsme. Petit à petit, les quotas se font plus sévères, priorité est donnée aux regroupements familiaux, le statut de "réfugié" est accordé avec parcimonie. Certains arrivants sont désormais montrés du doigt : ils sont venus pour des motifs économiques et l'on pourrait les rapatrier sans risque. Le découragement gagne, les départs ralentissent tandis qu'en Occident les premiers arrivés s'installent.

En France, les 35 160 Vietnamiens s'intègrent rapidement. Hautement qualifiés, ils en ont les moyens, et ils savent qu'ils n'ont pas d'autre choix. Pourtant ils sont relativement peu nombreux : 1/3 des réfugiés en France, alors qu'ils sont largement majoritaires à l'échelle mondiale. Dans cette sous-représentation, deux réticences conjuguées. Les jeunes préfèrent les États-Unis : vingt ans de présence américaine leur en ont donné le goût et la langue. Le pays est également plus sûr. La France, certains le craignent, peut succomber un jour au communisme. Les plus âgés des Vietnamiens n'ont pas cette méfiance, mais il est trop tard pour l'exil : en dépit de leurs réserves vis-à-vis du régime, beaucoup resteront.

La situation des 36 880 Cambodgiens et 33 480 Laotiens est inverse. Ils ont gardé de la présence française un bon souvenir ; ils connaissent la langue et, à tort ou à raison, ils se sentent mieux compris des Français que des Américains. Au sein de la communauté asiatique, ces deux nationalités sont donc mieux représentées ici que dans le reste du monde. Mais beaucoup sont des paysans, chassés de leur pays par la réorganisation économique, exilés comme à regret. À l'arrivée, ils s'adaptent mal. En leur sein, les Chinois d'origine ne s'intègrent pas, communauté qui vit obstinément en marge. Les naturalisations, l'apprentissage du français sont rares. Géographiquement, ils sont repliés dans le périmètre de la porte de Choisy, au sud-est de Paris, dans une *Chinatown* devenue ghetto. Sauf exception, les autres réfugiés asiatiques n'y vivent pas. Mais ils sont installés à proximité : 1/3 de la communauté vit dans l'est parisien (XIIIᵉ, XIXᵉ et XXᵉ arrondissements) ou sa banlieue.

Et, Chinois ou non, tous ont essayé de maintenir un style de vie, des traditions, une solidarité communautaires. Leur activité économique en porte la marque. Les premières années, ils ont accepté, comme les autres étrangers, des emplois peu qualifiés, en particulier dans l'industrie automobile. Cela n'a pas duré. Quelques-uns, détail anecdotique, ont pris le relais des Russes blancs, au volant des taxis parisiens. Les spécialistes ont finalement pu exercer leurs compétences, une fois leurs diplômes reconnus. Mais surtout, une économie "asiatique" est née avec ses commerces, ses restaurants et des activités moins licites, comme les ateliers clandestins de confection.

Paradoxalement, ce particularisme géographique, économique et social ne gêne pas l'opinion qui juge dès 1984 les Asiatiques "bien intégrés", beaucoup plus que les Algériens, mieux que les Arméniens et à peine moins que les Juifs d'Europe de l'Est [1]. Optimisme confirmé en 1988 : 24 % des Français les classent parmi les plus aptes à s'intégrer, soit le quatrième rang, derrière l'immigration européenne (Italiens, Espagnols, Portugais). Ils échappent pourtant à trois règles tenues pour essentielles dans un processus d'intégration : la proximité ethnique, l'absence de ressentiment historique, l'adhésion aux us et coutumes hexagonales, sinon à la culture française. Mais ils sont "discrets" : beaucoup sont bien nés ; ils concurrencent peu la main-d'œuvre française dans les secteurs menacés par la crise économique. Restent leur volonté affichée de devenir français, les nombreuses naturalisations, un peu de compassion au souvenir de leurs épreuves : l'adhésion des cœurs vaut bien l'ombre des ghettos.

---

1. Sondage M.R.A.P.-S.O.F.R.E.S., 1984.

Catholiques

A la fin du XIXᵉ siècle, quand arrive la première grande vague de travailleurs étrangers, les catholiques militants sont presque tous à droite, nationalistes, défenseurs de la "France seule", pourfendeurs de la République, du Juif et des agents de l'étranger. L'Église choisit le camp de Boulanger, puis celui des antidreyfusards. Pour ceux qui, "au nom du Sacré-Cœur", prétendent vouloir "sauver la France", la Nation se conjugue avec antisémitisme et xénophobie.

Les premiers signes d'une évolution viennent au lendemain de la Première Guerre mondiale. En 1922, Mgr Dubois, archevêque de Paris, crée une administration diocésaine des étrangers à la tête de laquelle, il place Mgr Chaptal. Sous son impulsion, neuf nouvelles missions nationales sont organisées, et, en 1926, l'épiscopat publie pour la première fois *l'Étranger catholique en France* afin de toucher les immigrés isolés. Cette même année, le Vatican condamne l'Action française : désormais, nationalisme et xénophobie, même s'ils continuent de prospérer dans certains milieux catholiques, sont moralement défaits, tandis que progresse l'influence de la démocratie chrétienne.

En matière d'immigration, les anathèmes du siècle précédent sont loin. Un principe s'impose désormais : la Terre est nation de tous les hommes. Les migrations sont donc légitimes. Chaque homme a le droit de quitter sa patrie pour s'installer ailleurs. Et chaque pays a le devoir de l'accueillir. Tous les hommes ? Presque tous, répond l'épiscopat. Il faut, certes, demeurer vigilant face aux espions, aux anciens prisonniers de droit commun. Il faut s'inquiéter de ceux qui ne pourront jamais s'assimiler. Mais l'Église défend les autres, même "les Juifs et les marxistes" haïs de la droite et de l'extrême droite. Quand vient la crise des années 30, elle ne cède pas. Contre la raison d'État et les intérêts économiques, contre les brimades, les insultes, les expulsions, elle prend, au nom de l'Évangile, la défense des étrangers. Ces grands principes réaffirmés, il reste à organiser le quotidien de l'immigration.

Ceux qui arrivent, Polonais, Italiens, Espagnols, sont presque tous catholiques et pratiquants. Certains, pour mieux s'intégrer, peuvent être tentés d'imiter une classe ouvrière française largement déchristianisée, mais d'autres, au contraire, choqués par trop de liberté, risquent de se replier sur leur communauté et de refuser l'intégration. Pour éviter ces deux écueils, l'Église entend assumer ses responsabilités. Entre le pays et les étrangers, elle sera un relais. Et l'épiscopat préconise, pour favoriser la transition entre deux pratiques, entre deux cultures religieuses, la mise en place d'un réseau d'écoles, d'églises et de prêtres.

Sur le terrain, le projet ne va pas sans conflits. Les prêtres français sont mal préparés. Ils ignorent les langues étrangères et se heurtent souvent à la méfiance des fidèles. Les prêtres étrangers, de leur côté, ne veulent rien abandonner du pouvoir qu'ils exercent sur leurs ouailles. Pouvoir bien réel : de nombreux immigrés italiens arrivent, par exemple, dans le Sud-Ouest par villages entiers, emmenés par le prêtre de leur paroisse. Et, dans la France des années 20, des missionnaires transalpins vont d'une ville à l'autre, partout où vit une communauté italienne, afin de maintenir intacte la vitalité religieuse. Pourtant, en dépit de leurs efforts, en dépit de l'aide apportée à certains prêtres par le gouvernement italien, la pratique religieuse diminue. Les anciens ont adopté les attitudes de la classe ouvrière française. Les militants politiques luttent contre l'influence des prêtres : les derniers arrivés finissent par être convaincus.

Dans la communauté polonaise, en revanche, nulle contestation ou influence étrangère. Le catholicisme se confond avec la nation ; l'Église est une patrie en exil ; la mission polonaise, fondée à l'initiative de l'abbé Szymbor, veille. Dès la fin des années 20, elle compte une cinquantaine de prêtres. Certains, itinérants, parcourent les routes de France pour toucher les isolés. Mais dès que le nombre de Polonais est assez important dans une ville, la mission envoie un aumônier sédentaire. Les uns officient dans leurs propres lieux de culte, les autres disposent à certaines heures des chapelles françaises, mais partout, c'est autour de l'Église que s'organise la vie communautaire.

Les prêtres sont confidents, directeurs de conscience, tuteurs et guides. Ils aident les fidèles à résoudre leurs problèmes quotidiens et leur indiquent comment vivre "en polonais", loin du pays natal. Ce sont, à nouveau, les prêtres qui animent les œuvres sociales et culturelles communautaires, ainsi que les écoles, toutes catholiques. Le grand patronat du Nord et de l'Est soutient leur action. Il y voit un gage de stabilité, une assurance de moralité : ceux qui vont à l'Église s'éloignent des femmes, de l'alcool et de la politique.

Mais tous les Français ne voient pas cette activité d'un aussi bon œil. On accuse les prêtres polonais d'être autoritaires, d'encourager le repli, de freiner l'assimilation. Grief souvent fondé. Certains prêtres mènent une guerre ouverte contre la France, s'inquiètent de son influence pernicieuse, s'indignent de la xénophobie, et les Polonais qui demandent leur naturalisation sont mis au ban de la communauté. Pareille attitude heurte l'épiscopat français et freine sa politique d'intégration. Mais à la fin des années 30, une solution s'ébauche. Les vocations naissent dans la communauté polonaise de France, les jeunes vont au séminaire français sans rompre avec leur communauté d'origine.

Avec la guerre, de toute façon, ces querelles d'Églises nationales sont closes. L'essentiel est ailleurs. Jusqu'au bout, l'Église de France a soutenu les réfugiés, accueillant les Tchèques et les Autrichiens qui arrivaient en 1938-1939 dans une complète indifférence. Mais, en 1940, après la défaite, elle reste muette. Le statut des Juifs, imposé par Vichy, concerne pourtant les Juifs convertis au catholicisme, et parmi eux des prêtres. Mais le Vatican entretient avec l'Allemagne nazie des rapports ambigus ; le Saint-Siège se contente, en privé, de ne pas approuver et de réclamer, vœu pieux, plus de charité et le respect de l'Évangile. Donc l'épiscopat français ne dit rien.

Mais certains catholiques n'auront ni sa prudence, ni sa patience. Dès le mois de décembre 1941, le premier numéro de *Témoignage Chrétien* paraît avec un sous-titre sans équivoque – « France, prends garde de perdre ton âme ». A contre-courant de la révolution nationale qui prétend protéger la France catholique par l'exclusion des Juifs et des étrangers, ces militants clandestins de la démocratie chrétienne réaffirment que le racisme est haïssable pour toute conscience chrétienne et que l'antisémitisme salit la vraie France au lieu de la préserver. De son côté, sur le terrain "L'Amitié chrétienne" de l'abbé Glasberg intervient dès qu'elle le peut pour arracher des Juifs à la mort, cacher les persécutés, organiser leur fuite à l'étranger. Le Comité inter-mouvements auprès des évacués (C.I.M.A.D.E.) poursuit, chez les protestants, les mêmes buts, plus actif et sans doute mieux soutenu par ses fidèles que les catholiques.

Il faudra l'étoile jaune, les rafles et les déportations pour accélérer l'évolution de l'Église de France. Quand la censure leur en laisse la possibilité, certains prélats montent en chaire, prêchent la tolérance et la charité envers les persécutés. Le 22 juillet 1942, l'épiscopat en appelle enfin au maréchal Pétain pour plus de justice, appel qui sera suivi de six lettres pastorales. Un mois plus tard, le nonce apostolique écrira au Saint-Siège, pour lui faire part de ses doutes sur la version officielle des "camps de travail" à l'Est. Au fil des mois, l'engagement contre le nazisme se renforce. Mais il ne sera jamais unanime. A côté des résistants, à côté des prêtres qui cachent les persécutés et fabriquent de faux certificats de baptême, de nombreux catholiques font toujours confiance au maréchal Pétain, et certaines homélies continuent d'évoquer le "problème" posé par les étrangers.

Après la méfiance, l'indifférence. Dans les années de l'immédiat après-guerre, l'Église laisse aux missions étrangères le soin d'accueillir les nouveaux venus. Parmi les Français, le Comité Maghreb inspiré par l'esprit du père de Foucault, les laïcs du Secours catholique, les prêtres ouvriers essaient d'œuvrer en faveur des étrangers, mais leurs efforts restent isolés. Tout change avec Vatican II. Le concile reconnaît l'islam comme une des grandes religions monothéistes. Catholiques et musulmans sont invités à oublier le passé pour promouvoir ensemble la justice sociale et les valeurs de paix et de liberté, communes à toute l'humanité. À l'intérieur de l'Hexagone, cela veut dire aller à la rencontre de tous les travailleurs immigrés, même musulmans.

Petit à petit, de nouvelles structures se mettent en place. Les paroisses accueillent les catholiques étrangers, dans le respect des différences culturelles. Dans chacune des neuf régions apostoliques, un délégué régional anime le service pastoral des migrants. À l'échelon national, le secrétaire de la Commission épiscopale des migrants stimule et coordonne l'ensemble de ces initiatives, afin que l'Église intervienne partout où les immigrés sont présents. Les vingt-quatre missions étrangères travaillent dans le même esprit. À leur tête, un délégué national, nommé par la Commission épiscopale française, sur proposition du pays d'origine.

Mais l'Église désormais ne s'occupe plus des seuls catholiques. La Commission épiscopale est chargée d'informer régulièrement l'opinion sur la vie des immigrés. Le groupe œcuménique "Migrations", soutenu par Mgr Duval, archevêque d'Alger, et le pasteur Jacques Blanc encouragent l'Église de France à prendre la parole pour défendre les droits de tous les étrangers. Ces pionniers seront entendus. Contre les atteintes portées à l'immigration familiale, contre les projets Stoléru, contre la loi Barre-Bonnet, l'Église se bat aux côtés des partis de gauche, des syndicats, des organisations humanitaires et des autres religions pour réclamer l'égalité des droits, la liberté d'association, le respect de l'islam et, surtout, le droit à une vie digne, protégée de l'arbitraire et de la répression.

Tout au long des années 80, l'Église restera vigilante, attentive aux dérapages de la raison d'État. Mais désormais il faut également lutter contre la peur. L'intolérance, l'exclusion progressent ; le Front national séduit. À cette xénophobie, l'Église répond justice, convivialité, respect de l'autre. Sur le terrain, des prêtres essaient, jour après jour, de donner à ces principes un contenu concret. Signe des temps : c'est un prêtre catholique, Christian Delorme, qui donnera aux premières marches pour l'égalité, organisées par les jeunes Maghrébins, une impulsion décisive, avant de rentrer dans le rang devant l'essor rapide de S.O.S. Racisme.

Mais les fidèles n'ont pas tous la même générosité et certains rejoignent les rangs de l'intégrisme pour défendre la "pureté" de l'Église et de la France. Mais ils sont minoritaires. Les catholiques ont désormais choisi les principes de l'Évangile contre la "France seule", cette France dont ils furent longtemps les plus sûrs alliés.

Chinois

Les premiers immigrés chinois s'installent en métropole dans l'entre-deux-guerres. Ils sont à peine une poignée, marginaux qui fascinent, irritent et déconcertent par leur culture et le mystère dont ils s'entourent. Déjà, le Chinois stimule les imaginations françaises. On le respecte, mais on le craint. On le soupçonne de trafiquer dans l'ombre pour s'emparer de la ville. On le blâme de consommer trop de drogues et d'éveiller ainsi de dangereuses vocations.

Soixante ans plus tard, d'autres Chinois sont venus ; les griefs demeurent. La seconde vague d'immigration arrive dans le sillage des *boat people*. Chinois du Viêt-nam ou du Cambodge, depuis le début du siècle, ils formaient dans ces deux pays une importante minorité. Le communisme les chassera. Ceux du Cambodge fuient, dès les premiers jours, la folie meurtrière des Khmers rouges. Au Viêt-nam, les Chinois, qui sont en majorité des commerçants, doivent abandonner leur propriété après la vague de nationalisations. Puis, en 1977, la répression prend un tour ouvertement raciste. Des campagnes antichinoises éclatent, suivies de véritables pogroms et la communauté se résout au départ.

Une fois arrivés en France, les réfugiés d'origine chinoise se sont regroupés dans le XIIIᵉ arrondissement parisien. Car il s'agit bien d'une *chinatown* à la française, délaissée par les réfugiés non chinois, mais ouverte au reste de la diaspora chinoise de plus en plus nombreuse, venue de Hong-Kong, Taïwan, voire de Chine populaire. Phénomène presque unique de territorialisation de l'espace urbain par une population étrangère, le "quartier chinois" a rapidement investi les nouveaux ensembles immobiliers érigés dans le périmètre de la porte de Choisy, au sud-est de la capitale, sur les anciens terrains de la gare S.N.C.F. de Tolbiac et l'emplacement de l'usine Panhard. En 1954, le quartier comptait à peine 2 % d'étrangers, 7,7 % en 1968, près de 20 % aujourd'hui, auxquels il faut ajouter ceux qui sont d'origine asiatique mais qui ont obtenu la nationalité française. La réquisition de l'espace s'est accompagnée d'une pénétration culturelle et économique sans précédent. La plupart des commerces et des restaurants sont désormais chinois. Les tours de la porte de Choisy abritent de nombreux ateliers clandestins de confection, qui concurrencent ceux du Sentier.

Grâce à la densité de ce tissu économique, les Chinois de Paris vivent entre eux. Ils célèbrent leurs fêtes (Nouvel An, Carnaval), éditent leurs journaux, écoutent leur radio, tandis que les filières organisées alimentent sans cesse le flux migratoire. L'argent nécessaire au voyage, aux passeurs, aux formalités administratives, officielles ou non, est récolté dans le "triangle de Choisy". C'est ici que l'on accueille les nouveaux réfugiés, qu'ils trouvent un logement et leur premier emploi. Par un inévitable phénomène de contagion géographique, certains immeubles sont aujourd'hui occupés à 80 % par les Chinois. Ils y ont imposé leurs normes et leurs habitudes, souvent fort différentes des règles habituelles de la société française puisque l'I.N.S.E.E. considère que la quasi-totalité de ces logements sont surpeuplés selon ses propres critères.

Cette proximité géographique nourrit la solidarité communautaire ; le réseau associatif (culture, écoles, sport...) la renforce. Mais ce repli ne va pas sans zones d'ombre : maisons de jeu clandestines, pratique de la tontine, système de prêt collectif privé. Et il est loin de protéger la communauté des vicissitudes de l'immigration. Un chômage important, le travail au noir, l'absence de protection sociale sont le lot commun des Chinois employés dans les entreprises du "triangle de Choisy", qui vivent souvent sous le contrôle de la mafia de Hong-Kong, et dans la dépendance des grossistes du Sentier.

Le repli, en revanche, sert la tolérance. Les Chinois de Paris n'ont pas suscité de réactions hostiles dans l'opinion ; pourtant, ils refusent l'intégration. Leur culture, leur religion les éloignent de la France. Leurs solidarités sont d'abord chinoises. Certains n'hésitent pas à user de moyens illégaux et à détourner les lois sur l'immigration à leur profit. Tous ces facteurs, qui condamnent sans cesse la communauté maghrébine, ont à ce jour épargné les Chinois. Parce qu'ils bénéficient encore de la compassion qui va aux réfugiés. Parce qu'ils ont choisi la France. Mais c'est aussi affaire de regard. Les Chinois ont choisi de rester dans l'ombre. En désertant la rue, ils ont gagné une indulgence qui les protège du racisme.

Communauté économique européenne

Le traité de Rome, signé en 1957, prévoyait, dans ses articles 48 et 49, la mise en place progressive d'une véritable libre circulation des travailleurs. Mais les dernières barrières ne tomberont qu'en 1992, avec l'instauration du Marché unique européen. Le provisoire aura donc duré trente-cinq ans, auxquels s'ajoutent trente années de gestation, avant la naissance de la Communauté. Dès 1933, en effet, le Bureau international du travail (B.I.T.) de la Société des Nations cherche à encourager la libre circulation des hommes, par l'échange d'informations sur le marché de l'emploi et par une coopération entre services de placement nationaux. Mais l'Europe est en crise, l'égoïsme triomphe et le B.I.T. échouera.

Au lendemain de la Seconde Guerre mondiale, les nouvelles unions économiques introduisent, à nouveau, des clauses qui prévoient la libre circulation des hommes. Les statuts de la Communauté européenne du charbon et de l'acier autorisent ainsi les travailleurs de ces deux secteurs industriels à travailler dans n'importe quel pays membre, avec une carte de la Communauté valable deux ans et renouvelable deux fois. L'Union de l'Europe occidentale, de son côté, met en place un système d'information entre pays membres, afin de faire connaître les professions ouvertes aux étrangers et les besoins éventuels en main-d'œuvre. Des bureaux seront ouverts pour recueillir les candidatures, mais la procédure est trop longue et les résultats décevants. L'Organisation européenne de coopération économique (O.E.C.E.), enfin, prévoit la libre circulation des travailleurs entre pays membres, avec égalité de traitement entre nationaux et étrangers.

Mais les permis de travail ne peuvent être renouvelés si, entre-temps, le marché de l'emploi s'est détérioré et une clause de sauvegarde permet aux pays membres de se soustraire à leurs obligations, s'ils jugent "la paix économique" menacée par l'arrivée de travailleurs étrangers.

La libre circulation restera donc lettre morte, jusqu'au traité de Rome. Dans son article 48, le texte fondateur de la Communauté économique européenne qui réunit la France, l'Allemagne, l'Italie et les trois pays du Benelux, interdit les discriminations nationales à l'embauche. Il impose par ailleurs la libre circulation des hommes, leur liberté de séjour et de résidence pour postuler et exercer un emploi. Ces réformes exigent une révision des mentalités et la coopération des administrations nationales pour éliminer les barrières protectionnistes : en 1958, tous n'y sont pas prêts. Les hommes qui gouvernent, les opinions publiques demeurent hantés par le souvenir des années 30. La libre circulation fait peur ; on la ligotera pour trois décennies.

L'attitude de la France est, à cet égard, exemplaire. A l'aube des Trente Glorieuses, quand les enfants du *baby boom* sont encore trop jeunes pour travailler, elle a un évident besoin de main-d'œuvre étrangère pour soutenir la croissance. Mais le malthusianisme règne partout, surtout dans l'opinion et les syndicats, et chacun s'alarme d'une possible invasion. À l'appui de cette thèse, on cite le cas des Italiens : ils sont en France plus de 500 000, soit 28,7 % de la population étrangère. Qu'adviendra-t-il si les frontières s'ouvrent ? Inquiétude à courte vue, car personne ne s'avise alors que les flux migratoires sont justement en train de s'inverser, et que les Italiens de France sont désormais largement intégrés. Mais, contre cette évidence, l'administration française obtient des garanties pour protéger la main-d'œuvre nationale : clause de priorité nationale, renouvellement des cartes de séjour et de travail sous condition.

Envers et contre tous, la Communauté existe néanmoins. Les 54 000 Allemands, 166 000 Belges et 507 000 Italiens qui vivent en France obtiennent donc un statut privilégié. Sauf motif d'ordre public, ils échappent désormais aux refoulements et expulsions. Ils sont pourvus de titres de séjour et de travail renouvelés automatiquement. Leurs compatriotes qui désirent s'installer en France échappent par ailleurs au contrôle de l'Office national d'immigration (O.N.I.). Mais les candidats sont rares. Les flux migratoires en provenance de la C.E.E. sont taris. Désormais inutile, le carcan protectionniste, qui limitait la libre circulation, se relâche au cours des années 60 et 70. En ce domaine, l'élargissement de la C.E.E. à la Grande-Bretagne, au Danemark, à l'Irlande puis à la Grèce ne change rien.

Mais en mars 1985, l'accord qui ouvre les portes de la Communauté à l'Espagne et au Portugal, ranime les craintes des années 50. 764 860 Portugais et 321 440 Espagnols vivent alors en France, plus du 1/4 de la communauté étrangère. Pour éviter une brusque poussée de l'immigration ibérique, la France obtient que soient instaurées des dispositions transitoires protégeant la main-d'œuvre nationale. Mais certains n'attendent pas et les réseaux clandestins entre la France et le Portugal reprennent leur ancienne activité. Vingt ans après, une autre génération suit le même itinéraire, venue des régions les plus pauvres du Portugal pour connaître, à l'arrivée, les mêmes emplois non qualifiés, surtout dans les travaux publics, et les mêmes conditions de vie aux frontières de la misère.

En 1993, de toute façon, les dispositions transitoires seront caduques et ces filières clandestines disparaîtront. Dans quelle Europe ? Lors de la signature de l'Acte unique européen, le problème se posait en termes simples : une population relativement homogène, des législations qui ne le sont pas. Les 8 millions d'étrangers originaires de pays tiers qui vivent dans la C.E.E. ont en effet bien des traits communs : déclin des célibataires et part croissante des familles, féminisation et tertiarisation de la main-d'œuvre, allongement des séjours. Dans leurs orientations majeures, les politiques se ressemblent également : strict contrôle des entrées, lutte contre les clandestins, intégration de ceux qui sont durablement installés.

Mais, d'un pays à l'autre, le détail des législations varie. Les Pays-Bas et la R.F.A. refusent l'entrée d'un demandeur d'asile s'il a séjourné auparavant trois mois dans un pays démocratique ; l'Italie limite le nombre de pays d'origine permettant de postuler au statut de réfugié. La Belgique est plus généreuse : tous les demandeurs d'asile peuvent entrer et travailler en attendant que la justice ait statué sur leur cas. Quant au droit de vote, les étrangers participent aux scrutins locaux en Irlande, au Danemark, aux Pays-Bas ; les ressortissants du Commonwealth votent en Grande-Bretagne et les Brésiliens au Portugal ; dans certains *Länder* allemands et quelques communes de France, des comités d'étrangers à voix consultative ont été élus. En matière de nationalité, certains pays ont opté pour le droit du sol, d'autres pour le droit du sang, les derniers pour des solutions mixtes. Varient enfin les régimes de prestations sociales versées aux étrangers, les droits économiques et la législation sur les expulsions.

Inquiétude des opinions et des pouvoirs publics : en 1993, de ces avantages comparés, pourraient naître de brusques flux migratoires. Hésitations, la levée des barrières piétine ; aux élections européennes de juin 1989, l'extrême droite, Front national en France et Républicains en Allemagne, progresse. Elle dénonce une Europe sans frontières qui ruinerait l'identité des peuples, une Europe supranationale où les souverainetés seraient bafouées, une communauté ouverte sur le tiers monde, "ensemble hétérogène cosmopolite" selon les Républicains allemands. Le vocabulaire, la thématique empruntent au pire des passés, dans une Europe crispée sur des valeurs incertaines, les yeux braqués vers le sud. Quelques mois plus tard, tombait une autre barrière, à l'Est, sans négociations ni traité.

Daladier (décrets)

Au mois d'avril 1938, la formation du gouvernement Daladier met définitivement fin au Front populaire. Les conservateurs reviennent aux affaires, Paul Reynaud et Georges Mandel entrent au gouvernement et le cours politique s'infléchit nettement à droite, même si la Chambre du Front populaire reste inchangée. En matière d'immigration, le volte-face est évident. À peine installé au ministère de l'Intérieur, Albert Sarraut demande aux préfets de renforcer la surveillance des étrangers et de pourchasser les clandestins, "selon les vœux de l'opinion".

De fait, en ce mois d'avril, la xénophobie s'étale partout, attisée par la crise économique, et l'afflux des réfugiés, hier allemands, aujourd'hui espagnols ou autrichiens. À l'opinion désorientée, on jette en pâture les étrangers, bouc émissaire idéal pour conjurer l'orage qui menace. Travailleurs, ils sont responsables de la crise. Réfugiés, ils menacent l'ordre public et la paix du monde par leurs querelles politiques. Ensemble, ils sont de toute façon trop nombreux. Fort du soutien populaire, le gouvernement va donner à la xénophobie une réalité juridique en signant une série de décrets qui concourent presque tous à surveiller et réprimer davantage la communauté immigrée.

Le décret du 2 mai 1938 concerne la police des étrangers. Les "hôtes irréguliers" ont un mois pour se mettre en règle ou quitter le territoire français, sinon ils encourent, avec leurs complices, une amende de 100 à 1 000 F et une peine de un mois à un an de prison. Reste à les interpeller. Consigne est donnée de renforcer les contrôles d'identité. A chaque instant, les étrangers doivent prouver qu'ils sont en règle et leurs logeurs, même bénévoles, sont tenus de les déclarer. Ceux qui sont en situation régulière et qui n'ont subi aucune condamnation peuvent malgré tout être éloignés de force, avec pour seul recours le droit de s'expliquer devant un délégué du préfet. Quant aux expulsés, si aucun pays n'accepte de les recevoir, ils restent en résidence surveillée.

Le second décret paraît le 14 mai 1938. Les conditions d'attribution de la carte d'identité deviennent plus sévères encore ; or, tout étranger privé de ce précieux sésame tombe sous le coup d'une expulsion. Le texte de 1938 introduit néanmoins un peu de libéralisme en matière économique. Les étrangers installés de longue date et qui ont donné des preuves de leur intégration (mariage avec une Française, enfants de nationalité française) se voient promettre, à terme, une totale liberté de travail. On admet par ailleurs des dérogations à la loi du 10 août 1932, et les exploitants agricoles peuvent recruter des travailleurs étrangers si la main-d'œuvre française qualifiée fait défaut. Le décret précise, enfin, que seule la croissance pourra maintenir le pouvoir d'achat : c'est innocenter les étrangers des "crimes" dont on les accuse régulièrement.

Au mois de juin 1938, un dernier décret complète l'édifice. Le livret sanitaire est institué, avec obligation pour l'étranger d'y porter toutes les maladies dont il serait atteint, ainsi que les traitements en cours.

Une fois signés, l'application des "décrets Daladier" se fera sans faiblesse ni états d'âme. Les autorités locales organisent, les forces de l'ordre exécutent et répriment avec zèle, la jurisprudence confirme, puis aggrave la portée des textes. Au début de 1939, 8 405 étrangers ont déjà été refoulés, sans compter ceux qui préférent partir avant d'être arrêtés. Mais ces premiers départs ne règlent rien. La crise économique demeure : les tensions internationales s'aggravent ; l'opinion réclame sans cesse plus de têtes. Xénophobie, sans doute, mais au-delà, en voulant à tout prix réduire au silence ou au départ les réfugiés, victimes désignées des décrets, c'est Cassandre que l'on condamne. Les étrangers annoncent la guerre et la France n'en veut pas. Les décrets de 1938, préfigurent, à leur manière, les abandons de Munich.

Délinquance

« Les Français sont des hommes durs. À leurs yeux, un étranger est par principe un suspect, quand ce n'est pas un coupable [1]. » Dans l'entre-deux-guerres, la cause paraît entendue. Tous les étrangers sont suspects de tous les crimes. L'administration, les pouvoirs publics quelle que soit leur sévérité sont régulièrement pris à partie, accusés de laxisme, de laisser entrer "la racaille", "la lie" de l'Europe, selon le vocabulaire des temps. Dans la littérature populaire, les emplois de criminels sont toujours réservés à un étranger, selon une hiérarchie non écrite : aux "Levantins", l'escroquerie ; aux Nord-Africains, aux Polonais le meurtre ou le viol, les autres nationalités étant relativement épargnées, comme si, à proximité de la France, l'environnement devenait moins criminogène.

Dans ce débat, les chiffres sont d'un faible secours, trop rares, souvent fantaisistes, créés sur mesure pour les besoins de la polémique. Dans sa thèse sur les étrangers en France, Georges Mauco essaiera néanmoins d'introduire un peu de rigueur dans les évaluations. Avec les réserves d'usage, il conclut à une surcriminalité étrangère, qui atteint des niveaux inquiétants dans la jeunesse et dans certaines régions. 21 % des assassinats et 18 % des vols qualifiés seraient ainsi, selon lui, le fait des étrangers. Ce n'est pas le "tous criminels", lancé par la *vox populi,* mais ce n'est pas l'acquittement. Dans ce procès, contre les statistiques, contre l'opinion, la communauté étrangère trouve quelques avocats. Ils rétorquent, aux accusateurs, que les crimes spectaculaires demeurent l'exception et, surtout, qu'il est impossible de comparer délinquances française et étrangère. Les Français, par définition, ne peuvent, en effet, commettre d'infraction liée à la police des étrangers. Or, elles constituent une part importante des délits. Les immigrés constituent par ailleurs une population en majorité masculine, jeune, défavorisée, autant de facteurs favorables au développement de la délinquance. À conditions égales, disent ses avocats, l'étranger n'est pas plus criminel que le Français, mais nul ne les entend dans la France de l'entre-deux-guerres.

Cinquante ans plus tard, rien n'a véritablement changé des statistiques, des réactions qu'elles suscitent, des phénomènes qui les éclairent. La délinquance immigrée demeure, en données brutes, supérieure à celle des Français. Le taux de délits atteint 29,21 ‰ dans la communauté étrangère, 13,35 ‰ seulement chez les nationaux. Certains délits, comme le trafic de drogue, restent dominés par les étrangers (49 % des arrestations en 1986), même si d'évidents progrès ont été enregistrés en dix ans (77 % des arrestations en 1976). Mais d'autres statistiques vont totalement à l'encontre des idées reçues. Le vol est français, par exemple, à 80 %, de même que la délinquance dite "astucieuse" (93 %). Les deux communautés portent, par ailleurs, une égale responsabilité dans l'aggravation de la criminalité : + 50 % en dix ans.

Les statistiques, de toute façon, ne sont guère comparables. Au nombre officiel d'étrangers, il faudrait ajouter les clandestins : la population de référence ainsi corrigée à la hausse, le poids relatif des délits diminue. Il faudrait également, pour une exacte comparaison, retrancher des délits commis par les immigrés tout ce qui ressort de la législation sur les étrangers, car les Français y échappent par principe. Or, en 1984, 22 % des délits et 18 % des incarcérations relevaient de cette législation. Les statistiques doivent, enfin, être relues à la lumière de facteurs d'ordre psychologique. La communauté étrangère est plus "visible" et plus surveillée par les forces de l'ordre. Les crimes impunis y sont donc moins nombreux. La justice est également méfiante. Rares sont les inculpés étrangers qui échappent à la détention préventive (90,4 % des entrées en 1984) faute de garanties suffisantes, et, au total, 1 détenu sur 4 est étranger.

Il reste l'essentiel. Classer les délinquants en fonction de leur nationalité, c'est déjà traiter les étrangers en suspects. Car d'autres critères permettraient d'isoler d'autres populations à fort taux de délinquance : les jeunes, les hommes, les célibataires, les illettrés, les chômeurs. Or, partout, les étrangers sont sur-représentés. La délinquance étrangère est donc, d'abord, une délinquance favorisée par des critères socio-économiques. Sur le terrain, ce sont d'ailleurs ces critères qui conditionnent la lutte contre la délinquance, organisée autour de l'emploi, de la formation, du logement. L'opinion publique, par instants, le reconnaît. En 1983, interrogés sur les ressorts de la délinquance, 62 % des Français mettaient en avant le chômage des jeunes, 18 % seulement l'immigration, hiérarchie confirmée l'année suivante.

Mais la peur est inconstante. D'autres études donnent corps à des slogans plus connus : "moins d'étrangers, moins de délinquance". Loin de démentir, les pouvoirs publics confirment à demi-mot. À chaque nouvelle loi sur le séjour des étrangers en France, le cas des délinquants, fussent-ils mineurs, condamnés à de très faibles peines et installés en France depuis longtemps, est, en effet, scrupuleusement examiné afin de définir les cas d'expulsion, comme si le moindre écart de conduite, en plus des sanctions légales, devait être puni d'exil. Il est vrai que le délinquant étranger est, aux yeux de certains, un contre modèle irrationnel, mais idéal. Étranger et coupable, il définit en creux, après la faillite des anciens modèles, une nouvelle identité collective : Français et innocent.

---

1. Jean-Paul SARTRE, *Les Chemins de la Liberté.*

Démographie

La démographie entretient des relations constantes, mais complexes, avec les phénomènes migratoires. En amont, elle pèse dans la naissance des flux : l'excès de population crée souvent le départ. Elle pèse également en aval. Dès le XIXᵉ siècle, la dénatalité provoque en France une pénurie de main-d'œuvre, et il faut faire appel aux travailleurs étrangers.

Mais le vieillissement du pays n'a pas que des conséquences économiques. La France craint un recul de son prestige, un affaiblissement de son potentiel militaire. Les impératifs démographiques sont donc également qualitatifs. On choisira des hommes jeunes, rejoints par leurs familles, car la France veut un investissement à long terme. On recrutera dans des nationalités facilement assimilables à la "race" française. Mais, en fin de compte, l'impératif économique à court terme et les calculs quantitatifs l'ont presque toujours emporté. Les étrangers se sont installés, puis leurs familles, apportant au pays un évident dynamisme démographique, sans grand souci des préjugés culturels et "raciaux".

Sous l'Ancien Régime, la France est le pays le plus peuplé d'Europe. Pourtant, dans l'agriculture, de nombreuses terres demeurent inexploitées. Dans l'industrie et le commerce, la bourgeoisie fait défaut, préférant briguer des emplois qu'elle juge supérieurs. Pour pallier ces pénuries et défections, le pays appelle des spécialistes étrangers, moyennant des privilèges car rien ne les pousse à venir. En amont comme en aval, l'immigration n'est donc pas encore affaire de démographie.

Tout change au XIXᵉ siècle. La population européenne augmente de 150 % entre 1800 et 1905, moins vite que la production industrielle et agricole, et les déséquilibres locaux sont nombreux. En France, en revanche, la croissance démographique ralentit dès le tournant du siècle, avant de dégager, dans la dernière décennie, un solde négatif. Ce sont surtout les naissances qui s'effondrent, comme si les Français, avant les autres, adoptaient le malthusianisme comme moyen d'ascension sociale.

De 1875 à 1904, la croissance démographique est seulement de 7 %, chiffre dérisoire en regard des taux enregistrés en Allemagne (40 %), en Belgique (41 %) et même en Grande-Bretagne (30 %). Or, dans ce dernier quart de siècle, la croissance économique s'accélère. Pour alimenter la machine industrielle et fuir la misère, les ruraux abandonnent leur terre. Dans les villes, cela ne suffit pas à l'industrie, et, dans les campagnes, cet exode massif crée une grave pénurie. Or, à l'extérieur des frontières, les bras sont trop nombreux car la croissance économique ne parvient pas à suivre le rythme de la démographie européenne.

Les flux migratoires qui apportent une solution aux uns et aux autres vont donc naître spontanément entre la France et ses voisins. Il ne s'agit encore que d'une migration de proximité. Belges, Allemands, Italiens et Espagnols sont les plus nombreux, et s'installent dans les régions qui jouxtent leur pays d'origine. Ce sont donc par excellence des populations que l'on juge faciles à assimiler, jeunes (en 1911, 79 % des étrangers ont entre 20 et 59 ans, 73 % des Français seulement), avec un taux de natalité (25 ‰) supérieur à celui des Français (23 ‰), en dépit du nombre élevé de célibataires et d'une prédominance masculine (54 % d'hommes, 49 % pour les nationaux). Leur dynamisme permettra, un temps, à la France de limiter son déficit démographique.

Mais l'équilibre, précaire, ne survivra pas à la Première Guerre mondiale. 1,4 million de Français meurent au front, soit 17,6 % des mobilisés et 10,5 % de la population masculine. 1,1 million d'hommes sont mutilés à vie. La mobilisation a fait chuter mariages et naissances ; le *baby boom* qui suit l'armistice ne dure pas. Dès 1922, la natalité retrouve son rythme d'avant-guerre, avant de chuter à nouveau dans les années 30, quand arrivent à l'âge adulte les classes creuses de 1914-1918. Or, dans le même temps, le recul de la mortalité piétine, freiné par deux grands fléaux, l'alcoolisme et la tuberculose. En fin de compte, de 1935 à 1939, les décès l'emportent sur les naissances.

Le bilan d'un demi-siècle est éloquent. De 1900 à 1939, la population augmentait de 36 % en Allemagne, de 33 % en Italie, de 23 % en Grande-Bretagne, de 3 % seulement en France, maigres progrès acquis, pour l'essentiel, grâce aux apports allogènes. Faute de berceaux, le pays a fait appel aux étrangers : même si les désordres du monde alimentent les flux de réfugiés, l'immigration de l'entre-deux-guerres demeure en effet, une immigration de peuplement. Pour les autorités, cela suppose un contrôle sanitaire et culturel des entrées, afin de garantir l'intégration des étrangers et la cohésion de la "race".

L'exigence démographique conduit par ailleurs à introduire plus de libéralisme dans le code de la nationalité. En 1927, les naturalisations deviennent plus aisées et les Français de naissance plus nombreux. Mais, bien souvent, en matière d'immigration, les seuls intérêts économiques l'emportent. Les sociétés privées, à l'image de la Société générale d'immigration (S.G.I.) recrutent en masse dans certains pays, sans grand souci d'intégration, de santé publique et de démographie. La communauté immigrée en sort bouleversée. Dès 1921, on compte 1 532 000 étrangers en France, 1/3 de plus qu'en 1911. Dix ans plus tard, ils sont 2 715 000 (+ 77 %) soit 6,58 % de la population. L'immigration atteint alors son plus haut niveau. La crise économique provoque ensuite le repli, la xénophobie l'emporte sur les considérations démographiques et, en 1936, les étrangers ne sont plus que 2 198 000, 20 % de moins qu'en 1931.

Dans ce bouleversement, la répartition entre les différentes nationalités se transforme. Les communautés belges et allemandes diminuent en valeur relative et absolue. Les Italiens suivent l'évolution générale de la communauté étrangère. Ils viennent encore nombreux car s'additionnent une importante natalité, une crise économique persistante en Italie et le refus du fascisme. Dans l'émigration des Polonais, même conjonction de facteurs : les réfugiés venus de l'Est arrivent en Pologne au moment même où ce pays enregistre une brusque croissance démographique. La terre ne parvient plus à nourrir toute la population ; l'émigration devient la seule issue.

Mais en aval, en France, la démographie ne trouve pas toujours son compte. Les Polonais arrivent en masse : ils sont 46 000 en 1921, 508 000 dix ans plus tard. Ils viennent en célibataires (34,5 % de femmes seulement) laissant leur famille au pays. Leur intégration va donc rapidement poser problème. Ils vivent repliés sur eux-mêmes, fidèles à la Pologne, peu désireux de considérer la France comme leur nouvelle patrie. Le profil démographique des étrangers, toutes nationalités confondues, est plus encourageant. Les hommes y sont certes plus nombreux qu'en 1911 et 1 étranger sur 2 reste célibataire, mais les immigrés sont plus jeunes que les Français, le nombre d'enfants (0-14 ans) augmente régulièrement ainsi que celui des futurs parents (20-40 ans), alors que ces deux classes d'âge régressent dans la population nationale.

L'apport des étrangers à la démographie française est évident. Il demeure pourtant insuffisant et, à la Libération, les natalistes redisent leurs inquiétudes. Il est vrai que la crise et la guerre ont tari, puis inversé les flux migratoires. 260 000 Italiens et 200 000 Polonais sont repartis, et, la France au total a perdu 1 million d'habitants de 1936 à 1946. À nouveau, l'immigration apparaît donc comme un recours nécessaire, mais les pouvoirs publics sont cette fois fermement décidés à l'organiser en fonction de la démographie. L'Office national d'immigration (O.N.I.) est créé dans ce but. Avec une philosophie claire : favoriser une immigration de peuplement, culturellement assimilable, aux origines géographiques variées.

Symboliquement, l'Office est placé sous la double tutelle du ministère du Travail et de celui de la Population. Il échouera pourtant. L'opinion ne veut pas d'une immigration de masse. Le patronat ne veut pas d'une immigration sélectionnée à des fins de peuplement. Les chefs d'entreprise ont besoin d'une main-d'œuvre abondante, mobile et rapidement disponible. Les impératifs de l'O.N.I. les gênent : ils les contourneront, en se servant des failles du dispositif. Les Algériens échappent en effet au contrôle de l'Office, puisqu'ils sont Français au regard de la loi. Ce sont eux que l'on fera venir en priorité pendant les années 50, avec l'accord tacite de l'opinion qui pense que ceux-là au moins ne resteront pas. Ils étaient 22 114 en 1946, ils sont 211 675 en 1954, 350 484 en 1962, quand les effectifs des autres communautés stagnent ou régressent. Le patronat organise par ailleurs ses propres filières, obtenant la régularisation des clandestins, ce qui revient à subir les flux spontanés, au lieu de les organiser selon les impératifs de la démographie.

Témoins de cet échec : les regroupements familiaux, pierre de touche de la politique de l'O.N.I., organisés dès 1947, passent de 4 930 entrées en 1947 à 26 597 en 1949, mais, en 1954, ils sont retombés en dessous de leur niveau d'après-guerre. L'immigration européenne et familiale dont on rêvait pour repeupler le pays est devenue une immigration de travailleurs célibataires originaires d'Afrique du Nord. Les pouvoirs publics laissent faire. Le *baby boom* dure ; les enfants français grandissent ; l'immigration à des fins de peuplement n'a plus la même urgence et l'on se dit qu'il sera temps, plus tard, de faire repartir ces migrants inadaptés.

Après les Algériens, viennent les Portugais. Ils répondent au moins à deux critères fixés à la Libération : proximité culturelle et émigration familiale. Mais la vague migratoire est si brutale (50 010 Portugais en 1962, 758 925 en 1975) que l'intégration se trouve provisoirement bloquée par les bidonvilles et l'exclusion sociale. Pourtant, d'ores et déjà, nul ne peut revenir en arrière. Algériens et Portugais s'installent, les familles vont arriver transformant le profil de la communauté étrangère et de la démographie française.

Après des débuts difficiles, la politique de regroupement familial a en effet porté ses fruits. En 1960, le seuil des 23 000 entrées est dépassé, 43 454 l'année suivante, 81 496 dix ans plus tard. Depuis, l'immigration familiale est retombée à son niveau de 1961, avec 26 769 entrées en 1987. Les nouveaux venus sont rares ; ceux qui étaient arrivés avant l'arrêt de l'immigration ont déjà fait venir leurs familles. Mais entre-temps, la procédure avait largement modifié l'équilibre de la communauté étrangère. En 1946, elle comptait 57,4 % d'hommes, chiffre comparable à celui de 1931. En 1954, le déséquilibre s'est encore accru : la communauté étrangère compte 61,4 % d'hommes ; ils sont 47 % chez les Français. Puis, l'écart se réduira progressivement, pour revenir à son niveau de 1946 (42,2 % de femmes en 1982).

Mais la répartition entre femmes et hommes n'est pas uniforme. Elle varie énormément selon la durée du séjour en France et l'origine géographique. La population maghrébine reste largement marquée par les éléments masculins. Les Espagnoles, en revanche, sont plus nombreuses parce qu'elles ont émigré pour travailler, phénomène qui se répète en partie dans la communauté turque. Les Portugaises sont également venues en masse : un accord bilatéral les autorisait à travailler, la loi créant ici le flux migratoire. Au sein même de chaque communauté, cet équilibre varie entre les générations. De 30 à 50 ans, les hommes sont largement majoritaires, conséquence du mode d'implantation dans les années 60. Avant 30 ans, en revanche, il y a une quasi-égalité entre femmes et hommes, génération d'enfants qui ont rejoint leurs parents ou qui sont nés en France, mais dont la venue n'est pas liée à des facteurs économiques.

L'histoire et la géographie pèsent aussi sur la pyramide des âges. Le nombre d'enfants de 0 à 14 ans est en constante augmentation. Ils représentaient à peine 13 % de la communauté étrangère en 1946, le quart aujourd'hui. La proportion de jeunes de 15 à 24 ans n'a guère évolué, en revanche : de 12 à 13 % de la population. Ceux qui ont grandi dans le pays d'origine suivent rarement les pères. Ceux qui ont grandi en France prennent souvent la nationalité française à cet âge. Chaque nationalité a néanmoins sa propre dynamique. Les derniers venus (Turcs, Marocains, Tunisiens) comptent beaucoup plus de jeunes enfants. Inversement, 10 % des Italiens seulement ont moins de 15 ans.

L'origine géographique pèse également sur les comportements. Les Portugais, arrivés relativement récemment, comptent 28,6 % de moins de 15 ans car, très vite intégrés, ils tendent à imiter le modèle démographique français. Les foyers portugais comptent en effet 3,56 enfants, ceux des Marocains 5,99 et les Algériens 6,54. Le modèle traditionnel de la famille musulmane tend pourtant à être contesté. Parce qu'elles refusent de plus en plus nombreuses les unions arrangées, sans se résoudre aux mariages mixtes ou à la cohabitation hors mariage, les jeunes filles maghrébines se marient de plus en plus tard, et elles ont de moins en moins d'enfants. Cela ne concerne pas uniquement celles qui sont nées en France. L'indicateur conjoncturel de fécondité, pour les étrangères nées hors de France, recule de 1982 à 1985, de 3,30 à 3,19, avec un recul plus accusé pour les femmes issues de pays musulmans.

A l'opposé de la pyramide des âges, les plus de 65 ans sont largement minoritaires puisqu'ils représentent environ 8 % de la communauté étrangère. Ceux qui sont arrivés au cours des années 60 sont encore trop jeunes, et, pour les autres, les retours au pays sont nombreux, passé l'âge de la retraite. Dans les anciennes communautés européennes, la proportion de personnes âgées est en revanche importante. Anciens de la première génération, ils sont restés en France, bien intégrés, mais ils ont voulu conserver leur nationalité d'origine. Le déséquilibre est particulièrement évident dans la communauté polonaise (61 % de la population a plus de 65 ans) et dans la communauté italienne (22 %). Ils ne sont en revanche que 2 % chez les Algériens et 0,8 % chez les Marocains.

Quarante ans après sa création, les vœux de l'O.N.I. ont donc été partiellement satisfaits. On trouve dans la communauté étrangère plus de jeunes et moins de personnes âgées que chez les Français. Elle est aussi plus dynamique sur le plan démographique, apportant, même si l'écart se réduit, ce "sang neuf" que l'on réclamait en 1945. Les étrangers ont également tissé avec la France des liens plus solides que dans l'entre-deux-guerres, puisque 22,6 % des étrangers sont nés ici, 10,7 % en 1931. Mais ils ne peuvent faire valoir cette proximité culturelle que l'on réclamait dès la Libération. Dans l'inconscient collectif, leur dynamique démographique devient invasion, menace, et ses mérites sont oubliés : la France ne serait pas l'Afrique. Mais en 1945, 88 % des étrangers étaient européens, et, déjà, on s'inquiétait du devenir de la "race". Aujourd'hui, on les cite en exemple contre les Maghrébins. Mais le temps a simplement fait son œuvre. A défaut de se répéter, l'histoire peut donc enseigner la patience : l'intégration n'est pas un phénomène spontané.

Dreux

Au soir du 4 septembre 1983, la ville de Dreux (Eure-et-Loir) hérite d'un bien encombrant symbole. Avec 16,7 % des voix, le Front national réalise son meilleur score électoral ; pour la première fois depuis la Libération, les portes d'une mairie s'ouvrent à l'extrême droite. Consécration populaire du combat xénophobe, avertissement lancé à la classe politique : la question de l'immigration est désormais brutalement posée devant l'opinion, bien au-delà des murs d'une sous-préfecture située à une heure de Paris et qui comptait alors 33 000 habitants, dont 20 % d'étrangers.

La présence à Dreux d'une importante communauté étrangère est ancienne. Dès le début du XIXᵉ siècle, la ville accueille les "immigrés de l'intérieur", paysans normands ou bretons qui viennent y chercher du travail, mais également les anciens forçats et détenus interdits de séjour à Paris. À l'aller, sur la route de Brest et du bagne, ils apercevaient la ville ; au retour, ils s'y arrêteront pour fonder une singulière communauté, dont il reste encore quelques traces. Dès cette époque, l'immigration est double : politique et économique, reflet des grands flux migratoires qui traversent le pays mais avec une spécificité locale.

Au XXᵉ siècle, la règle demeure. À Dreux comme ailleurs, Italiens et Belges viennent les premiers et les plus nombreux se fixer dans la ville, suivis des Suisses. Mais, singularité, on trouve une communauté allemande relativement importante, liée à Dreux par de lointaines attaches familiales, nouées sous l'Ancien Régime. Puis à la fin des années 30, cette fois sous l'impulsion directe des autorités locales, les

Espagnols s'installent à leur tour. Maurice Violette, radical, franc-maçon, sénateur et ancien ministre du Front populaire, est alors maire de Dreux. À contre-courant de la xénophobie ambiante, il a plusieurs fois pris position en faveur des étrangers, et, tout au long de la guerre d'Espagne, il accueillera de nombreux réfugiés.

Politique encore, et singularité locale : en 1962, son successeur, Georges Rastel, prend en charge 150 familles de harkis, contraints de fuir l'Algérie indépendante. Elles s'installent dans le quartier des Murgers-Bardins et ne le quitteront plus. Pour la première fois, l'espace divise donc Drouais de souche et ceux qui arrivent. La séparation géographique deviendra ensuite une règle non écrite entre Français et étrangers. L'espace ne fait d'ailleurs que traduire l'évolution des esprits. Les réfugiés espagnols avaient été accueillis plutôt chaleureusement ; les harkis devront emménager en silence.

Au cours des années 60, l'immigration change de nature et d'ampleur. Avec l'arrivée des travailleurs espagnols, puis nord-africains et turcs, la communauté étrangère augmente régulièrement et représente, en 1971, 12 % de la population. La fermeture officielle des frontières, trois ans plus tard, n'inverse pas la tendance, et, en 1982, 1 Drouais sur 5 est recensé comme étranger. La ville apparaît, une fois encore, comme le reflet du pays tout entier : les regroupements familiaux et une forte natalité ont alimenté la croissance de la population étrangère. Mais elle a conservé son propre pouvoir d'attraction, avec l'arrivée plus tardive de la crise économique et une politique du logement dynamique. Ses capacités d'intégration perdent en revanche de leur puissance. La municipalité de Jean Cauchon (1965-1977) peut bien rituellement célébrer le "bien vivre de la communauté drouaise", l'incompréhension grandit entre Français et étrangers dans une ville qui ne maîtrise plus son développement géographique et humain.

Dès 1976, dans une enquête menée par la jeune chambre économique de Dreux, les habitants se disent majoritairement inquiets de la présence immigrée, perçue avant tout comme une menace et non comme un facteur d'enrichissement économique. Interrogés à leur tour, les enfants des écoles ont une réaction voisine, lourde hypothèque sur l'avenir qui révèle déjà la crise de l'institution scolaire, autrefois lieu privilégié de rencontre et d'intégration. Viennent, l'année suivante, les élections municipales. La liste de gauche, emmenée par Françoise Gaspard, jeune énarque socialiste, l'emporte dans un climat singulièrement dégradé. La sous-préfecture au radicalisme tranquille a désormais vécu ; Dreux est frappée de plein fouet par la crise économique et certains sont prompts à transformer "l'étranger" en bouc émissaire.

Le face à face des deux communautés a d'ailleurs gardé son expression géographique : dans le centre ville, les vieux Drouais ; sur les plateaux nord et sud, les populations ouvrières et immigrées. Deux mondes isolés par l'urbanisme particulier de la ville (le centre, construit autour de la vallée de la Blaise, est coupé des plateaux par la voie ferrée et la route nationale), mais également par une incompréhension croissante et l'absence presque totale de communication. Pour y remédier, la nouvelle municipalité prône une participation active des étrangers à la vie de la cité, prélude à leur intégration. Mais en fin de mandat, modeste bilan. Ses initiatives, comme la création d'une "zone d'enseignement prioritaire", le soutien aux associations de migrants ou l'animation en direction des jeunes paraissent décevantes en regard d'autres expériences (Office municipal des migrants à Créteil, vote local à Mons-en-Barœul, par exemple).

Mais pour l'extrême droite, c'en est trop. De 1977 à 1983, elle se montre fort active et connaît un rapide essor, occupant systématiquement le terrain abandonné par les militants de gauche, désormais accaparés en mairie. Le climat s'alourdit, les rumeurs prennent corps et les immigrés, ouvriers peu qualifiés à une écrasante majorité, sont laissés à l'écart, inorganisés, vulnérables. La campagne de 1983 s'ouvre dans ce climat détestable. Campagne d'une extrême violence verbale et parfois physique. En dépit des engagements nationaux, la droite traditionnelle fait alliance avec le Front national, mais Dreux passe encore relativement inaperçue.

Pour attirer l'attention sur la ville, il faudra une victoire extrêmement étroite de la gauche (8 voix d'avance seulement au soir du second tour) et surtout la décision de Françoise Gaspard de renoncer à ses fonctions de maire, usée par une campagne souvent ignoble. Vient ensuite la décision du tribunal administratif d'annuler les élections de mars pour "erreurs dans le découpage" : le "phénomène" Dreux est lancé, qui cristallisera sur son nom ambitions, manœuvres et manifestes des politiques, face au désarroi d'une opinion malmenée par la crise.

Pour le scrutin de septembre, les acteurs changent. La liste de gauche est conduite par Marcel Piquet, ancien adjoint de Françoise Gaspard, maire depuis mars, mais toujours mal connu des Drouais. La droite traditionnelle, après décision des instances nationales du R.P.R. se démarque soigneusement du Front national, qui présente donc au premier tour sa propre liste, emmenée par Jean-Pierre Stirbois, numéro deux de son parti. L'enjeu de l'élection n'est pas non plus de même nature. D'une élection locale, visant à désigner une municipalité, on est insensiblement passé à un débat national sur

l'immigration, largement relayé par les médias, mais un débat
par sa dimension locale et exacerbé par l'enjeu électoral.

Au soir du premier tour, la liste de droite emmenée par Jean
Hieaux arrive en tête avec 42 % des voix, suivie de la gauche (40 %),
mais on retiendra surtout le score du Front national, qui se pose en
arbitre, fort de 16,7 % des voix. Pour le second tour, en dépit des
avertissements lancés par Simone Veil et diverses personnalités de
l'U.D.F., la droite fait finalement le choix du pragmatisme et présente
une liste unique, ouverte au Front national, sacrifiant ainsi la morale
sur l'autel des alliances. Au sein de la gauche, au nom de cette même
efficacité, il n'y a pas de changement tactique, mais bel et bien un
changement de discours ou plutôt des silences, des atermoiements qui
sonnent comme un aveu d'impuissance, comme une hésitation entre
un idéal généreux et la réalité de comportements xénophobes, qu'elle
perçoit sans parvenir à les endiguer, ni même à en mesurer l'ampleur.

La simple arithmétique aura finalement raison de tous ces calculs.
La liste d'opposition est élue au second tour avec près de 55 % des
voix, en dépit, à gauche, d'une forte mobilisation nationale et, à
droite, d'un malaise grandissant devant une alliance contre nature.
Placée ainsi sous les projecteurs de l'actualité, Dreux devient alors, en
cet automne 1983, symbole de la "question immigrée". L'exemple, *a
priori*, n'est pas mal choisi. De par sa situation et son histoire, faite
d'immigrations successives, la ville pose, à sa manière, la question
essentielle d'un *melting pot* français.

A Dreux comme ailleurs, l'assimilation des communautés étrangères n'a jamais été chose facile. Les nouveaux arrivés ont toujours
suscité méfiance et inquiétude. Mais jusqu'au milieu des années 70, le
melting pot a fonctionné tant bien que mal. Ouvriers dans leur
immense majorité, les immigrés partageaient avec la classe ouvrière
des plateaux un même système de références avant que la crise
économique et les mutations technologiques ne brisent cette culture
commune et stoppent net l'intégration des étrangers, désormais
maintenus au plus bas de l'échelle sociale. L'institution scolaire, les
cadres politiques et syndicaux ont également perdu beaucoup de leur
pouvoir d'assimilation qui leur permettaient de réunir, au-delà des
différences nationales. L'urbanisme de Dreux a fait le reste, séparant
physiquement les deux communautés.

Recensés, connus, la ville pouvait travailler à résoudre ces
dysfonctionnements. Elle choisira de ne rien faire, voire de les
encourager, quitte à devenir pour longtemps porte-drapeau de l'exclusion. Aux élections municipales de 1989, le Front national progresse
encore avec 22 % des voix. Six mois plus tard, il gagne sans ambiguïté

ni partage. Lors d'une législative partielle, Marie-France Stirbois devient député, premier parlementaire du Front national à l'emporter au scrutin majoritaire. Le contexte la sert. En cet automne 1989, trois lycéennes et un foulard déchirent la République entre islam et laïcité. À l'Est, la nation fait un retour en force sur les décombres du communisme. À Dreux, Marie-France Stirbois bénéficie de l'aura de son défunt époux, face à des concurrents trop pâles.

Mais tout n'est pas conjoncture. Dans cette poussée du Front national, se retrouvent amplifiées des tendances amorcées ailleurs, repérées dans d'autres scrutins nationaux. Tendance politique : 1/3 des sympathisants actuels de la gauche et des Verts, 38 % des électeurs de François Mitterrand ont voté Front national. Critères sociologiques : l'électorat du Front national est un électorat d'hommes, jeunes ou âgés, un électorat de "petits" où les ouvriers, les commerçants, les artisans sont nombreux et les cadres supérieurs rares. Idéologie, enfin : ceux qui ont élu Marie-France Stirbois refusent les étrangers, massivement, sans appel, sans honte d'être xénophobes et racistes. Crispés sur la nation, ils refusent également le consensus européen. Et ils se méfient de la démocratie, partisans de mesures radicales et extrêmes, si elles sont plus efficaces.

À Dreux, d'une élection à l'autre, de dérive en dérive, l'interdit levé en 1983 a donc fini, six ans plus tard, par libérer les pires pulsions. Les scrutins nationaux à venir diront si la ville fut alors caricature, contre-exemple ou avant-garde.

Droit d'asile

La Révolution de 1789 consacre, la première, l'asile comme droit imprescriptible de l'individu et devoir essentiel de tout pays démocratique. Quatre ans plus tard, la constitution de 1793 lui apporte une reconnaissance juridique que la République n'a, depuis, jamais remise en cause. Mais les lois ne font pas la pratique. Tout au long de ces deux siècles, les politiques ouvrent, certes, les portes du pays aux persécutés, mais souvent à regret et sous conditions.

Car, comme il existe de "bons étrangers", il existe de "vrais réfugiés", aux yeux des Français : ceux qui ont choisi le juste combat, qui honorent la démocratie française et s'abstiennent de troubler le débat national. Le "vrai" réfugié ne peut, par ailleurs, avoir d'autres mobiles que la liberté. Qu'il vienne chercher en France un peu plus de bien-être, et le voilà dénoncé aux yeux de l'opinion, menacé d'être renvoyé sans grand souci du sort qui l'attend hors des frontières. À la France terre d'asile consacrée par les textes, c'est donc sans cesse une France frileuse, méfiante, voire xénophobe qui fait écho au quotidien. Quelles que soient les époques, le destin des réfugiés en portera la marque.

Dans l'entre-deux-guerres, la France des Droits de l'homme accueille les Arméniens qui ont survécu au génocide, les Russes blancs, les Italiens antifascistes, les Allemands antinazis et presque tous les républicains espagnols. La France du droit d'asile soutient, en 1921, la création du haut-commissariat aux Réfugiés rattaché à la Société des Nations. Elle signe la convention de Genève du 28 octobre 1933 et la ratifie sous le Front populaire. Mais ce droit d'asile est octroyé sous conditions, qui varient selon l'époque, les gouvernements et les choix politiques.

Les Français ont en effet la générosité sélective. La droite s'apitoie sur le sort des Russes blancs, mais accuse les réfugiés italiens de poursuivre leurs activités politiques sur le territoire et de compromettre les bonnes relations avec l'Italie de Mussolini. Le Parti communiste s'indigne, bien sûr, de ce soupçon, mais, de son côté, il rêve de rejeter les "contre-révolutionnaires" au-delà des frontières. Dans cette mêlée, Léon Trotsky est un symbole. En 1929, il doit renoncer à venir s'établir en France devant le tollé général. Cinq ans plus tard, las de ses errances, il sollicite et obtient enfin l'asile du gouvernement français. Répit de courte durée : au bout de quelques mois, il repart, victime des assauts conjugués de la droite et du P.C.F.

Après la politique, la crise économique limite un peu plus la portée du droit d'asile. Les réfugiés sont autorisés à entrer mais privés de tout secours, libres mais condamnés à la misère puisque la loi, en 1934, leur interdit l'accès au marché du travail. Les réfugiés antinazis qui arrivent à cette époque connaissent, en guise d'accueil, le goût amer d'un asile accordé à contrecœur. Dans la France des années 30, xénophobe, frileuse, la liberté sauvegardée se paie de vexations quotidiennes, de pauvreté endémique et de la peur, omniprésente, d'être renvoyé hors de France pour une heure de travail volée ou un engagement politique un peu trop appuyé.

En 1936, néanmoins, le Front populaire, si timide en matière de travail immigré, essaiera de renouer avec l'héritage républicain, sans user de faux-semblants ou de prétextes pour réduire la portée du droit d'asile. Il ratifie la convention de Genève du 28 octobre 1933 qui améliore le sort des apatrides. Il délivre à tous les réfugiés en provenance d'Allemagne un certificat d'identité qui leur évite l'humiliation de la clandestinité et, dès l'été 1936, il organise le secours des premiers réfugiés espagnols. Le mouvement associatif, de son côté, apporte aux proscrits une aide précieuse en matière de logement, de formation professionnelle ou de statut administratif.

Reste le travail, toujours interdit, qui réduit les réfugiés à la charité publique, sinon à la mendicité. La France du Front populaire a entrebâillé la porte, les réfugiés sont entrés comme on s'abrite de l'orage, mais le pays s'en est vite retourné à des préoccupations purement hexagonales, sans grand souci de ses hôtes. Pour nombre de Français, c'est encore trop. La droite se déchaîne contre des réfugiés qui viendraient abuser de son hospitalité, l'opinion leur manifeste au mieux une indifférence polie, souvent de l'hostilité car elle craint la concurrence économique et refuse d'entendre leurs avertissements politiques.

Ce n'est pourtant, qu'une répétition générale avant le grand afflux, en 1939, des réfugiés espagnols. En dix jours, du 26 janvier à l'occupation de Barcelone, 400 000 hommes, femmes et enfants se précipitent vers la frontière pour échapper à la répression franquiste et demander l'asile politique. La France les accueille tous, mais avec une si évidente mauvaise volonté qu'elle en perdra tout bénéfice moral. Dans les camps de regroupement aux conditions de vie ignobles, dans la souffrance des réfugiés qui piétinent dans la neige et le froid, dans le mépris de l'opinion, une tradition séculaire vient se perdre. Elle mourra, définitivement, un an plus tard, dans la débâcle de l'été 1940. Vichy livre alors sans remords les réfugiés antinazis, les barbelés s'entrouvrent devant les troupes d'occupation, l'asile est violé au nom du politique, mais ce régime-là n'est plus la République.

À peine restaurée, cette dernière renoue avec sa tradition. Dans les textes : le préambule de la constitution de 1946 réaffirme solennellement le droit d'asile. Dans les actes : la France de la IVe République ouvre ses frontières aux réfugiés venus de l'Est. Avec de nouveaux devoirs : le 28 juillet 1951, sous l'égide des Nations Unies, est signée à Genève une convention qui définit très précisément la qualité de réfugié et les devoirs des pays d'accueil. Doit désormais être considéré comme réfugié toute personne qui craint « avec raison d'être persécutée du fait de sa race, de sa religion, de sa nationalité, de son appartenance à un certain groupe social ou de ses opinions politiques. »

Les pays d'accueil ne peuvent plus désormais se contenter d'ouvrir leurs frontières avant de traiter le réfugié comme un "indésirable". La convention définit très précisément les conditions d'accès au statut de réfugié et impose l'égalité des droits avec les nationaux, afin d'empêcher le retour des pratiques discriminatoires de l'entre-deux-guerres. Complétée par le protocole de New York signé en janvier 1967, la convention de Genève régit aujourd'hui encore le sort des 170 000 réfugiés accueillis en France. Cela représente, environ, un réfugié pour 360 habitants, soit le troisième rang en Europe, dans un continent qui ne brille pas par sa solidarité. Ce sont en effet souvent les pays limitrophes, les plus pauvres et eux-mêmes déchirés, qui accueillent la majorité des proscrits : à titre de comparaison, il y a en Somalie, un réfugié pour 24 habitants.

54 % des réfugiés vivant en France sont originaires du Sud-Est asiatique ; 30 % viennent d'Europe, installés depuis de longues années, à l'exception des 2 500 Polonais arrivés en 1981-1982 ; 6,5 % viennent des Amériques, 5 % d'Afrique et 3,8 % du Moyen-Orient. Tous sont, parmi les demandeurs d'asile, ceux qui ont eu le plus de chance, ou

le plus de conviction. Les autres ont échoué, en dépit des promesses de Genève. Victimes d'une procédure complexe et des méfiances françaises, ils ont dû repartir ou vivre en clandestins, sans la protection du statut officiel.

Premier obstacle : la frontière. En théorie, celui qui s'y présente peut formuler sa demande d'asile sur place, avec assistance et interprète. Mais les frontières sont un *no man's land* juridique dont l'administration tire profit. Les postulants sans visa ni papiers en règle sont souvent refoulés sans autre procédure : on prétendra ensuite qu'ils n'ont pas formellement demandé l'asile. Pour ceux qui parviennent à entrer, la procédure continue. La France leur délivre un récépissé de demande de titre de séjour portant la mention « a sollicité l'asile ». Statut légal, mais ce n'est pas encore le statut de réfugié officiel et les garanties y afférant. Pour l'obtenir, les postulants doivent en faire la demande auprès de l'Office français de protection des réfugiés et apatrides (O.F.P.R.A.) et prouver qu'ils sont réellement menacés de persécutions pour un des motifs énoncés dans la convention de Genève.

La tâche est rude. Depuis quelques années, la jurisprudence de l'O.F.P.R.A. exclut, par un principe non écrit, plusieurs catégories de réfugiés. Les ressortissants de pays démocratiques (Irlande, Espagne, Italie, Allemagne fédérale) sont systématiquement éconduits. L'O.F.P.R.A. estime qu'il ne peut y avoir dans ces pays de véritables persécutions, les juges ignorant par principe les zones d'état d'exception et les mesures spéciales de police qui existent dans certaines régions. Seconde catégorie exclue d'autorité : ceux que l'O.F.P.R.A. considère comme de "faux réfugiés" et de vrais immigrés. Ils sont pauvres, originaires de pays sous-développés : cela suffit à suspecter leurs motivations politiques, même s'ils viennent de pays où les libertés fondamentales sont bafouées. Ils sont, circonstance aggravante, anonymes, sans la notoriété des militants recensés. Dans ces conditions, l'Office estime qu'ils peuvent rentrer dans leur pays sans encourir de véritables persécutions.

Pour plaider leur cause, les candidats doivent remettre un memorandum écrit. Mais beaucoup ne savent rien du français. Traumatisés par l'exil, ignorant les règles juridiques et les définitions prévues par la convention de Genève, ils se contentent, par ailleurs, de décrire leur pays en termes vagues, généraux, sans entrer dans le détail de leur itinéraire personnel qui, seul, intéresse l'administration. Faute de preuves, l'Office conclut donc au rejet, sans chercher à s'informer de la situation réelle des pays d'origine. La procédure prévoit un entretien oral complémentaire, mais l'Office manque de moyens et de temps pour l'organiser.

Entre politique et économie, réfugiés et immigrés, le doute demeure donc et finalement, la méfiance l'emporte. En quinze ans, le nombre de dossiers déposés n'a cessé d'augmenter : 1 600 en 1974, 30 000 en 1987, près de 60 000 en 1989. L'Office en a conclu que la procédure était détournée par un nombre croissant d'étrangers et les rejets, à leur tour, se sont multipliés : 14,56 % des dossiers examinés en 1980 ; 56,82 % en 1985 avec des taux de 95 % pour les demandeurs d'asile en provenance du Pakistan et du Sri-Lanka.

L'appel de cette décision est possible, devant la commission de Recours, puis, si nécessaire, devant le Conseil d'État. Mais ces deux institutions répètent les faiblesses de la première procédure : des dossiers mal préparés en raison du handicap linguistique, une procédure expéditive, la méconnaissance des situations politiques évoquées, chez ceux qui sont chargés de statuer. La plupart des recours débouchent donc sur un nouveau refus, au terme, parfois d'une procédure de cinq ans car, faute de moyens, les retards s'accumulent. Après tant de mois, voire d'années, les réfugiés sont installés. Ils ont fait venir leurs familles. Ils ont commencé une autre vie, ils ne partiront plus. Ceux dont les dossiers sont rejetés vont alors grossir la masse des clandestins avec, désormais, la menace d'une possible expulsion, car ils ne sont plus protégés par la convention de Genève.

Les 170 000 réfugiés qui sont, en dépit de tous les obstacles, arrivés en vainqueurs au terme de la procédure, bénéficient d'un traitement égal à celui des nationaux. Mais cette égalité devant la loi ne fait que l'égalité des chances. Les moyens, à nouveau, manquent partout pour assurer leur insertion. Dans les foyers d'accueil, gérés par France Terre d'Asile et le réseau associatif, le nombre de places offertes est dérisoire. Les cours de langue et de formation professionnelle sont insuffisants, inadaptés aux besoins de réfugiés plus diplômés, plus qualifiés que les travailleurs immigrés. Chômeurs souvent, confinés au plus bas de l'échelle sociale, privés de références, les réfugiés vivent souvent leur exil comme un véritable déclassement, où se mêlent l'humiliation et l'insécurité. La convention de Genève les protège bien sûr juridiquement. À moins d'une infraction grave, ils ne risquent plus l'expulsion.

Mais les récits d'aujourd'hui font écho à ceux des années 30. Ils disent l'indifférence générale et parfois le racisme. Ils disent le soupçon qui les contraint à justifier sans cesse leur présence, à réfuter les accusations de terrorisme, de trafic, de procédure détournée par de "faux" réfugiés et vrais clandestins. Soupçon omniprésent : l'opinion, la classe politique, de l'extrême droite aux socialistes convertis à un certain "réalisme", sinon parfois à la démagogie, ne cachent pas leur méfiance, encourageant la sévérité de l'O.F.P.R.A. quitte à freiner l'intégration des réfugiés. Car dans ce procès, ils se sentent tolérés par devoir, invités à contrecœur, comme si l'accueil réservé à ces proscrits –8 794 en 1988 – menaçait le pays plus sûrement que le reniement d'un droit séculaire où la France a forgé une bonne partie de son identité.

Droit de vote

En 1793, la constitution girondine accorde la qualité de citoyen, et les prérogatives qui lui sont attachées, à tout étranger ayant résidé un an sur le territoire français. Quelques mois plus tard, la constitution montagnarde n'y ajoute qu'une condition : vivre en France de son travail ou avoir acquis une propriété. Puis les précurseurs sont tombés dans l'oubli. Tout au long du XIXᵉ siècle, dans le souvenir de la Révolution, le "citoyen" identifie la France et marque sa différence. L'étranger ne peut donc revendiquer un tel honneur, sinon par des naturalisations, accordées avec parcimonie. Il est vrai que les Français de souche n'ont pas encore tous accès au suffrage. Les dernières traces du suffrage censitaire sont abolies par la IIIᵉ République ; les femmes devront attendre le second XXᵉ siècle pour être enfin des citoyennes.

Après 1945, la question n'est toujours pas posée. Les étrangers sont exclus du vote, et l'hypothèse demeure : citoyen parce que Français, Français donc citoyen, exception faite de l'Union française. Les étrangers, privés de droits civiques et politiques, restent avant tout des travailleurs immigrés et personne ne s'en offusque. Considérés comme une force économique fluctuante et temporaire, inutile de leur accorder des droits politiques, à moins qu'ils ne soient prêts à se franciser. Dans ce cas, la naturalisation apparaît comme la seule preuve de leur bonne volonté et la meilleure réponse au débat sur la citoyenneté.

Au-delà du vote, c'est d'ailleurs tout le politique qui paraît chasse gardée des nationaux. Aucun texte n'interdit en théorie aux étrangers d'adhérer à un parti, de militer à visage découvert, de prendre la parole dans une réunion. Mais au nom de l'"ordre public" ou de la sécurité nationale, la France leur impose la plus stricte neutralité, assortie d'une constante surveillance, surtout dans l'entre-deux-guerres. On se méfie des extrémistes, soupçonnés de collusion avec leurs homologues français. On craint la propagation des idées révolutionnaires dans un milieu où les conditions de vie misérables créent un terrain propice. Les meetings, les fêtes étrangères sont minutieusement observées, la presse dépouillée ; et, bien souvent, pour une vétille – la participation au défilé du Premier Mai ou à une grève –, la sanction tombe : expulsion pour trouble de l'ordre public.

À droite, on se réjouit. Le Français doit rester maître chez lui et, en fait de droit, l'étranger n'a qu'un devoir de réserve. Dans cette campagne, l'extrême droite renchérit contre le "métèque" et se lamente sur le sort d'une France devenue dépotoir de l'Europe. Mais les modérés ne sont pas en reste, comme le député Louis Rollin, qui s'inquiète en 1925 de voir les immigrés « s'immiscer dans nos affaires intérieures, servir chez nous leurs rancunes, y exercer leurs représailles, se mêler aux luttes des partis, s'embrigader dans l'armée du désordre [1]. » À gauche, socialistes, communistes et, dans une moindre mesure, radicaux protestent contre les mesures policières et l'arbitraire, mais tous exigent, P.C.F. excepté, une stricte neutralité des étrangers.

Le nombre croissant de réfugiés politiques, Italiens antifascistes, Allemands antinazis, Russes blancs, et les tensions internationales peuvent expliquer cette unanimité. L'Europe ressemble à une poudrière et la France craint, à chaque instant, l'incident diplomatique ou un coup d'éclat venu d'opposants réfugiés dans l'Hexagone. Pour les éviter, la France préfère interdire la politique aux étrangers et surveiller leurs associations. En point d'orgue, le décret-loi de 1939 : il impose aux associations étrangères une autorisation préalable du ministère de l'Intérieur et lui donne, de fait, un droit de regard sur leurs activités.

En 1945, le décret est maintenu. L'opinion, dans son ensemble, demeure attachée au principe de neutralité. Mais l'immigration change de nature. Les exilés sont rares ; les travailleurs arrivent souvent avec une moindre conscience politique, originaires de régions rurales et désireux avant tout d'améliorer leur condition économique. La communauté algérienne fait bien sûr exception, très largement engagée aux côtés du Front de libération nationale (F.L.N.), mais ses ressortissants sont alors des Français. L'immigration espagnole et portugaise, avant 1974-1975, illustre bien, en revanche, cette relative indifférence au politique : une poignée de militants engagés dans la lutte contre les dictatures de Franco et Salazar, une masse de travailleurs venus surtout conquérir le bien-être. Mai 1968 viendra sans véritablement changer l'état de l'opinion. Dans l'effervescence de ce printemps, la revendication en faveur d'un vote des immigrés passe relativement inaperçue.

La relance arrive en 1974, sous l'impulsion de la Communauté européenne. La récession frappe alors de plein fouet les différentes économies et chacun tente de freiner l'immigration. Mais ceux qui sont là resteront. Les regroupements familiaux sont de plus en plus nombreux, les enfants de la seconde génération ont une culture, un passé français, que l'état civil viendra, à terme, consacrer. Ils se sont insérés dans la vie du pays, travaillent à sa prospérité et paient des impôts : faut-il leur dénier le droit de vote, s'ils ont conquis droit de cité ? La Communauté économique européenne (C.E.E.), dans son programme d'action en faveur des migrants et de leurs familles, se prononce clairement en faveur de la citoyenneté politique, à l'intérieur de certaines limites : une réforme à l'horizon 1980 et un vote local seulement, parce qu'il ne met pas en jeu la souveraineté nationale, mais influence très concrètement la vie de chaque habitant. D'autres résolutions du Parlement européen, du Conseil de l'Europe suivront ; le Conseil nordique, qui regroupe les pays scandinaves, vote une résolution similaire et certains pays entament un processus de réforme.

Dès 1975, la Suède accorde, pour les élections locales, le droit de vote, et celui d'être élu, aux étrangers inscrits depuis trois ans au moins sur les registres de l'état civil. Le Danemark en 1977, la Norvège un an plus tard l'imitent, en réservant néanmoins cette prérogative aux seuls ressortissants nordiques. Aux Pays-Bas, la constitution est révisée en 1983, afin de permettre une participation des étrangers aux élections municipales et leur candidature. Dernier pays européen qui autorise la participation des non-nationaux à la vie politique, la Suisse, ou 2 cantons (celui de Neûchatel dès 1849 et le Jura depuis sa création en 1977), accordent droit de vote et éligibilité sous certaines conditions, pour les élections cantonales et communales.

En France, les recommandations de la C.E.E. sont, en revanche, demeurées lettre morte. Mais, depuis 1975, les immigrés ont conquis de nouveaux droits économiques et sociaux. Ils peuvent devenir délégués syndicaux, délégués du personnel, membre d'un comité d'entreprise, membre du conseil d'administration d'un syndicat. Ils sont électeurs au conseil d'administration d'un syndicat. Ils sont électeurs au conseil d'administration des caisses de Sécurité sociale, aux commissions de H.L.M., et ils peuvent devenir délégués de parents d'élèves. Leur représentation au Fonds d'action sociale (F.A.S.), à l'Agence pour le développement des relations interculturelles (A.D.R.I.) et dans les différentes structures créées pour favoriser l'intégration a par ailleurs été renforcée.

Mais la citoyenneté politique résiste. L'extrême droite refuse toute expression des immigrés, y compris économique et sociale. La droite renvoie les étrangers à la naturalisation s'ils veulent entrer dans le jeu politique français. La gauche hésite. Le droit de vote des étrangers aux élections locales faisait partie des 110 propositions de François Mitterrand en 1981. Mais après quelques velléités d'application, le projet est oublié. L'opinion n'est pas prête et la Constitution fait obstacle, voilà l'explication avancée à intervalles réguliers. L'argument institutionnel est bien réel. Les conseillers municipaux élisent les sénateurs. Les sénateurs interviennent dans des domaines relevant de la souveraineté nationale, qui relève, selon l'article 3 de la Constitution, des seuls nationaux. Pour lever cet obstacle, certains ont proposé que soient découplés mandat municipal et statut de grand électeur sénatorial, mais en vain. L'opinion ne les entend pas, toujours hostile au vote des étrangers, et les politiques se soumettent. La citoyenneté politique n'existe donc pas, à l'exception de quelques expériences locales qui l'ébauchent : commissions extramunicipales ou élection de conseillers municipaux étrangers à voix consultatives, comme à Amiens ou Mons-en-Barœul.

Mais, pendant ce temps, les enfants issus de l'immigration grandissent et deviennent Français à leur majorité. Longtemps, ils ont refusé de s'inscrire sur les listes électorales, comme s'ils n'espéraient plus obtenir par ce biais une intégration qui en ferait les vrais égaux des Français de souche. Mais c'était renoncer à leur seul moyen de pression efficace : France-Plus est née de ce constat. Sous son impulsion, la tendance s'est petit à petit inversée. Il y avait, en 1986, 500 000 électeurs d'origine maghrébine ; ils sont 1,2 million en 1989 et obtiennent 386 élus lors des élections municipales, auxquels s'ajoutent électeurs et élus issus des autres communautés.

À terme, leur engagement risque de bouleverser le paysage politique et l'image de l'étranger dans la cité. Mais ils sont Français et rien n'est encore résolu du droit de vote de ceux qui restent étrangers. L'hostilité de l'opinion dure. L'obstacle institutionnel, l'enjeu politique des élections locales rend l'ouverture moins aisée en France qu'ailleurs. Les expériences étrangères ont de plus rendu un verdict mesuré : les progrès de l'intégration ne sont pas niables, mais l'intérêt des étrangers varie énormément d'une communauté à l'autre, et les risques de clientélisme de la part du mouvement associatif existent. L'interrogation demeure donc quant au vote des étrangers et ses modalités. Elle devra à terme trouver une réponse. Car il s'agit, au-delà des solutions techniques, de poser les fondements de la citoyenneté, de s'interroger sur le devenir des États-nations dans une Europe en voie d'intégration et de définir les droits et devoirs de chacun dans la cité.

---

1. Proposition de résolution, *Journal Officiel. Documents parlementaires*, 29.10.1925.

Enseignement

L'école est en théorie le lieu privilégié de l'intégration. L'univers enfantin s'y révèle plus tolérant que le monde adulte ; l'apprentissage culturel est une première porte ouverte sur la société française, la création d'une mémoire partagée et les prémisses d'un dialogue futur. Ces fonctions, l'école les assure normalement pendant l'entre-deux-guerres. Les étrangers représentent 5 % de la population scolaire en 1926, 9 % en 1935, mais, dans certaines régions, les pourcentages sont beaucoup plus élevés (40 % en 1935 dans les Alpes-Maritimes). Pour l'essentiel, il s'agit du primaire obligatoire (de six à treize ans), non du lycée qui demeure un privilège.

Les élèves étrangers, souvent nés hors de France, vivant dans un foyer où l'on parle encore la langue du pays, souffrent bien sûr du handicap linguistique mais, une fois surmonté, ils réussissent mieux car ils savent que l'école est leur seule chance de gravir quelques degrés de l'échelle sociale. Le corps enseignant, dans son ensemble, manifeste un évident esprit d'ouverture, attentif aux problèmes spécifiques des nouveaux arrivés, n'hésitant pas à les aider en dehors de leurs horaires. Certaines associations, comme "le Foyer français" fondé par Paul Painlevé en 1924, œuvrent dans le même sens, offrant aux jeunes étrangers des cours de soutien et des bourses pour les plus doués. Mais leur foi et leur volonté ne sont pas unanimement partagées.

Dans certaines communautés, tout est fait, au contraire, pour freiner l'action assimilatrice de l'école. Les enfants polonais, par exemple, ne parlent pas français en dehors des cours. Sur pression du gouvernement de Varsovie, ils reçoivent par ailleurs, dispensé par des compatriotes, un enseignement particulier concernant la littérature, l'histoire et la langue de leur pays. Dans certaines limites : en 1925, Édouard Daladier, ministre de l'Éducation nationale, exige que cet enseignement ne se substitue pas aux programmes ordinaires et qu'il se fasse en dehors des heures de cours. En 1929, les pouvoirs publics imposeront, de plus, qu'il ne dépasse pas, dans les 584 écoles privées polonaises, la moitié de l'horaire ordinaire.

Car ce repli hors de l'école laïque inquiète. Les Français y lisent un désaveu de leur génie. Mais que les étrangers cherchent nombreux à bénéficier de l'instruction publique aux côtés des enfants français, et l'on s'inquiète à nouveau : le niveau des études ne risque-t-il pas de baisser ? L'argument est promis à une belle postérité. Il en est d'autres. Les enfants d'étrangers seraient également une charge pour la société. Faut-il, s'interrogent quelques Français, que l'enseignement soit gratuit pour ces enfants qui doivent, un jour, repartir ? En ont-ils de toute façon besoin, eux que l'on voue par principe aux métiers manuels, non qualifiés ? À ces chantres de la discrimination, la République, l'école laïque ne céderont pas. Les enfants de l'immigration suivent une scolarité normale, première étape de leur intégration.

Au sommet de la hiérarchie, à l'Université, les étudiants étrangers sont accueillis, cette fois sans restriction. Ils étaient 5 000 en 1919 ; ils sont 17 000 en 1931. Les Français sont fiers de voir leur culture ainsi honorée et ils espèrent secrètement que ces étudiants seront, une fois rentrés dans leurs pays, de précieux alliés sur la scène internationale. Les pouvoirs publics mènent donc une politique active pour attirer les étudiants. Des bourses sont distribuées ; la Cité universitaire, qui les accueille à Paris, date de 1925. Mais ces ambassadeurs privilégiés n'échappent pas aux règles de l'hospitalité à la française. La politique leur est interdite. Ils n'ont pas le droit de travailler pendant leurs études, ni celui de s'installer en France, une fois leur diplôme obtenu.

Les années 40 et 50 sont une période de transition. Les enfants étrangers de l'entre-deux-guerres ont quitté l'école ; les nouveaux venus arrivent en célibataires. En 1952-1953, on compte 3 % seulement d'étrangers dans le cycle primaire, 1 % dans le secondaire. Mais à partir des années 60, les regroupements familiaux s'accélèrent au moment même où se développe la scolarisation de masse. Les élèves étrangers s'inscrivent donc de plus en plus nombreux, ajoutant une diversité culturelle à la diversité sociale introduite par l'explosion scolaire.

Vingt ans après, l'échec est patent. L'école n'a pas su s'adapter à ce double tournant, sans doute à cause des espoirs démesurés placés en ses pouvoirs. Les jeunes étrangers représentaient, en 1988-1989, 8,7 % des effectifs scolaires, population hétérogène dans ses origines et ses ambitions. Ceux qui sont arrivés tard en France, après avoir commencé une scolarité à l'étranger, souffrent d'un handicap linguistique. Pour y remédier, des classes d'initiation ont été ouvertes dans le primaire, prolongées dans le secondaire par des classes d'adaptation (13-16 ans). Les jeunes étrangers y restent le temps d'améliorer leurs connaissances en français, tout en suivant un enseignement normal, le but étant de réduire autant que possible cette période transitoire. Vingt Centres de formation et d'information pour la scolarisation des enfants de migrants (C.E.F.I.S.E.M.) ont par ailleurs été ouverts entre 1975 et 1984 dans le cadre des écoles normales, afin de former et informer les enseignants des handicaps cumulés par ces enfants.

Mais en fin de parcours, ces deux structures spécialisées sont un demi-échec. Logistique, en premier lieu : les C.E.F.I.S.E.M. n'ont pu mener leur mission à bien faute de moyens suffisants. Rigidité administrative : quand une classe de langues et cultures d'origine est ouverte, les enfants concernés ne sont pas toujours assez nombreux ; quand des enfants non francophones arrivent, la classe n'est pas toujours ouverte. Rigidité pédagogique : on utilise, en général, les méthodes du "français langue étrangère", alors que ces enfants vivent dans un environnement francophone. Rigidité sociale, enfin : à séparer ainsi les élèves non francophones des autres, on les désigne, même involontairement, comme étrangers aux yeux de leurs camarades, on les isole et leur intégration s'en trouve freinée. Il reste que ces structures ne concernent qu'une infime minorité : 6 427 élèves sur un million de jeunes étrangers scolarisés.

Pour l'immense majorité, le français est déjà la langue de base, sinon maternelle. 88,4 % des 0-4 ans sont nés en France ; 70 % des 5-9 ans. Mais la connaissance de la langue ne leur a pas donné l'égalité des chances et des résultats. Premier handicap : à côté du français, ils doivent faire l'apprentissage de la langue de leurs pères. Ils se retrouvent donc pris entre deux cultures, deux traditions : celle, orale, des parents et celle, écrite, de l'école républicaine. Second handicap : la géographie. Les étrangers vivent concentrés dans certains quartiers et l'école reproduit, en les aggravant, ces déséquilibres de l'espace. En raison d'un taux de natalité plus élevé, la proportion d'enfants étrangers parmi les scolaires est en effet toujours plus élevée que le pourcentage d'étrangers dans la population totale. Les enfants d'étrangers sont, par ailleurs, presque tous (98 %) à l'école publique, alors qu'un Français sur cinq fréquente l'école privée. Depuis 1982, enfin, l'école subit les conséquences des dérogations accordées à la sectorisation. Elles touchent désormais plus de 40 % des établissements et, dans certaines écoles, désertées par les enfants français, la présence étrangère dépasse 80 %.

Pour réduire ces handicaps accumulés, il faudrait des équipements spéciaux : les écoles implantées en milieu défavorisé sont en général démunies. Il faudrait également les meilleurs des maîtres et les plus aguerris : l'Éducation y envoie les plus jeunes et les moins expérimentés. Dans cette spirale, faute de formation et de soutien, bien des enseignants renoncent. Ils partent à la première opportunité, ruinant les possibilités de projet pédagogique à long terme. Ceux qui restent se contentent souvent de gérer l'échec : le redoublement pour "consolider les acquis" ; l'orientation vers les sections manuelles et les filières spécialisées. Dans ces conditions, l'égalité des cursus, tant bien que mal sauvegardée dans le cycle primaire, disparaît dans le secondaire. Les étrangers ne représentent plus que 7,4 % des élèves (11 % dans le primaire), fort inégalement répartis. Ils sont, en effet, 17,7 % dans l'enseignement spécialisé, 12,2 % dans les classes pré-professionnelles de niveau et 4,1 % dans le second cycle général et technologique.

Dans cet échec relatif, quelle part revient aux origines nationales ? Selon les études statistiques, les performances des jeunes étrangers nés en France seraient meilleures que celles obtenues par les jeunes nés hors de France : si la nationalité *stricto sensu* n'a guère de sens, le poids des cultures d'origine dans le foyer et l'éducation est un critère de la réussite future. Mais ce n'est pas le seul facteur. Les origines socio-économiques sont également un facteur décisif. Les jeunes Français issus de milieux défavorisés présentent en effet un profil scolaire proche de celui des jeunes étrangers, surtout de ceux nés en France. L'échec des enfants d'immigrés doit donc autant aux conditions de vie qu'aux handicaps culturels. Pourtant, dans sa politique, l'Éducation Nationale a longtemps ignoré les premières, privilégiant les seconds, avant une timide et récente évolution.

La principale réforme date des années 70 : les langues et cultures d'origine sont introduites dans le tiers temps pédagogique de l'enseignement primaire. À l'heure où s'installent les étrangers arrivés pendant la décennie précédente, les pouvoirs publics espèrent favoriser par ce biais l'insertion de leurs enfants, francophones ou non, car ces classes concernent tous les élèves. Le maintien des liens avec le milieu d'origine, la valorisation de la culture des pères dans un milieu hostile favorisera, pense-t-on, l'équilibre de l'enfant ; l'apprentissage rigoureux de la langue d'origine aidera à la maîtrise du français, deux critères décisifs pour la réussite future.

Mais cette bonne volonté, non dénuée d'arrière-pensées, sera vite contrariée. Problèmes matériels : les moyens mis en œuvre ne sont jamais à la hauteur des ambitions. Problème pédagogique : les maîtres étrangers restent fidèles à des principes d'éducation rigides, voire rétrogrades, qui rebutent les élèves et heurtent leurs collègues français. Problème éthique : envoyés par des gouvernements étrangers, les enseignants sont, comme dans les années 30 et non sans raison parfois, suspectés d'être les propagandistes, politiques ou religieux, du pays d'origine. Problème linguistique enfin : les familles parlent, à la maison, un langage populaire, appauvri par le manque d'instruction, déjà déformé par l'émigration. Or, les maîtres enseignent un langage académique.

Contre les ambitions initiales, la révélation de cet écart culturel renforce, chez certains enfants, un sentiment d'humiliation et d'infériorité. Second effet pervers : cet enseignement qui devait aider à la réussite se révèle en fait complexe à assimiler et ajoute une difficulté à un cursus scolaire déjà lourd. Le maintien des liens avec la culture d'origine, l'influence des maîtres entretiennent enfin l'idée de retour et désignent les jeunes étrangers comme différents, autant de freins à leur rapide intégration. Les premiers concernés ne s'y sont pas trompés. Moins de 20 % des élèves potentiels fréquentent ces enseignements dans le primaire. Au lycée, 6,7 % des élèves maghrébins étudient l'arabe et 15,94 % des jeunes Portugais étudient leur langue d'origine.

La leçon portera ses fruits : dès 1981, les Zones d'éducation prioritaire (Z.E.P.) abandonnent une politique fondée sur les seuls critères culturels. L'ambition est cette fois sociale : corriger les inégalités sociales par le renforcement sélectif de l'action éducative. Le champ d'intervention l'est également : les Z.E.P. sont créées dans les zones et les milieux sociaux où le taux d'échec scolaire est le plus élevé. Les hommes qui interviennent, enfin, ne sont plus issus d'une autre culture mais les partenaires du quotidien français : collectivités locales, entreprises, policiers, travailleurs sociaux, etc. En théorie, le renversement d'optique est évident ; en pratique, la révolution sera compromise dès les premiers jours. La première circulaire, en juillet 1981, fixe en effet parmi les critères de sélection d'une Z.E.P. un quota de 30 % d'élèves étrangers. Les textes suivants auront beau rappeler qu'il ne s'agit que d'un critère, les rigidités et les *a priori* l'emportent.

En 1984, les 383 Z.E.P. qui existent sont toutes des zones à forte présence étrangère. Enfants de l'immigration et échec scolaire continuent donc d'avoir destin lié, même si un premier pas a été franchi : l'école et la société d'accueil ont cette fois admis leur part de responsabilité. Après la mise en sommeil des Z.E.P. en 1985, il faudra attendre plusieurs années avant de voir s'ébaucher d'autres mesures. Mesures toujours marquées par l'hésitation entre culturel et social : l'enseignement des langues et cultures d'origine est maintenu ; le tutorat et le soutien scolaire sont développés pour tous les enfants en difficulté, français et étrangers.

Diversité des moyens, diversité des élèves. Ici moins qu'ailleurs les "immigrés" ne forment une communauté homogène. Certains sont nés à l'étranger, d'autres sont nés en France et les derniers sont Français de naissance. Les uns viennent de pays francophones ; les autres ignorent tout de cette langue et de la culture du pays d'accueil. Les uns viennent de milieux cultivés, sinon privilégiés, en particulier les enfants de réfugiés ; les autres sont issus des classes les plus défavorisées. Dernière ligne de partage, et la plus radicale dans l'immigration méditerranéenne : le sexe. Les garçons, habitués à régner sans effort dans la sphère familiale et privée, sont souvent incapables de surmonter les difficultés scolaires quand elles se présentent. Comme ils ont intériorisé l'échec des pères, ils accusent la fatalité, le racisme et rejettent leurs propres responsabilités : à défaut d'être une ambition, les avantages domestiques leur servent de compensation.

Les filles, en revanche, ne trouvent à domicile nul alibi ou compensation face à l'échec. Au contraire : surveillées par les pères et les frères, privées d'égalité au foyer, elles mettent tout en œuvre pour la conquérir à l'extérieur. Conscientes des faiblesses du cursus réservé aux étrangers, elles ont assimilé les mécanismes de sélection de l'école française. Dès que possible, elles abandonnent les langues et cultures d'origine, pour investir les filières nobles (latin, allemand). L'école est donc le premier lieu de leur émancipation. C'est ici qu'elles rompent avec une appartenance culturelle, voire ethnique, pour s'engager dans un projet d'avenir individuel. Leur réussite et celle des garçons, moins rare qu'on ne le dit, en témoignent : de toutes les institutions (Églises, partis politiques, syndicats) qui contribuaient dans les années 30 à l'assimilation des étrangers, l'école est sans doute celle qui a le moins failli, sinon le mieux réussi.

C'est encore trop peu pour assurer une vraie réussite. L'école n'a pas trouvé les moyens de répondre aux enjeux de la scolarisation de masse : les étrangers, issus de milieux ouvriers, cumulant handicaps sociaux et culturels, en sont les premières victimes. L'école, par ailleurs, n'a pas toujours utilisé les moyens adaptés aux besoins réels des enfants de l'immigration : le maintien des liens avec la culture d'origine pose autant de problèmes qu'il n'en résout. Mais pour ceux qui refusent l'intégration, c'est déjà trop. Côté français, la droite extrême refuse, à l'école et ailleurs, l'égalité entre nationaux et étrangers. Elle revendique donc des cursus séparés, au nom, dit-elle, du respect des cultures, et réclame que soit limité l'accès des étrangers à l'école publique. Côté immigrés, des parents, des frères parfois, s'inquiètent de voir leurs filles, leurs sœurs devenir si vite françaises. Les adolescentes se rebellent, négocient ou se soumettent de gré ou de force, en silence ou avec éclat : diversité des destins individuels. Mais que neuf d'entre elles affichent leur choix du moment en portant, têtues, le foulard islamique en classe, et le pays tout entier se déchire.

Dans cet émoi, le réflexe vexé sans doute d'une culture délaissée : comme dans les années 30, la France admet mal que ne soit pas reconnue l'absolue supériorité de son génie. Mais il y eut, plus sérieusement, une prise de conscience : à force de ne rien faire en matière d'immigration, on laissait à l'école le soin de régler seule des problèmes qui interpellaient la collectivité tout entière. Comment concilier islam et laïcité ? Tolérance et égalité ? Fallait-il admettre les différences de statut (dispenses de certains cours, tenue vestimentaire) pour ne point heurter les consciences et provoquer le repli ? Ou les refuser au nom de l'égalité ? L'égalité était-elle une égalité de structures ou une égalité des chances qui admettait, elle, des aménagements quotidiens, afin de garantir l'insertion à long terme ? Partout, l'école des années 30 aurait répondu "assimilation". La question n'aurait d'ailleurs jamais été posée, tant l'institution scolaire et la France étaient sûres de leur pouvoir d'attraction.

Un demi-siècle plus tard, l'une et l'autre ont perdu bien de leur superbe. Entre les principes d'égalité et de tolérance, l'école hésite, se déchire, et cherche un équilibre. Mais jamais elle n'a été tentée de résoudre la contradiction en reniant l'un ou l'autre, l'égalité ou la tolérance. En essayant tant bien que mal de réussir entre ses murs, contre les discours misérabilistes ou fatalistes, les enfants de l'immigration rendent une sorte d'hommage à cette fidélité.

Espagnols

L'immigration espagnole ne naît pas avec le second XX⁰ siècle, entre la défaite des Républicains et les années de croissance. Dès l'Ancien Régime, en effet, des artisans, des marchands, venus de l'autre côté des Pyrénées, s'installent en France. Rapidement intégrés, jouissant de privilèges et de titres honorifiques, ils sont à l'avant-garde d'un flux migratoire qui traversera deux siècles, soumis aux aléas économiques et politiques, mais jamais tari.

En soixante ans, de 1851 à 1911, le nombre d'Espagnols vivant en France triple, et, à la veille de la Première Guerre mondiale, ils sont déjà 105 000, soit 9 % de la communauté étrangère. Manœuvres, terrassiers, ouvriers agricoles, tous sont misérables. Ils viennent souvent à pied, par les deux extrémités des Pyrénées, et s'arrêtent dès qu'ils trouvent un emploi. Presque tous restent donc dans le Sud-Ouest, à l'exception de quelques pionniers qui remontent vers Bordeaux, Marseille, voire la région parisienne pour les plus aventureux. Pendant la Première Guerre mondiale, les pouvoirs publics essaient d'organiser cette immigration spontanée, en recrutant des ouvriers pour l'industrie de guerre. Comme l'Espagne est neutre, la France ne peut y envoyer de mission officielle. Elle installera à la frontière des postes de recrutement, offrant aux candidats qui se présentent des contrats de manœuvres de trois à six mois.

Cette immigration de la pauvreté se poursuit dans l'entre-deux-guerres, car l'Espagne ne parvient pas à surmonter ses handicaps qui alimentent l'exil. Le pays est sous-peuplé, incapable de mettre en valeur ses richesses industrielles et agricoles, incapable d'employer toute sa main-d'œuvre, même réduite. Des régions entières sont alors en friche, mal exploitées par les grands propriétaires, victimes des conditions climatiques que personne ne sait maîtriser. La misère est extrême. 400 000 mendiants sont recensés en 1913 ; le pays compte deux tiers d'illettrés ; la vie chère grève des salaires dérisoires et la natalité, trop forte, ruine tout espoir de développement.

Aux plus courageux, aux plus jeunes, l'émigration apparaît comme la seule issue possible. Mais le gouvernement espagnol interdit le recrutement organisé, et les entreprises françaises doivent mettre sur pied leurs propres filières. Elles se révéleront efficaces : en 1926, 322 000 Espagnols vivent en France. Les trois quarts se sont installés en Languedoc et en Aquitaine ; les autres ont rejoint la région parisienne, Lyon ou le Nord. L'agriculture accueille près d'un Espagnol sur deux, sans compter les 15 000 saisonniers (dont 13 % d'enfants) qui viennent pour les vendanges. Dans l'industrie, les Espagnols occupent surtout des emplois de manœuvres, dans les secteurs les plus durs (terrassement, mines, chimie, céramique, etc.). Restent ceux qui sont employés dans le tertiaire, les femmes comme domestiques, les hommes dans le commerce ou l'hôtellerie.

Avec l'agriculture, ce secteur fournit une élite de 25 000 petits patrons, mais l'immigration espagnole demeure, dans son immense majorité, une des plus pauvres, illettrée, vivant dans des conditions d'hygiène et de logement déplorables. L'opinion française s'en inquiète, mais elle reconnaît aux Espagnols des qualités : on les dit sobres, dociles et bien intégrés, surtout ceux du Sud-Ouest. Le nombre important de femmes (43 % de l'immigration) n'est sans doute pas étranger à cette cohabitation tranquille, qui survit même aux années de crise. Mais l'équilibre, épargné par l'économie, sera finalement brisé par le politique.

Dès l'été 1936 – 254 000 Espagnols vivent en France –, les premiers réfugiés qui fuient la guerre civile arrivent de ce côté des Pyrénées. Le Front populaire adopte à leur égard une attitude ambiguë. Il dépêche des navires pour en recueillir certains, il garantit à tous l'anonymat pour les protéger de la revanche franquiste, mais il essaie par tous les moyens, de limiter le nombre d'entrées et procède assez vite au rapatriement de ceux qui ne sont pas directement menacés. Il est vrai que l'opinion, d'abord sensible à leur détresse et à l'injustice de leur sort, va petit à petit devenir plus indifférente, voire hostile, car elle redoute la ruée qui suivra l'ultime défaite républicaine. L'inquiétude est fondée, à défaut d'être charitable. En un mois, de la fin janvier 1939 à la fin février, 350 000 Espagnols, dont 209 000 miliciens, franchissent les Pyrénées dans des conditions atroces et, avant la fin avril, 100 000 compatriotes les rejoignent encore.

Dans la tourmente, le gouvernement français essaie de freiner les arrivées, puis il cédera devant le nombre. Mais les réfugiés paieront cher cet asile accordé à contrecœur. Les miliciens sont enfermés dans de véritables camps de concentration, installés à la hâte dans le Sud-Ouest et privés des droits élémentaires. La guerre les trouvera là. Dans la tourmente, certains repartent en Espagne. Les autres s'engagent dans la Résistance, aux côtés des Français ou dans leurs propres bataillons. Pendant ce temps, les premiers venus achèvent leur intégration. Les naturalisations sont nombreuses ; la seconde génération naît française. Finalement, en 1946, on compte 302 000 Espagnols, moins qu'en 1931. De ces dix années, la communauté sort renouvelée, transformée, après avoir définitivement intégré l'immense cohorte des réfugiés de 1939.

Jusqu'au milieu des années 50, les effectifs vont stagner, car le gouvernement espagnol interdit l'émigration. Puis, en 1953, les portes s'ouvrent à nouveau pour les saisonniers qui sont autorisés à venir travailler en France. Trois ans plus tard, Madrid crée l'Institut espagnol de l'émigration et signe avec la France un accord bilatéral. Cette année-là, en 1956, les Espagnols représentent 14 % du total des travailleurs introduits par l'Office national d'immigration, l'O.N.I. ; deux ans plus tard, ils sont 28 % ; 43 % en 1960, année où ils dépassent pour la première fois les Italiens ; 61 % enfin, en 1961, quand l'accord bilatéral est renouvelé. En 1962, on recense déjà 441 658 Espagnols auxquels s'ajoutent les saisonniers, presque tous Espagnols et bientôt les familles : les Espagnols représentaient 54 % des entrées effectuées au titre du regroupement familial de 1962 à 1965.

Ces immigrés de la croissance viennent en majorité d'Andalousie, du Levant, de Galice et d'Estrémadure. Ils fuient une Espagne trop pauvre, sous-développée, largement analphabète. La guerre d'Espagne est loin. À l'exception de quelques militants qui passent clandestinement la frontière et d'une apparition timide des Commissions ouvrières en mai 1968, la politique n'intéresse pas. L'immense majorité des Espagnols essaie surtout de survivre au milieu des bidonvilles, confinée dans les emplois les plus durs, abandonnée par les partis de gauche et les syndicats. La mission espagnole de l'Église catholique est presque seule à lui apporter un soutien matériel et moral, pour l'aider à s'intégrer.

Néanmoins, si les premiers temps sont durs, si les Espagnols subissent en ces années de croissance la loi du dernier arrivé, l'amélioration viendra très vite. À la différence des Maghrébins et des Portugais, les Espagnols peuvent en effet compter sur leurs compatriotes, arrivés avant guerre. Second avantage : ils restent toujours dans le Sud-Ouest et les régions frontalières, ce qui facilite les contacts avec les populations locales et leur adaptation. Il s'agit enfin d'une immigration familiale, avec un nombre élevé de femmes (47,3 %), mieux accueillies que les célibataires.

Quand la crise arrive, au milieu des années 70, les Espagnols sont déjà bien intégrés, ayant gravi plusieurs échelons de l'échelle sociale. Leur habitat se rapproche de l'habitat ouvrier français, les modes de vie se sont adaptés et, dans l'ensemble, la communauté est épargnée par la xénophobie. La "question immigrée" ne les concerne donc pas et pourtant, ce sont eux qui partiront. En Espagne, la démocratie succède à Franco ; en France, les décrets Stoléru leur fournissent les moyens matériels du retour. De 1975 à 1982, les effectifs baissent ainsi de 37 % dans l'ensemble de la communauté, de 60 % pour les adultes de 25 à 45 ans. Comme la seconde génération est devenue française, l'immigration espagnole, forte de 327 156 personnes, présente aujourd'hui, à l'instar des Italiens, le profil d'un population vieillie, avec moins de jeunes et plus de personnes âgées que dans la population française.

À l'heure où l'Espagne rejoint le Marché commun, l'intégration de l'immigration paraît désormais achevée, intégration silencieuse qui a vaincu les soubresauts du siècle, en leur opposant la solidarité entre générations et la cohésion géographique. Reste le problème basque. En dépit des apparences, il s'inscrit dans la logique d'une intégration tranquille. Le "sanctuaire" français s'explique par la proximité culturelle et géographique des deux provinces basques : à travers les siècles, l'immigration espagnole tout entière a joué de cette parenté pour s'installer sans trop de heurts de ce côté des Pyrénées.

Expulsions

L'immigration repose en France sur un postulat non écrit : l'étranger est un hôte mis en résidence surveillée. La bienséance lui impose dans ce cas le devoir de réserve et une conduite irréprochable. S'il rompt ce pacte et "trouble l'ordre public", la France se réserve le droit de l'expulser pour avoir manqué à ses obligations. Et si, en période de crise, elle juge sa maison trop pleine, les étrangers devront également partir, expulsés, refoulés ou rapatriés, selon leur situation personnelle et les choix politiques du moment.

Les étrangers reconduits à la frontière ne sont, en effet, pas tous expulsés. Le refoulement sanctionne les situations irrégulières ; le rapatriement, en général volontaire, sert à réguler le marché de la main-d'œuvre ; l'extradition répond à la demande formulée par un gouvernement étranger, pour un délit commis hors de France. L'expulsion *stricto sensu* s'applique à deux situations très précises : une décision judiciaire après une condamnation de droit commun ou une décision administrative, prise contre qui trouble l'ordre public. Mais l'opinion publique est rarement sensible à ces différentes définitions. Qu'ils partent, s'ils enfreignent la loi ou menacent l'ordre, voilà ce qu'elle retient. Chacun, dit-on, est maître chez soi.

Les politiques résisteront rarement à cette *vox populi,* sans doute parce qu'ils sont eux-mêmes convaincus : dans l'entre-deux-guerres, la courbe des départs, volontaires ou forcés, épouse exactement celle de la conjoncture économique et politique. En 1919, inquiet devant la brève récession que subit l'économie en période de reconversion, le gouvernement Clemenceau impose des quotas d'immatriculation et les étrangers qui en sont exclus se retrouvent sous la menace d'une explusion. Lors de la crise de 1926-1927, les pouvoirs publics utiliseront plutôt le rapatriement volontaire, encourageant, au moyen d'incitations financières, le départ des chômeurs étrangers.

Il y aura ainsi, en 1927, près de 90 000 départs, mais globalement, les décisions gouvernementales sont sans grand effet. L'argent et le personnel manquent. Le patronat, de son côté, fait pression pour que tous les étrangers restent en France, craignant à court terme une hausse des salaires s'il faut employer les seuls nationaux et, à long terme, une pénurie de main-d'œuvre lors de la reprise. L'heure n'est pas, de toute façon, encore à la xénophobie, témoin la loi du 11 mars 1927 qui réglemente l'extradition. Par ce texte, la France dit clairement sa volonté de protéger les réfugiés qui fuient les régimes fascistes ou autoritaires : l'extradition est impossible pour un mobile politique, ou pour un délit qui ne relèverait ici ni des assises, ni des tribunaux correctionnels.

Il reste néanmoins l'obsession de l'ordre public, le refus de voir les étrangers s'engager en politique ou de simplement faire valoir leurs droits. La suspicion est partout. La France craint l'agitation, les troubles, l'espionnage. Pour une grève, un défilé, les sanctions tombent. De 1920 à 1933, près de 100 000 arrêtés d'expulsion sont prononcés : 566 par mois. La décision, purement administrative, prive les étrangers d'une défense et d'un éventuel recours. Sans remettre en cause le bien-fondé de ces expulsions et refoulements, la Ligue des Droits de l'homme, l'ensemble des forces de gauche et l'Église mènent campagne contre des pratiques jugées hors la loi. Par leurs interventions, ils éviteront de nombreux drames humains.

Mais la relative clémence des années 20 a des ressorts plus prosaïques. La France craint des complications diplomatiques, des représailles contre ses ressortissants vivant à l'étranger et les moyens lui manquent de toute façon pour faire exécuter les décisions. Dès les prémisses de la crise, en revanche, ces arguments ne pèsent plus rien. En 1932, grâce à une meilleure organisation des rapatriements, il y a 108 000 départs, clandestins exclus. Mais l'opinion, la classe politique réclament toujours plus de sévérité. Cette même année, les étrangers dont la carte d'identité a été délivrée, "sans les indispensables garanties" tombent sous le coup d'une expulsion.

À partir de 1934, ceux qui ont passé outre la sanction, préférant la clandestinité au départ, deviennent passibles de un à cinq ans de prison. Plus grave : les étrangers installés depuis moins de deux ans avec une carte à durée réduite ne peuvent la faire renouveler ; les autres ont droit à un renouvellement de onze mois maximum. Aucune exception n'est prévue, ni les parents d'enfants français, ni les étrangers installés de très longue date ni les réfugiés politiques. Or, l'année suivante, ce non-renouvellement de la carte d'identité entraînera l'expulsion, sans appel. Il y aura cette année-là, en 1935, plus de départs que d'arrivées, et autant de drames humains qui touchent surtout Polonais et Italiens.

Le Front populaire sera un peu plus indulgent. Les rapatriements économiques sont à nouveau volontaires, la carte d'identité est renouvelée sauf raisons graves et, à la fin de 1937, 6 000 étrangers en instance d'expulsion bénéficient d'un sursis. Mais dès 1938, avec les décrets Daladier, l'expulsion redevient la seule règle en matière de politique migratoire, menace brandie contre tous les étrangers, coupables simplement d'être là puisque l'on peut être expulsé avec des papiers en règle et sans avoir commis de délit.

Pour éviter le retour d'une politique menée ainsi hors le droit et sans le moindre respect pour des vies entamées, installées en France, l'ordonnance de 1945 interdira le retrait discrétionnaire d'un titre de séjour, à l'exception des cartes temporaires. L'expulsion redevient donc une simple protection de l'ordre public et les gouvernements de la IVe République s'en tiendront à cette définition. Mais tout change, à nouveau, dans le grand afflux des années 60. La cohérence des institutions mises en place à la Libération disparaît, balayée par une croissance anarchique où ne joue plus aucun garde-fou. Le gouvernement essaie d'endiguer les entrées en refusant les régularisations systématiques. La notion de "clandestin" retrouve un sens et les étrangers qui sont venus illégalement sont à nouveau menacés d'expulsion. S'y ajoutent, au lendemain de mai 1968, des expulsions – sanctions contre les travailleurs immigrés qui s'étaient engagés dans les grèves à visage découvert.

Nouvelle étape en 1976, avec la crise économique : la carte de résident peut désormais être retirée si son titulaire se trouve, de son fait, privé d'emploi et sans ressources régulières depuis plus de six mois. Mais, comme dans l'entre-deux-guerres, les expulsions ne font pas forcément les départs : de nombreux condamnés préfèrent rester en France, dans la clandestinité. Pour les obliger à partir, une circulaire de 1977 autorise la détention administrative des étrangers en instance d'expulsion, pendant sept jours au maximum. Réforme de courte durée, annulée par le Conseil d'État, mais le principe n'est pas abandonné : en 1980, le Parlement légalise la garde à vue, pendant quarante-huit heures, des étrangers auxquels on a refusé l'entrée sur le territoire, et qui ne peuvent immédiatement obtempérer.

Un an plus tard, la loi "Sécurité et liberté" étendra ce pouvoir aux expulsés, la détention pouvant être prolongée au-delà des quarante-huit heures, après intervention d'un magistrat. Dans le même temps, les motifs d'expulsion se multiplient, puisque la loi Bonnet ajoute aux nécessités de l'ordre public, la contrefaçon des titres de séjour, l'entrée irrégulière sur le territoire et le maintien en France en dépit d'un refus de séjour. Les partis de gauche, les syndicats, les Églises protestent et s'inquiètent car la seule notion d'ordre public avait conduit à expulser environ 5 000 personnes par an, parfois pour un simple vol sans violence. L'opinion, en revanche, approuve ces méthodes expéditives, pourvu qu'elles améliorent la sécurité, même s'il faut lui sacrifier l'état de droit et provoquer des drames humains.

En 1981, dès son arrivée au pouvoir, le gouvernement socialiste reste ferme sur ses principes. Les arrêtés d'expulsion visant les étrangers nés en France, ceux qui y sont entrés avant l'âge de dix ans, ceux qui y vivent depuis plus de vingt ans, sont tous rapportés et désormais interdits. Pour les autres étrangers, la notion d'ordre public est strictement limitée : trafic de drogue, proxénétisme, viol, vol qualifié, coups et blessures, l'usage de stupéfiant et le vol sans violence étant explicitement exclus. Les étrangers en situation irrégulière ne peuvent plus, par ailleurs, être expulsés par l'autorité administrative, sans délai ni recours. Désormais, le judiciaire est seul compétent pour constater l'irrégularité ; les préfets sont priés de tenir compte de la situation personnelle et de la durée du séjour en France ; la détention administrative est supprimée.

L'ensemble de ces mesures réintègrent la communauté immigrée dans l'état de droit, non sans bouleversements. À l'extérieur des frontières, ces réformes sont parfois perçues comme un encouragement à venir en France. Aux frontières, les flux migratoires gonflent : l'administration essaie de les contenir, l'opinion s'inquiète et la droite renchérit. Finalement, les pouvoirs publics se soumettent à la *vox populi.* Les possibilités d'expulsion redeviennent plus nombreuses et mieux respectées, grâce à une surveillance accrue. Entre les principes, la pression des flux migratoires et l'hostilité de l'opinion, la gauche traduit son embarras.

La droite parlementaire n'aura pas ces états d'âme. Dès septembre 1986, à peine revenue au pouvoir, elle supprime l'essentiel des nouveautés introduites par la précédente majorité. Les catégories d'étrangers non expulsables sont réduites : parents d'enfants français, conjoints de Français s'ils sont mariés depuis plus d'un an et les mineurs, si ceux qui subviennent à leurs besoins ne sont pas expulsés. Le cas échéant, les mineurs devraient les accompagner et partir. Le judiciaire est, par ailleurs, dessaisi, au profit de l'administration ; l'avis consultatif de la Commission départementale des expulsions est supprimé ; les recours sont impossibles. En matière d'ordre public, la "menace grave" devient simple menace et le délai de convocation est ramené de quinze à huit jours.

La "loi Pasqua" promulguée le 9 septembre 1986, les actes suivent très vite. Au cours du mois d'octobre 1986, on compte 1 700 expulsions et bientôt, 101 Maliens embarqués presque de force, sans même respecter les dispositions de la nouvelle loi, vont devenir l'encombrant symbole de ce tribut payé à la xénophobie, sous couvert de réforme juridique. Le Front national exulte, l'opposition de gauche condamne, soutenue par les Églises, les syndicats et de nombreux pays africains. Devant le tollé, le gouvernement de Jacques Chirac abandonne les expulsions "à grand spectacle", mais ne change rien à sa politique. Les refus d'entrée sur le territoire français passent de 51 436 en 1986 à 71 063 en 1987 ; les expulsions liées à l'ordre public de 443 en 1982 à 1 746 en 1987, dont 25 % prises en vertu de "l'urgence absolue", c'est-à-dire sans la moindre garantie de procédure. Les reconductions à la frontière pour situation irrégulière, enfin, augmentent de 28 % (12 364 en 1986, 15 837 en 1987).

Mais près de la moitié ne sont pas exécutées. L'administration manque de moyens, certains pays d'accueil refusent les expulsés et nombre d'étrangers sans papiers sont en attente : vers quel pays les renvoyer ? Même privée de sanction, la menace de l'expulsion demeure. Elle pèse sur tous les clandestins, tous les délinquants, aussi minime soit le délit, un vol simple par exemple. Elle pèse également quels que soient la situation personnelle du condamné, son itinéraire, ses racines.

En mai 1988, avec l'alternance politique, l'immigration connaît une fois de plus l'alternance juridique. Les socialistes reviennent, pour l'essentiel, aux dispositions antérieures à 1986. Les mineurs sont donc, à nouveau, considérés sans exception comme catégorie inexpulsable. L'expulsion liée à l'ordre public ne concerne que les menaces graves. Le délai de convocation repasse de huit à quinze jours et les étrangers qui tombent sous le coup d'une expulsion peuvent à nouveau déposer un recours.

Au rythme des élections, se succèdent ainsi, à travers la législation sur les expulsions, deux conceptions de la loi. À gauche, la volonté de protéger le plus grand nombre, quitte à punir, *a posteriori,* les "brebis égarées". À droite, la volonté de punir tous les coupables, quitte à déstabiliser des innocents. Mais dans les deux cas, l'immigration est réduite à une affaire de police. À force de se déchirer ainsi sur une ligne de partage – qui reste et qui doit partir – la classe politique a peut-être oublié l'essentiel : définir ce que peut et doit être la vie des étrangers autorisés à séjourner sur le sol français.

Fontanet (circulaires)

Les "circulaires Fontanet", du nom du ministre de la Justice, sont signées au début de l'année 1972, avec un objectif clairement exprimé : protéger le marché national de l'emploi, en limitant la présence de travailleurs étrangers. À la veille de la crise, elles sont donc un premier coup d'arrêt porté à la croissance très rapide de l'immigration depuis une décennie, et les prémisses d'une politique malthusienne qui deviendra ensuite la règle en matière d'emploi.

À court terme néanmoins, les 3 millions d'étrangers qui vivent en France ne sont pas directement menacés. Le marché national à protéger inclut, en effet, les ressortissants des pays membres de la C.E.E. et les travailleurs étrangers déjà installés, en situation régulière. À moyen terme, en revanche, il s'agit bien de réduire la population active immigrée, en intervenant directement sur le marché du travail pour le réorienter en faveur des nationaux.

Désormais, sauf dérogation exceptionnelle, les régularisations sont interdites pour les emplois de manœuvres ou d'ouvriers spécialisés, même en l'absence de main-d'œuvre disponible. Or, à cette date, 80 % des immigrés viennent clandestinement et se font régulariser une fois en France. Seconde limite apportée par les circulaires : le contrat d'embauche vaut désormais carte de travail et l'employeur doit lui annexer une attestation logement. C'est accentuer la dépendance du travailleur étranger vis-à-vis de son entreprise, et surtout, freiner les entrées : le marché du logement est plus saturé encore que le marché du travail.

Si le travail dépend ainsi du logement, le séjour dépend du travail : les deux titres – séjour et travail – doivent en effet partir de la même date et avoir même durée. Condition souvent insurmontable, qui conduit à de très vives réactions dans le monde syndical et la communauté étrangère. Le travailleur immigré sans emploi au moment de l'expiration de sa carte de travail se retrouve, en effet, acculé au départ ou à la clandestinité, par le biais des circulaires. Sans emploi, sa carte de travail n'est pas renouvelée ; sans carte de travail, il ne peut ni retrouver un emploi, ni prétendre aux indemnités chômage.

Devant le tollé suscité par la réforme, des assouplissements successifs permettront, en 1973 et 1975, la délivrance de permis temporaires de trois mois, renouvelés automatiquement, pour les étrangers au chômage. La portée des circulaires Fontanet se trouve alors considérablement réduite : en 1976, le Conseil d'État la réduit à néant. Il supprime en effet l'attestation logement, parce qu'elle modifiait par circulaire, et non par une loi, l'ordonnance de 1945. De plus, il autorise à nouveau l'examen des demandes de régularisation car il n'existait aucune condition expresse pour l'interdire.

Francisation des noms

En vertu d'une loi de germinal an XI, le nom patronymique ne pouvait, en France, être changé sauf exception. Les naturalisés faisaient partie de ces privilégiés, mais la procédure était si longue, si coûteuse, que la plupart y renonçaient. Or, peut-on être pleinement français avec un nom étranger, difficile à écrire et à prononcer par les nationaux ?

Les partisans de l'assimilation répondent par la négative, et ils vont se battre dans l'entre-deux-guerres pour obtenir une modification de la loi. C'est, à leurs yeux, un impératif administratif, tant les actes officiels regorgent d'erreurs de transcription. Mais c'est surtout une étape décisive de l'intégration. Tant que le nom est étranger, celui qui le porte est marqué aux yeux de ses compatriotes, même s'il est naturalisé, même s'il est français depuis plusieurs générations, le patronyme pouvant venir d'un lointain aïeul.

Mais la droite, qui dénonce les "naturalisations de papier", refuse de céder. Le patronyme français ne peut être galvaudé, donné à des inconnus. Certains, perfides, s'interrogent : pourquoi vouloir dissimuler des origines étrangères ? Quels délits, quel passé, les naturalisés veulent-ils faire oublier ? Toutes les objections contre la francisation des noms ne sont néanmoins pas dictées par la xénophobie. Faut-il, demandent certains, traduire fidèlement, au risque du ridicule, les noms étrangers ? Et comment définir une "consonnance française" ? Un patronyme corse risquait de faire passer celui qui le porte pour moins français qu'un naturalisé. Quels que soient les arguments avancés, les conservateurs obtiendront longtemps gain de cause, mais finalement, en 1945, les partisans de l'ouverture imposent leurs vues.

Le nouveau code de la nationalité, complété par plusieurs circulaires, permet aux étrangers en instance de naturalisation de franciser leur nom par une procédure simplifiée. Il s'ensuit de nombreux débats, parfois cocasses, sur la meilleure manière d'adapter un nom polonais mais le principe est désormais acquis. Paradoxe des lois : rien ne sera fait, en revanche, pour ceux qui étaient déjà naturalisés. Français depuis parfois plusieurs générations, ils demeurent, eux, marqués par leurs origines étrangères, quand les derniers venus peuvent y échapper.

Front national

Vingt ans après, et la poignée de dirigeants venus d'Ordre nouveau pour fonder le Front national, sous la bannière de Jean-Marie Le Pen s'est imposée comme un acteur incontournable de la vie politique française. Pêle-mêle, les néofascistes, les vieux monarchistes, les catholiques intégristes, les anciens de Vichy et leurs cadets de l'Organisation de l'armée secrète (O.A.S.) ont fourni les premiers bataillons de militants et l'essentiel d'un programme qui n'a guère varié depuis 1972.

Mais au départ, d'audience et d'élus, point. L'extrême droite est absente des élections présidentielles de 1981, Jean-Marie Le Pen n'ayant pu réunir les 500 signatures nécessaires au parrainage de sa candidature. Arrive la "divine surprise" de mai 1981 : la droite se radicalise, la crise dure, dans l'opinion, les interdits reculent. En 1983, à Dreux, le suffrage universel donne au Front national sa première consécration, ses premiers élus. Le cercle ne cessera de s'agrandir, au fil des ans, des scrutins et des complaisances.

Victoire de la France seule contre l'étranger ? Jean-Marie Le Pen le dit et recrute en jouant du bouc émissaire. Mais la question immigrée est au Front national un peu comme la face cachée de l'iceberg. Elle lui a donné une image, des slogans, une bonne partie de son élan, mais elle n'est qu'un aspect d'une théorie plus générale. Au centre de son projet, l'État national, destiné à sauver la patrie en danger, en restaurant l'ordre naturel. « S'il y a dans l'être humain une aspiration à l'harmonie, elle doit être codifiée, guidée, grâce à l'autorité de l'État national ... Entre le bien et le mal, le pouvoir ne peut pas rester neutre [1]. »

La véritable ambition du Front national va donc bien au-delà des expulsions ou du code de la nationalité. Il s'agit d'une éthique d'État à vocation totalitaire, puisqu'elle prétend imposer sa définition du bien et du mal en tous domaines, vies privées et publiques confondues : « Le comportement de l'élite doit déterminer celui de la nation [2]. » Concrètement, cela signifie une réforme institutionnelle pour instaurer un véritable régime présidentiel. Le chef est en dernier ressort le seul garant de l'ordre nouveau. Les corps intermédiaires sont donc écartés, au profit de l'appel au peuple. Dans l'ordre des réformes, on promet un élargissement du référendum aux questions de société et la création d'un référendum d'initiative populaire. Dans l'ordre de la démagogie, on promet la suppression en cinq ans de l'impôt sur le revenu.

Mais la toute-puissance de l'État national, c'est également limiter le droit de grève, contrôler la justice, imposer le dépistage systématique du S.I.D.A et s'octroyer, en général, un droit d'intervention dans tous les espaces de la société civile. Cela n'a qu'un but : conjurer la décadence nationale. Ensuite, il faudra s'attaquer aux ennemis du pays. Les délinquants seront donc sévèrement châtiés, les peines incompressibles, la peine de mort rétablie. La justice, la police seront mobilisées, mais également l'armée, devenue une armée de métier. Pour Jean-Marie Le Pen, elle doit se tenir prête à sauver la nation en danger, y compris contre "l'ennemi intérieur". En 1973, il donnera ainsi son entier soutien au général Pinochet, avant de lancer ce sérieux avertissement à la gauche française : « Si, comme au Chili, elle apporte au pays la misère, la famine et la menace de terreur, alors les forces armées auraient non seulement le droit mais le devoir de rétablir un ordre salvateur [3]. »

L'armée restera muette quand les socialistes arriveront au pouvoir et le Front national ne pourra mettre ses menaces à exécution. Mais contre les "rouges", contre les francs-maçons également, le parti de Jean-Marie Le Pen n'a pas renoncé. Son silence relatif est affaire d'efficacité. L'anti-communisme ne porte plus, mieux vaut choisir un autre bouc émissaire : "l'immigré" jouera ce rôle. Dans le bréviaire de Jean-Marie Le Pen, il résume toutes les menaces qui pèsent sur "l'État national". Il symbolise celui qui empêche, à l'intérieur, l'instauration de l'ordre nouveau. Il est celui qui vient, de l'extérieur, corrompre la patrie. Par sa présence, il est rendu responsable du chômage et des retards accumulés par l'économie nationale, car il est également mauvais ouvrier. Selon Jean-Marie Le Pen, il est évidemment délinquant et, pêle-mêle, responsable du S.I.D.A., des difficultés rencontrées par le système scolaire ou la protection sociale. Il est

enfin, au-delà des actes, responsable d'être là, simplement, e,
menacer l'identité nationale par sa seule présence.

Querelle de chiffres : selon la comptabilité du Front national, ils
étaient près de 6 millions fin 1984. Aux chiffres du ministère de
l'Intérieur (4 685 715 étrangers), il ajoute un million de clandestins
qui échappent à toute évaluation, puisque « les contrôles d'identité
sont interdits et que des quartiers entiers de nos villes échappent à la
loi républicaine[4]. » Ceux que Jean-Marie Le Pen appelle les
"bi-nationaux", Français de droit à leur majorité, mais qui gardent la
nationalité de leur pays d'origine, sont également comptabilisés
comme étrangers, à moins qu'ils ne choisissent clairement la France.
D'évaluations en redéfinitions, les chiffres du Front national donnent
ainsi corps à la thèse de l'invasion et permettent de transformer la
xénophobie en réflexe de légitime défense. Avec 6, peut-être 7 et
demain 8 millions d'immigrés selon le Front national, « c'est l'existence même du peuple français qui est en cause. Il n'était pas
nécessaire de mobiliser la France contre l'Allemagne en 1914 et en
1940, si nous devons tolérer une invasion – provisoirement pacifique –
du territoire national[5]. »

L'envahisseur, c'est celui qui franchit la frontière, légalement ou
non. Ce sont les enfants trop nombreux qui menacent la France de
« submersion démographique ». Ce sont les immigrés qui préparent,
dans l'ombre, une prise de pouvoir. Dès 1973, Jean-Marie Le Pen
stigmatisait l'Association des Algériens de France, cette « ancienne
organisation terroriste du F.L.N. » et s'interrogeait : « Qui peut
affirmer que cette organisation ne mettrait pas en branle l'équivalent
de 50 divisions d'infanterie, actuellement stationnées sur notre sol en
cas d'incident ? » Dix ans plus tard, Jean-Marie Le Pen n'a rien renié.
Il s'insurge contre les gouvernements étrangers et leur mainmise sur
l'immigration ; il dénonce les associations « qui ont tendance à se
constituer en groupe de pression politique ».

Aux yeux du Front national, les étrangers sont donc une menace
multiforme : pression des clandestins et de la démographie ; déstabili-
sation de la nation par le refus d'intégration et les menées subversives.
La réplique, selon la logique du Front national, doit donc être à son
tour totale, sinon totalitaire. Partout, il faut instaurer la "préférence
nationale" pour sauver un Hexagone qui compte "moins de 50 millions d'habitants français" et décourager l'immigration. Aux Français,
l'amélioration des prestations sociales, le salaire maternel, la retraite
pour les mères de familles, la priorité pour les adoptions, la révision
du quotient familial. Aux immigrés, la suppression des allocations
familiales, la réduction des prestations sociales, la création de caisses

séparées puisqu'ils profiteraient, selon le Front national, des cotisations payées par les Français de souche.

Ce chapitre social illustre bien sa stratégie : partout, l'exclusion et, pour la justifier, des contre-vérités et des mensonges par omission. Ainsi, une fois majoré, sans l'ombre d'une preuve, le nombre de clandestins, intégrés femmes, enfants et chômeurs, on met en parallèle les ayants droit aux prestations sociales et les cotisants pour conclure à une communauté "d'assistés", comme si les cotisations des travailleurs français ne donnaient pas à ces derniers des droits équivalents. Le Front national passe par ailleurs sous silence les emplois à haut risque (20 % des accidents du travail) qui expliquent bien des hospitalisations. Il ne fait pas plus mention de l'assurance-vieillesse ; or les étrangers en profitent moins que les Français : ils sont plus jeunes et ils ne font pas tous valoir leurs droits, même s'ils ont régulièrement cotisé.

Les prestations sociales ne sont qu'un exemple. Toute la stratégie du Front national s'inspire en fait du principe d'exclusion de la communauté étrangère : priorité au licenciement et discrimination à l'embauche ; révision du droit d'asile, du code de la nationalité ; expulsion des chômeurs, des clandestins, des délinquants ; filières de retour pour les travailleurs, suppression du droit de vote dans les instances économiques et sociales. En fin de compte, il reste aux immigrés une seule alternative : « Devenir pleinement Français ou partir [7] », version édulcorée de : « Immigrés d'au-delà de la Méditerranée, retournez dans vos gourbis », propos lancé par Jean-Pierre Stirbois, un soir de 1982.

L'écart de langage n'est pas innocent : il fonde la stratégie du Front national, entre provocations et non-dit. Jean-Marie Le Pen a une ambition qui mérite d'être rappelée, car elle conditionne toute son attitude. Il réclame le pouvoir, sans restriction. Pour y parvenir, il doit se plier aux règles, aux usages et aux lois, y compris celles qui condamnent l'incitation à la haine raciale. Il doit également séduire une majorité de Français, donc certains modérés. Mais, dans le même temps, pour que son message soit entendu, pour toucher ce mélange d'irrationnel et de peur que chaque homme porte en lui, il lui faut aller au-delà de la civilisation, lever les interdits et les tabous. D'où cette alternance entre les formules chocs et l'insulte à mots couverts qui lui permettent d'être compris sans être puni ou trop effaroucher. C'est dans cette logique que s'inscrivent les "bons mots" du président du Front national comme « sidatorium » ou le tristement célèbre « Durafour crématoire ».

Racisme, antisémitisme ou national-socialisme : les références se succèdent, la méthode ne change pas. Si on l'accuse de connivence avec le nazisme, Jean-Marie Le Pen se pose en patriote insulté. Mais se jouer des mots en plastronnant : « Je suis la bête immonde qui monte[8] », qualifier le génocide de « point de détail », dénoncer « l'internationale juive », c'est être assurément peu farouche avec les références historiques et renouer avec les grands classiques d'une extrême droite en guerre contre "l'anti-France". Mais tout n'est pas passé. Le Front national fait également écho aux thèses récentes de la "nouvelle droite" et du club de l'Horloge, champions d'une exclusion scientifique, fondée sur l'inégalité des civilisations et l'impossible assimilation des cultures.

Alors, si Jean-Marie Le Pen n'est pas raciste, il faut admettre que sa conception de l'égalité ne va pas sans certaines nuances : « Je ne peux pas dire que les Bantous ont les mêmes aptitudes ethnologiques que les Californiens [...] Les citoyens sont égaux en droit, pas les hommes. Et d'un autre côté, s'il est exact que les hommes ont droit au même respect, il est évident qu'il existe des hiérarchies, des préférences, des affinités qui vont de soi[9]. »

Le ton est donné : un refus de l'égalité pour légitimer l'exclusion ; le bon sens pour convaincre. Le bon sens a plus d'un avantage. Il annihile tout sentiment de culpabilité ; il légitime le refus de l'alternance politique ; il lève le tabou du racisme et de l'antisémitisme, dédramatisés puisqu'il ne s'agit pas d'une théorie, mais d'une sorte d'évidence. Les immigrés sont trop nombreux, inassimilables, plutôt mal venus en temps de crise : est-ce si répréhensible de le dire ? Est-ce plus répréhensible que ce racisme "anti-français", cette exclusion qui frappe les militants du Front national ? Appel à l'affectif, après l'irrationnel : le mélange portera ses fruits, par étapes et non sans changements.

Tout commence en 1981, avec la victoire de François Mitterrand. R.P.R et U.D.F jouent alors bon gré, mal gré, la règle de l'alternance, mais certains de leurs électeurs renâclent. Lors des scrutins suivants, ils vont profiter du suffrage universel pour exprimer, à travers le Front national, leur hostilité absolue au gouvernement socialiste. C'est le temps d'une droite "extrême" qui n'inquiète pas vraiment les plus modérés. Une fois revenus au pouvoir, ils mèneront une politique enfin efficace en matière de sécurité et d'immigration, les valeurs morales seront restaurées et l'ordre ainsi rétabli, les "brebis égarées" reviendront dans le giron de la droite classique. Cela impose seulement un programme adéquat, la connivence des idées pour séduire les électeurs du Front national, un refus d'alliances pour rassurer les centristes, l'intransigeance des appareils pouvant être, de toute façon, adaptée au gré des circonstances et de la géographie électorale.

À cet égard, l'élection partielle de Dreux, en septembre 1983, sera un modèle. Mais en dépit de ces concessions, le retour des brebis égarées se fait attendre. Le Front national obtient 10,95 % des voix aux élections européennes de 1984 ; 9,65 % des voix et 35 députés en 1986. Jacques Chirac, revenu au gouvernement, décide pourtant de ne pas changer de stratégie, persuadé que les actes seront plus persuasifs que les discours. Mesures antiterroristes, expulsions spectaculaires, réminiscences d'ordre moral : la politique mise en œuvre par la droite parlementaire ressemble fort à un quitus donné aux thèses du Front national, accompagné d'un « Je vous ai compris », chargé de séduire ses sympathisants et d'isoler le noyau d'extrémistes. Peine perdue. Le Front national ne s'effondre pas et attire toujours un électeur sur dix. Il est vrai que derrière la bannière, les hommes ont changé. Deux tiers des ultras de 1981 ont rejoint leur famille d'origine en silence, même si le Front national conserve le soutien public de politiques, universitaires, médecins transfuges du R.P.R et de l'U.D.F.

Le mouvement est en fait un chassé-croisé. Ceux qui sont retournés vers la droite parlementaire sont en effet très vite remplacés, dès que le libéralisme atteint ses limites, par d'autres, plus jeunes, d'origine populaire et urbaine, souvent novices en politique. Vote de déclassés, vote de la désespérance et du refus qui plébiscite le seul parti à n'avoir exercé aucune responsabilité gouvernementale. Qui d'autre que le Front national, vierge de tout échec, pour faire croire aux "lendemains qui chantent" ? Ceux-là resteront fidèles. Le Front national leur offre un substitut d'identité et surtout, il sait les accueillir dans un réseau serré d'associations, présentes dans chaque activité du quotidien, comme celles, hier, du parti communiste. Autres temps.

Fort de ces soutiens consolidés, Jean-Marie Le Pen recueille aux présidentielles de 1988, 14,39 % des suffrages. Il a conservé 90 % de son électorat de 1986 [10] et d'autres l'ont rejoint. Parmi ces derniers venus, un quart d'anciens électeurs de gauche, un quart d'anciens abstentionnistes et la moitié venant de la droite traditionnelle. Agriculteurs, travailleurs indépendants, professions libérales fournissent les plus gros contingents, mais ce sont les commerçants et artisans qui se portent le plus massivement sur Jean-Marie Le Pen, avec 31 % des suffrages.

Il ne peut donc y avoir une explication unique de son succès, car cohabitent désormais trois électorats, qui correspondent aux trois époques du Front national : un électorat aisé, radicalisé en 1981 et qui n'a jamais rejoint les rangs de la droite traditionnelle ; un électorat populaire avec le même nombre de voix chez les ouvriers que le P.C.F. et deux fois plus de voix chez les chômeurs ; un électorat petit bourgeois, enfin, déçu par les atermoiements de Jacques Chirac.

Soutien composite et inévitablement divisé : les uns se défient de la classe politique et refusent le clivage droite/gauche ; les autres revendiquent clairement une appartenance à la droite extrême. Les uns rêvent d'ordre moral, les autres d'ordre public, qui placent la sécurité aux premiers rangs de leurs préoccupations. L'immigration fait leur unité : trois quarts des électeurs de Jean-Marie Le Pen, toutes origines confondues, jugent le problème très important.

Face à la rigueur des temps – la crise perdure – et face à l'évidence de l'histoire – les immigrés ne partiront pas – la raison n'a rien à proposer. Il reste alors l'imaginaire, l'appel aux solutions miracles. Jean-Marie Le Pen le sait : « Je suis le seul maintenant à pouvoir faire rêver les Français » (La Trinité-sur-Mer, 1983). Face à cet irrationnel, les partis traditionnels paraissent singulièrement désarmés. La droite essaiera de séduire par un discours ambigu et quelques opérations spectaculaires, puis d'isoler en prônant la vertu. La gauche essaiera d'opposer les principes de la République et les Droits de l'homme.

Tous vont échouer. Les plus anciens fidèles du Front national se moquent de l'esprit des lois, tenants d'une idéologie fondée sur l'autorité, l'exclusion et l'ordre moral. Ceux qui les ont rejoints tout au long des années 80 n'ont, eux, que faire des solutions raisonnables. Au-delà du politique, le Front national cristallise leurs peurs, leurs angoisses face à la crise, à l'islam, aux bouleversements européens, à l'inconnu. Il dit, dans une France privée de repères et de certitudes, la force du vertige et la tentation de substituer la tribune à la représentation démocratique, l'imprécation à la raison.

Dans ces conditions, banaliser le Front national, reprendre ses idées en matière d'immigration, utiliser ses succès dans une comptabilité électorale ne sert à rien. Ses ressorts sont ailleurs. Ses ambitions aussi : Jean-Marie Le Pen ne veut pas "lutter contre l'immigration", il rêve d'être le chef incontesté d'un État national, autoritaire, hiérarchisé, intervenant dans la vie publique et la vie privée de chacun. Français ou étranger.

---

1. *Les Français d'abord,* Paris, Carrère, 1984.
2. *Programme du Front national pour les présidentielles de 1988.*
3. *Le Monde,* 28 septembre 1973.
4. *Les Français d'abord,* Paris, Carrère, 1984.
5. *Ibid.*
6. *Le Monde,* 28 septembre 1973.
7. *Les Français d'abord,* Paris, Carrère, 1984.
8. Discours de Compiègne, 3 mars 1984.
9. *Les Français d'abord,* Paris, Carrère, 1984.
10. Sondage B.V.A. sorti des urnes, 24 avril 1988. Les sondages sur l'élection de Dreux, en 1989, confirmeront cette analyse.

Front populaire

« Pour moi, personnellement, le Front populaire n'a rien changé. Ce n'était pas fait pour les étrangers, mais pour améliorer la situation des Français [1]. » Souvenirs amers d'un exilé hongrois, le temps n'efface rien. Car l'été 1936, derrière la fraternité retrouvée fut bien ce rendez-vous manqué, victime de l'esprit du temps, des passions xénophobes attisées par la crise économique et l'afflux de réfugiés. Le gouvernement de Léon Blum prit quelques mesures, mais le recul de l'arbitraire, les amnisties individuelles ne font pas une politique novatrice. En fin de compte, pour les étrangers qui s'étaient largement engagés cette année-là aux côtés des organisations de gauche, le Front populaire sera à peine une embellie, comme un répit avant le raidissement de 1938 et la tourmente des années de guerre.

Porté sur les fonts baptismaux par la crise économique et l'antifascisme, le Rassemblement populaire a sans doute payé trop d'ambitions et espérances contradictoires. L'antifascisme imposait que l'on accueille les réfugiés. L'engagement à gauche exigeait que les étrangers obtiennent les mêmes droits que les Français. Mais le Front populaire promettait également de résoudre la crise. Or, dans une France qui comptait, en 1931, 2 715 000 étrangers, la crise encourage l'égoïsme. Dès 1932, les premiers signes de rejet apparaissent. 79 députés inscrivent, pendant la campagne électorale, la nécessité de protéger la main-d'œuvre française : parmi eux, 31 viennent de la gauche, ou du centre gauche. Les électeurs, de leur côté, toutes préférences politiques confondues, considèrent l'immigré comme un simple intérimaire : que viennent les difficultés, et il devra partir.

Or, la crise s'installe au début des années 30 : baisse de la production industrielle et des salaires réels, 260 000 chômeurs secourus en 1932, moins de 50 000 l'année précédente. La générosité ne paraît plus de mise, l'internationalisme fait long feu et l'on réclame de toute part des mesures draconiennes. Quelques-uns, venus des milieux économiques ou patronaux, par lucidité ou par intérêt, essaient de lutter contre cette dérive malthusienne. Mais ils peuvent bien démontrer que les Français refusent toujours d'occuper certains emplois, que le chômage touche surtout les ouvriers qualifiés et non les postes de manœuvres pour lesquels on recrute en milieu immigré ; le patronat peut bien s'inquiéter de l'avenir, du manque de bras dans certaines professions, l'opinion réclame des mesures concrètes, et les politiques céderont par ignorance, par faiblesse ou par doctrine.

Méthode douce dans un premier temps, car personne ne sait si la crise va durer : les clandestins ne sont plus régularisés, les autres se voient proposer une aide au retour et, pour freiner les entrées, les entreprises qui emploient de la main-d'œuvre étrangère bénéficient d'avantages divers si elles font appel à des travailleurs français. L'État décide, par ailleurs, d'encourager l'envoi des chômeurs étrangers à la campagne, ou leur rapatriement. Mais les volontaires sont rares, l'administration manque de moyens pour que les mesures deviennent pleinement effectives et les résultats sont minces. L'extrême droite en profite, réclame des solutions plus expéditives, et l'opinion passablement désorientée, s'impatiente devant les hésitations du gouvernement.

La réponse viendra avec la loi du 10 août 1932. Cette fois, les employeurs voient leur liberté d'embauche clairement restreinte, puisque les pouvoirs publics peuvent fixer par décret le contingent d'étrangers autorisés à travailler dans une profession ou une région. La décision sera prise d'office par l'État ou à la demande des organisations patronales et syndicales. À la fin de 1932, le premier bilan paraît, sous cet angle, assez positif puisque 108 000 étrangers ont alors quitté le pays, pour 69 000 entrées seulement. Mais dès 1933, le niveau des arrivées remonte, celui des sorties s'effondre en dépit de nouveaux contingentements (72 décrets à la fin de 1934). Le gouvernement Flandin, en novembre 1934, prend alors des mesures beaucoup plus radicales. Les nouveaux arrivés se voient systématiquement refuser la carte de travail ; son renouvellement est soumis à des conditions plus sévères, le contrôle aux frontières est renforcé et l'expulsion menace les étrangers dont la carte d'identité arrive à expiration.

Derrière la litanie administrative, se nouent des drames humains, les familles séparées, les foyers abandonnés car Pierre Laval, en 1935, interdit la mansuétude : les propriétaires, ceux qui ont une femme, des enfants français ne peuvent espérer échapper à la loi commune. Il est vrai que les résultats sont minces. 553 décrets de contingentements réglementent la plupart des professions, le nombre d'étrangers recensés, en 1936, est en baisse de 19 %, mais la France compte toujours 488 000 chômeurs, soit une progression de 40 % en trois ans. Face à l'exaspération de l'opinion, qui gagne des milieux jusqu'alors épargnés, les étrangers trouvent bien peu de défenseurs. L'Église catholique demande l'arrêt des expulsions en masse, qui provoquent trop de drames et attisent les tensions internationales en déstabilisant les pays d'émigration. La Ligue des Droits de l'homme essaie de son côté d'intervenir contre l'arbitraire des services administratifs et policiers, mais en vain. Les partis de gauche, les syndicats sont à leur tour tentés par le repli, la base s'impatiente, le terme d'"indésirables" entre dans le vocabulaire courant et les dirigeants paraissent incapables d'endiguer la poussée xénophobe, quand ils n'y sont pas eux-mêmes convertis.

La crise, néanmoins, n'explique pas tout. Les assassinats de Paul Doumer par le Russe Gorguloff, en mai 1932, d'Alexandre Ier de Yougoslavie et Louis Barthou en octobre 1934, le scandale Stavisky cette même année ont alimenté le ressentiment populaire contre les étrangers, tandis que la presse, de gauche ou de droite, donne corps à la thèse d'une France "dépotoir", en se renvoyant la responsabilité du complot. Dans une telle atmosphère, la victoire du Front populaire au printemps 1936 est un répit, un coup d'arrêt porté à la xénophobie. Les étrangers oublient la peur de l'expulsion, de la sanction ; ils s'organisent, participent aux grèves, rejoignent les rangs syndicaux. La C.G.T. qui comptait moins de 50 000 adhérents étrangers avant le mois de juin, en annonce près de 400 000 quelques mois plus tard. Le P.C.F. développe l'action de ses "groupes de langue" qui regroupent les militants étrangers par nationalités. Quelques futurs dirigeants feront leur apparition sur le devant de la scène au cours de cet été, Missak Manouchian pour les Arméniens, Artur London pour les Tchèques et Leopold Trepper à la sous-section juive.

Dans l'effervescence de la victoire, la fraternité renaît à gauche, mais à droite, les extrémistes se déchaînent et dénoncent le triomphe d'un complot étranger. On stigmatise le rôle des réfugiés allemands, on vilipende des manifestants qui « n'ont ni le parler, ni la figure des gens de chez nous [2] », puis l'abject est atteint, qui vise Léon Blum, devenu président du Conseil. Une certaine littérature de l'ignoble fleurit dans la France de 1936, acharnée contre un homme qui incarne à ses yeux l'étranger, l'anti-France et le mal absolu : « M. Léon Blum par toutes ses fibres représente l'étranger. Au sens quasi chimique, au sens physiologique du mot, il est étranger à la France [...] Léon Blum n'est pas étranger parce qu'il est juif. Il n'est pas étranger parce que socialiste. Il est étranger parce que Blum [2]. » Le nouveau président du Conseil sera accusé de favoriser ses "correligionnaires", en particulier ceux qui fuient le nazisme, d'attirer les hordes de réfugiés en leur donnant de multiples avantages, de modifier les lois, d'absoudre les délinquants, de naturaliser sans garantie pour élargir sa clientèle électorale. En un mot, on l'accusera d'œuvrer contre la France au moment même où s'accumulent pourtant, dans la communauté étrangère, les déceptions face aux timidités du Front populaire.

La nomination de Léon Blum, l'entrée de Marius Moutet au gouvernement sont, au début, des signes encourageants. Les deux hommes se sont en effet signalés par leurs prises de positions favorables à l'immigration. Mais la répartition des portefeuilles trahit déjà une hésitation : l'immigration est oubliée dans la liste des ministères. La gauche, en fait, n'a pas de véritable projet et aucun texte majeur ne sera voté. Mais le gouvernement de Front populaire prendra néanmoins une série de mesures qui procureront aux immigrés une sorte d'embellie, à défaut d'une réelle protection juridique. La convention de Genève du 28 octobre 1933 qui accorde le statut Nansen aux apatrides est ratifiée en septembre 1936 et les réfugiés allemands se voient remettre un certificat d'identité. Les travailleurs, de leur côté, peuvent désormais changer de résidence sans l'assentiment préalable du préfet, les cartes d'identité sont renouvelées sauf cas graves, les expulsés bénéficient d'un sursis, certains interdits professionnels sont levés pour les nouveaux naturalisés et promesse est faite de ne rapatrier personne contre son gré. La communauté étrangère va par ailleurs bénéficier des grandes réformes de l'été 1936 : plusieurs milliers d'amnisties, le bénéfice des accords Matignon (quarante heures et congés payés), et le droit d'élire les délégués du personnel, mais non celui d'être élu.

Autant de mesures méritoires, qui vont à l'encontre de la répression des années précédentes, mais qui restent en retrait des ambitions proclamées et du "statut juridique de l'immigration" réclamé par ceux qui demeurent, à gauche, favorables à l'intégration. En décembre 1935, ils avaient uni leurs efforts dans le Centre de liaison des comités pour le statut des immigrés ; Marius Moutet avait déposé une proposition de loi allant dans le même sens, qui sera reprise après les élections, dans une proposition de résolution du

P.C.F. Mais le gouvernement ne les entend pas et réduit, au contraire, la portée de ses premières initiatives par des mesures d'inspiration répressive ou malthusienne. Ainsi, le contingentement de la main-d'œuvre n'est pas remis en cause, de nouveaux décrets sont pris en novembre et décembre 1936 et les entreprises qui font venir des travailleurs étrangers sont soumises à une taxe préalable.

En politique, mêmes reculs : l'Étoile nord-africaine de Messali Hadj, pourtant partie prenante du Rassemblement populaire, est dissoute pour "activités nettement dirigées contre la France", tandis que s'organise le rapatriement des réfugiés espagnols qui n'ont pas assez de ressources pour vivre en France sans travailler. Que s'y ajoute l'obstination de l'administration, sa mauvaise volonté à appliquer les rares mesures prises en faveur des étrangers, et l'amertume grandit. Dans l'urgence, le gouvernement aura finalement cédé à l'esprit du temps. Priorité est donnée aux problèmes économiques et sociaux ; or, l'immigration demeure à ses yeux facteur de chômage ; l'intégration, nécessaire à terme, devra donc attendre. Une fois réaffirmée solennellement l'attachement de la France au droit d'asile, les réfugiés seront, eux aussi, priés de rentrer dans le rang et de se tenir à l'écart des conflits politiques et sociaux.

Il est vrai que la guerre d'Espagne ne favorise guère la détente, et, en 1937, une série de meurtres et règlements de comptes politiques alourdit un peu plus le climat. Assassinat de Navachine, ancien représentant de la Banque soviétique à Paris ; en janvier 1937, assassinat des frères Rosselli, opposants au régime de Mussolini, puis d'autres attentats encore en septembre : les beaux jours du printemps 1936 sont loin, l'opinion s'indigne, la xénophobie se déchaîne contre les "indésirables". La droite, bien sûr, dénonce l'U.R.S.S. ; la gauche condamne les franquistes ou le fascisme italien, et proteste de son innocence si l'on met en doute sa fidélité à l'internationalisme : « Nulle xénophobie ne nous anime [...] Quand nous crions 'La France aux Français', cela signifie : À la porte les espions ! À la porte les provocateurs du meurtre ! À la porte les assassins ! [3]. »

Dans cette atmosphère dégradée, le Front populaire agonise et certains en profitent déjà pour réclamer des mesures plus sévères contre l'ensemble de la communauté étrangère en matière de naturalisations, de délinquance ou de contingentement. Puis vient, en janvier 1938, un dernier répit, l'ultime tentative pour trouver une solution sereine à l'ensemble du problème. Au sein du gouvernement Chautemps, Philippe Serre se voit confier la responsabilité du nouveau sous-secrétariat d'État à l'immigration, avec de larges attributions. Déjà sous-secrétaire au Travail dans le précédent gouvernement, le jeune député de Meurthe-et-Moselle arrive avec une bonne connaissance du dossier et une conception précise des réformes à entreprendre. L'immigration temporaire ou touristique doit être facilitée et libérée de trop nombreuses entraves administratives. L'accueil des réfugiés, immigration d'"humanité", sera entièrement repensée, afin de trouver des solutions neuves et créer une voie française originale. Enfin, l'immigration de "nécessité", qui apporte au pays l'indispensable complément de main-d'œuvre, devra être sévèrement contrôlée, car les travailleurs, qu'on le veuille ou non, sont appelés à faire souche. Il faut donc ne retenir que les meilleurs éléments, procéder à de sévères contrôles professionnels, moraux et sanitaires sous le contrôle de l'État, mais offrir ensuite aux heureux élus des droits accrus, afin de faciliter une intégration rapide.

Dès les premières semaines du gouvernement, ces idées trouvent un début de réalisation. Philippe Serre ordonne une enquête sur la Société générale d'immigration (S.G.I.), chargée de recruter la main-d'œuvre étrangère pour le compte du patronat. Il prépare un projet de loi pour transformer les entreprises d'immigration en sociétés d'économie mixte gérées par l'État, et les organisations professionnelles, syndicales ou patronales. Il envisage enfin la création d'un Conseil supérieur des étrangers, pour mener les enquêtes nécessaires, consulter les ministères intéressés et, surtout, examiner le cas de ceux qui sollicitent le statut de réfugié. D'autres projets sont mis au point : un statut des étrangers, la redistribution professionnelle et géographique des travailleurs immigrés afin d'éviter leur concentration dans certaines régions, et le placement des réfugiés juifs dans l'agriculture, en accord avec les organisations de secours. Au total, ces mesures allient libéralisme et fermeté, principes humanitaires et priorité à l'intérêt national et, si certains furent déçus par leur sagesse excessive, elles avaient néanmoins le mérite d'intégrer les étrangers dans un état de droit, à défaut de les faire bénéficier du droit commun.

Le débat, de toute façon, tourna court : les ministères dépossédés de leurs anciennes prérogatives s'opposèrent à l'application des décisions, puis le temps vint à manquer. Deux mois après son entrée en fonction, le cabinet Chautemps est en effet renversé ; le second gouvernement Blum lui succède sans renouveler l'expérience du sous-secrétariat. Le Front populaire vit là ses dernières semaines et, en avril 1938, le gouvernement Daladier, où siègent des conservateurs comme Paul Reynaud et Georges Mandel, vient définitivement y mettre un terme. En matière d'immigration, le volte-face est complet. Les "décrets-lois Daladier", promulgués à partir du mois de mai, renforcent la surveillance et la répression. L'esprit du temps l'aura donc emporté, ici comme ailleurs, et les étrangers n'auront rien gagné, sinon un bref répit, et le redoutable honneur d'incarner "en creux" une France écartelée entre la fraternité héritée de la Révolution et le raidissement xénophobe, quand s'accumulent les désordres internationaux et les échecs économiques.

1. Paul LOFFLER, *Journal de Paris d'un exilé,* Rodez, 1974.
2. J.P. MAXENCE, *Histoire de dix ans 1927-1937,* Paris, 1939.
3. Maurice THOREZ, *L'Humanité,* 29 septembre 1937.

Fuorusciti

Ce terme – littéralement, ceux qui sont sortis au dehors – s'est d'abord appliqué aux exilés politiques italiens du XIXᵉ siècle avant de qualifier, de manière plus restreinte, les antifascistes de l'entre-deux-guerres, réfugiés à l'étranger.

Lors des grandes batailles du *Risorgimento,* les combattants de la liberté en lutte contre les pouvoirs tyranniques de la péninsule ont en effet souvent trouvé refuge en France. Par la suite, une fois réalisée l'unité du royaume sous l'égide des Piémontais, ce sont les représentants de l'opposition à la monarchie de Savoie, puis ceux des organisations subversives – socialistes et anarchistes –qui ont pris le chemin de l'exil : émigration individuelle le plus souvent et émigration principalement composée d'intellectuels.

A l'extrême fin du XIXᵉ siècle, la répression de masse qui fait suite, en Italie, aux émeutes de Milan (1898) entraîne une diaspora des organisations révolutionnaires et le gonflement dans notre pays des effectifs de l'immigration politique. On voit même se constituer dans les toutes premières années du XXᵉ siècle un parti socialiste de langue italienne, assez fortement représenté dans la région marseillaise, et qui va jouer un rôle non négligeable dans l'intégration des Transalpins au mouvement ouvrier français. Dès cette période, l'immigration du travail et l'immigration politique se trouvent ainsi étroitement corrélées, tandis que se constituent des réseaux, des itinéraires, des modes de structuration des colonies transalpines qui, après avoir été mis en sommeil pendant la période "giolittienne", vont resurgir avec le fascisme.

Dès 1921, les violences fascistes entraînent en effet un, exode massif de syndicalistes et de militants des organisations de gauche. Tout naturellement, c'est vers la France, devenue le principal pays d'accueil pour l'immigration italienne, que se dirigent cette première vague de *fuorusciti*. On les trouve d'abord dans les zones de très ancienne implantation italienne – à Nice, à Marseille et plus généralement dans le Sud-Est –, mais également à Paris, qui va bientôt faire figure de capitale internationale de l'antifascisme, en Lorraine sidérurgique et dans le Sud-Ouest.

Bientôt, les leaders de l'opposition politique rejoignent en exil les obscures victimes du squadrisme. Nitti et Donati prennent ainsi le chemin de la France, suivis des dirigeants des cercles libéraux florentins, Gaetano Salvemini et Piero Gobetti, directeur de la *Révolution libérale,* qui mourra peu de temps après son arrivée à Paris des suites des sévices que lui ont infligés les fascistes. En 1926, après l'échec de la tentative de résistance parlementaire qui a suivi l'assassinat du socialiste Giacomo Matteotti (l'"'Aventin"), se produit le grand exode des *fuorusciti.* Les gouvernements du Cartel, puis le ministre des Affaires étrangères de Poincaré, Aristide Briand, ne font aucune difficulté pour les accueillir et pour faciliter leur installation, quitte à expulser ceux dont le comportement est jugé de nature à troubler l'ordre public ou à envenimer de manière excessive les rapports avec l'Italie fasciste. On voit alors arriver en grand nombre des dirigeants socialistes et syndicalistes : Modigliani, Morgari, Baldini, Pietro Nenni, Buozzi, secrétaire général de la C.G.L. (la principale centrale ouvrière transalpine), Treves, Saragat, Pertini, etc. L'arrivée la plus spectaculaire est celle de Filippo Turati, mis en résidence surveillée en Italie et enlevé par un véritable commando dirigé par le jeune Carlo Rosselli.

Les effectifs du "fuoruscitisme" en France au cours des deux décennies de l'ère fasciste sont très difficiles à évaluer. Selon les archives de la police, le nombre des adhérents aux diverses organisations politiques de l'antifascisme ne dépasse guère une quinzaine de milliers de personnes au début des années 30, pour l'ensemble du territoire français : entre 5 000 et 10 000 pour le parti communiste, selon que l'on inclut ou non à l'effectif militant les Italiens inscrits au P.C.F. mais que ne contrôle pas la Commission centrale de langue italienne ; environ 2 000 pour le parti socialiste ; de 2 000 à 2 500 pour la Ligue italienne des Droits de l'homme (encore faut-il tenir compte ici de la double appartenance) ; de 600 à 800 pour le parti républicain, auquel il faut ajouter quelques centaines d'adhérents au parti maximaliste (socialiste dissident), à Giustizia e Libertà et aux divers groupes anarchistes. Soit un pourcentage de 2 à 2,5 % de la population active italienne résidant dans l'Hexagone. Comparé aux taux de politisation de son homologue français, et compte tenu des énormes difficultés qui freinent l'adhésion des Italiens à un antifascisme déclaré, ce pourcentage n'est nullement dérisoire.

Réduits d'une part à des effectifs relativement modestes, en butte d'autre part aux activités provocatrices de la police fasciste, les mouvements antifascistes non communistes ont tenté de se doter assez tôt d'une organisation cohérente. Constituée en avril 1927, à l'initiative du journaliste Luigi Campolonghi – président de la Ligue italienne des Droits de l'homme (L.I.D.U.) – La Concentration antifasciste rassemble les partis démocratiques (républicain, socialiste unitaire, maximaliste, L.I.D.U.) en un cartel au sein duquel chaque organisation conserve sa spécificité et son autonomie, et dont l'objectif est de coordonner les actions de propagande, tout en popularisant en France la cause de l'antifascisme. Menée en liaison avec les formations de la gauche démocratique française et s'appuyant sur le journal que dirige Claudio Treves, *La Libertà,* l'activité de la Concentration a souffert de ses divisions internes ainsi que de la coupure qui s'était établie entre l'état-major parisien de l'antifascisme et les opposants demeurés en Italie.

C'est par réaction contre l'immobilisme des formations traditionnelles qu'un petit groupe de jeunes intellectuels animé par Carlo Rosselli et Emilio Lussu, évadés ensemble des îles Lipari, Gaetano Salvemini et Ferruccio Parri, fondent, à la fin de 1929, un *nouveau* mouvement de résistance au fascisme : Giustizia e Libertà. Fortement influencés par Piero Gobetti et sa révolution libérale, ils sont à la recherche d'une synthèse entre le libéralisme politique et les idéaux de justice sociale du socialisme, mais surtout ils entendent à la fois lutter de manière efficace contre le régime mussolinien et promouvoir un programme de gouvernement destiné à en assurer la relève.

Bien qu'il ait adhéré, en 1931, à la Concentration antifasciste, le ʼouvement Giustizia e Libertà continue après cette date à poursuivre ʼbjectifs propres et à mettre en œuvre sa stratégie volontariste. En , il fournit de l'argent et des armes à ses militants en vue de ʼer, par des attentats et des coups de main isolés, l'insurrection En France, où il recrute ses adhérents relativement peu parmi les représentants de l'intelligentsia en exil, il amorce ʼchement avec les milieux anarcho-syndicalistes, ce qui une vive résistance de certains militants et des défections oupe dirigeant. Lorsque éclate la guerre d'Espagne, Carlo nte de lever une grande légion antifasciste transcendant les frontières partisanes, mais il se heurte au refus des communistes et des socialistes, récemment liés par un pacte d'unité d'action, et c'est en ordre dispersé que les *fuorusciti* engagent la lutte de l'autre côté des Pyrénées.

Au moment où s'amorce, en Espagne, le règlement de compte entre fascistes et antifascistes, l'immigration politique est, en France, divisée entre plusieurs tendances rivales. La Concentration a volé en éclats quelques années plus tôt et les formations qui la composaient ont repris leur démarche propre, de plus en plus coupées des masses italiennes et, dans une large mesure, de la masse des migrants. Pour tenter de porter remède à cette situation, Carlo Rosselli songe à faire adhérer Giustizia e Libertà au pacte d'unité d'action socialo-communiste, donc à accepter une restructuration du fuoruscitisme autour du parti communiste italien, de loin la plus puissante des organisations de l'antifascisme en exil. Mais, le 9 juin 1937, lui-même et son frère Nello sont assassinés près de Bagnoles-de-l'Orne par les hommes de la Cagoule à la solde des services secrets mussoliniens. Il en résulte une crise au sein du groupe qui ne se relèvera pas de la perte de son leader.

Au début de l'occupation allemande, les principaux dirigeants de l'émigration politique italienne et de nombreux militants fuient la France pour l'Angleterre, la Suisse, l'Égypte, les États-Unis ou l'Amérique latine, avant de rejoindre leur pays, en 1943, pour y participer aux combats de la Résistance.

Géographie

En 1851, le recensement distingue pour la première fois Français et étrangers. Ses résultats connus permettent alors d'esquisser une géographie aux contours déjà familiers : la France des allogènes court le long des frontières, façade maritime exclue. Car les obstacles naturels interdisent encore l'accès à certaines régions. Le Massif central est un verrou, les étrangers se massent aux extrémités des Pyrénées et des Alpes, mais ils désertent l'intérieur des massifs. Cette première image brosse en fait le portrait d'un monde révolu, bientôt bouleversé par la révolution industrielle : une migration de proximité, où les critères économiques interviennent peu.

Les cartes de 1851 ne disent rien, en effet, de l'industrie naissante mais, en revanche, elles évoquent les migrations anciennes, de village en village, de département en département, migrations internes sous l'Empire, aujourd'hui externes, mais de même nature. Les étrangers passent la frontière et s'installent sans aller plus loin : les Italiens dans le Sud-Est, les Belges dans le Nord, les Espagnols au pied des Pyrénées. Quelques-uns, néanmoins, ont commencé d'avancer, en suivant la route tracée par la géographie. Les Italiens sont ainsi remontés le long de la vallée du Rhône jusqu'à Lyon, et certains ont déjà atteint la Lorraine, avant-garde qui préfigure la grande migration des années 1890-1900.

Les Polonais, en revanche, qui ne sont pas frontaliers, sont répartis de façon beaucoup plus égale sur l'ensemble du territoire.

La révolution industrielle va transformer la carte de 1851, sans néanmoins imposer un modèle radicalement différent. L'économie se concentre ; les industries de base, la production d'énergie et de biens intermédiaires se développe sur quelques sites précis. Faute de main-d'œuvre nationale, les employeurs font appel aux étrangers, qui se fixent donc nombreux dans les régions de grande industrie. Mais ces régions sont bien souvent aussi des régions frontalières – le Nord, l'Est, la région Rhône-Alpes. En 1891, les immigrés y sont toujours plus nombreux qu'ailleurs, réunis dans quelques villes, et rares sont ceux qui s'aventurent à l'intérieur du pays. Ce sont également les mêmes étrangers qu'en 1851 : Italiens dans le Sud-Est et en Lorraine, mais cette fois très nombreux ; Belges dans le Nord avec une timide incursion vers le sud. Marseille fait exception : presque sans industrie, la ville reste un important foyer d'accueil, grâce aux activités portuaires et à son ouverture sur la Méditerranée. Mais il n'y a là rien de nouveau, et le seul véritable changement vient plutôt de l'agriculture. A une présence étrangère diffuse succède cette fois la concentration des allogènes dans les régions de salariat agricole.

En 1936, la communauté étrangère s'est encore agrandie. Les nationalités ont changé avec l'arrivée massive des Polonais, mais la géographie paraît presque immuable. Les étrangers n'ont toujours pas atteint la façade maritime (ils sont 0,3 % dans la population du Finistère), installés au bord de la frontière, autour des sites industriels. La carte des travailleurs immigrés de l'agriculture se rapproche un peu plus de celle du salariat agricole ; celle des travailleurs industriels, de la géographie de la grande industrie. Il y a pourtant quelques nuances à apporter : l'immigration espagnole modifie l'équilibre du Sud-Ouest, la région parisienne est devenue un foyer d'accueil majeur et les Polonais, qui sont de plus en plus nombreux, n'hésitent pas à avancer nettement à l'intérieur du pays, peu soucieux de proximité, puisqu'ils viennent de très loin. Depuis rien n'a véritablement changé, sinon les nationalités et la nature du travail. A la carte des industries de base a succédé celle du bâtiment, liée à l'urbanisation, des transports et des industries de transformation mais, par le jeu des reconversions et de la concentration de l'activité économique, elles ne sont pas fondamentalement différentes. Aujourd'hui, la France des étrangers ressemble à s'y méprendre à la France des industries et des villes, voire des grandes villes. 91 % des étrangers habitent dans une commune urbaine (71 % des Français) ; 7 étrangers sur 10 (4 Français sur 10) habitent dans une ville de plus de 100 000 habitants. Mais, non sans paradoxe, cette carte de la modernité présente bien des points communs avec celle de 1851 comme si les villes et l'industrie étaient allées en partie à la rencontre des étrangers, modifiant l'équilibre interne de chaque ensemble régional, sans bouleverser la répartition des étrangers à l'échelle nationale.

Les trois quarts des étrangers vivent en effet au nord-est d'une ligne Le Havre-Marseille, privilégiant toujours l'Est, la vallée du Rhône jusqu'à la Méditerranée, le Nord dans une moindre mesure. Mais aujourd'hui, contrairement à hier, Paris est capitale des étrangers : 1,2 million d'immigrés habitent l'agglomération parisienne, soit 32,7 % de la communauté étrangère et 13 % de la population régionale. Dans Paris *intra-muros,* ce dernier pourcentage s'élève à 16,5 %, taux supérieur à ceux des départements de banlieue, à l'exception de la Seine-Saint-Denis (17 %). La proportion d'étrangers dans la population diminue en fait régulièrement au fur et à mesure que l'on s'éloigne du centre de l'agglomération, sans descendre néanmoins en dessous de la moyenne nationale (8 %). La région Rhône-Alpes n'est pas plus homogène. Lyon est un centre d'immigration très ancien, première étape des Méditerranéens qui remontaient la vallée du Rhône. Saint-Étienne, avec son économie minière, a, elle, accueilli une forte communauté polonaise. Dans la région tout entière, la présence étrangère est plus diffuse qu'en Ile-de-France car l'industrie elle-même est moins concentrée.

La région Provence-Côte-d'Azur est un foyer d'accueil traditionnel pour deux types de migrants : une population rurale, souvent saisonnière, peu concentrée, et les étrangers de Marseille employés sur le port ou dans un réseau de petites entreprises. S'y ajoutent désormais les travailleurs industriels de Fos et de l'étang de Berre, toujours dans les Bouches-du-Rhône, département qui accueille la moitié des étrangers de la région. Mais, dans Marseille seul, il n'y a que 8 % d'étrangers, deux fois moins qu'à Paris. Les problèmes de l'agglomération tiennent donc plus à l'urbanisme particulier de la ville, à leur concentration dans certains quartiers (Le Vieux Port, les quartiers Nord). Dans cet ensemble méditerranéen, il faudrait signaler la singularité corse : c'est ici que les étrangers sont proportionnellement les plus nombreux (11 % de la population), mais presque tous travaillent dans l'agriculture.

Les deux autres grands pôles d'immigration – le Nord, l'Est – sont des foyers industriels traditionnels, et l'implantation des étrangers a épousé ici l'évolution de l'activité économique. Presque partout, le nombre d'étrangers est donc en diminution aujourd'hui, parce que les industries (mines, textile, sidérurgie) sont en déclin, et que les nationalités qui faisaient l'essentiel de la communauté étrangère – Belges, Italiens, Polonais – sont aujourd'hui intégrés et Français.

Chaque nationalité a, en effet, sa propre géographie. L'itinéraire des Italiens, première communauté à venir travailler massivement en France, reste marqué par des déterminants anciens : proximité géographique, présence d'une industrie de base, agriculture et bâtiment. On les trouve donc dans tout l'Est du pays, dans la région parisienne et un peu dans le Bassin Aquitain où ils étaient venus travailler dans l'agriculture, mais aujourd'hui, de toute façon, les uns et les autres sont intégrés.

L'immigration espagnole reste très largement marquée par les critères de proximité : 50 % des Espagnols habitent dans le Midi. La conjoncture des années soixante a complété la carte : Paris et l'Ile-de-France réclamaient alors presque toute la main-d'œuvre, dans l'industrie et le bâtiment ; 25 % des Espagnols se sont installés ici.

Les Nord-Africains symbolisent tout ce qui a fait, et fait encore aujourd'hui, l'immigration en France : la carte de leur présence recoupe donc celle de la communauté étrangère en général. Méditerranéens, beaucoup sont restés sur le front de mer, et singulièrement à Marseille. Les autres sont remontés vers le nord, le long de la vallée du Rhône, en s'arrêtant à Lyon, ou poussant jusqu'à Paris. En revanche, il était alors trop tard pour une implantation massive dans l'Est et le Nord, déjà en déclin, et ils y sont proportionnellement moins nombreux, à l'exception des Marocains, recrutés par les agences des grandes entreprises industrielles. Il faudrait d'ailleurs nuancer entre les trois nationalités du Maghreb. Les Algériens sont partout où se trouvent les étrangers. Les Marocains sont présents dans les grandes agglomérations industrielles mais aussi, dans l'Ouest, dans les plaines du Bassin parisien et surtout en Corse (50 % des étrangers), car ils fournissent un nombre important de salariés agricoles. Les Tunisiens, arrivés plus récemment, sont presque absents des villes de l'Est et du Nord, très concentrés en région parisienne, ainsi que dans le Var et les Alpes-Maritimes : une frange non négligeable de l'immigration travaille dans le tertiaire et l'hôtellerie.

Les Portugais, enfin, arrivés parmi les derniers, ont délaissé les régions en déclin pour la région parisienne. Ils sont relativement nombreux dans l'Ouest du pays et le Midi-Pyrénées : logique de proximité. A Clermont-Ferrand en revanche, ils sont venus en filières, sans aller plus loin, vers Lyon par exemple.

Chaque nationalité a donc sa propre logique, son propre itinéraire, et la géographie des étrangers est addition de ces histoires imbriquées en un siècle d'immigration massive. Pourtant, les lieux de l'immigration n'ont pas radicalement changé. Les étrangers ont percé certaines barrières naturelles, mais les mentalités sont des verrous plus redoutables encore. Définis par leur seul travail, cantonnés dans les emplois les moins qualifiés, les plus durs, les étrangers n'ont pas eu accès aux régions de petite propriété agricole, à la France du tertiaire, comme certains quartiers des villes qui leur sont toujours interdits. Ceux que la crise a chassés des foyers industriels de l'Est et du Nord sont souvent rentrés chez eux, au-delà des frontières, plutôt que d'aller ailleurs en France. Et ceux qui sont restés demeurent concentrés dans certaines régions, prisonniers de l'histoire et de l'économie : les cartes, mieux qu'un sondage, disent à cet égard les blocages et les limites de l'intégration.

Guerre d'Espagne

Juillet 1936, début de l'insurrection franquiste et de la guerre civile espagnole. Premiers combats, premières défaites républicaines et déjà, au pied des Pyrénées, les premiers réfugiés. A Paris, le gouvernement de Front populaire hésite. La solidarité commande certes d'accueillir les combattants de la liberté. Mais la crise économique sévit, l'opinion publique s'inquiète devant l'afflux des réfugiés allemands, la xénophobie grandit. Finalement, les socialistes opteront pour un asile sous surveillance. Le gouvernement de Léon Blum dépêche quelques navires, travaille au regroupement des familles, garantit l'anonymat aux proscrits et leur promet qu'ils ne seront pas expulsés. Mais dans le même temps, le ministre de l'Intérieur, Marx Dormoy, essaie de limiter les arrivées et donne aux préfets l'ordre de surveiller les frontières. Sévérité accrue en 1937 : ceux qui sont hébergés par des parents ou qui ont assez de fortune pour vivre sans travailler peuvent rester en France : les autres seront rapatriés. Le réalisme politique l'a donc emporté sur la solidarité, mais il est vrai que l'opinion n'encourage guère l'audace. Elle compatit, bien sûr, aux malheurs des populations civiles et, à gauche, les militants se mobilisent. Mais l'extrémisme affiché de certains combattants, l'anticléricalisme virulent, les chants révolutionnaires indisposent et l'on se dit que les réfugiés récoltent ce qu'ils ont semé. Alors, au quotidien, les bonnes volontés, les dons sont rares et les municipalités ne se pressent guère pour accueillir les réfugiés.

Après l'échec du Front populaire, la méfiance et l'inquiétude gagnent un peu plus de terrain. Au fil des défaites républicaines, le flot des réfugiés n'a cessé de gonfler : quand viendra l'ultime bataille, s'interrogent certains, la France devra-t-elle accueillir tous les vaincus ? Question éludée tant que règne l'incertitude sur l'issue finale mais à laquelle il faut répondre dans la débâcle qui suit la chute de Barcelone. Le 26 janvier 1939, une commission interministérielle décide de refouler tous les réfugiés qui se pressent à la frontière. Mais dès le 28, devant la misère et le nombre, les frontières sont finalement ouvertes aux femmes, aux enfants et aux vieillards. En fait, les hommes valides passeront aussi, clandestins épuisés, acculés par l'armée franquiste. Le 2 février, 45 000 réfugiés sont entrés en France ; ils sont 80 000 le 5. Incapable de les refouler, le gouvernement décide alors d'accueillir les miliciens, une fois désarmés. Pendant ce temps, le flot ne tarit pas : 350 000 réfugiés fin février, 100 000 de plus en avril, parqués dans des camps de fortune après une marche forcée dans le froid et la neige des Pyrénées.

Il y eut, néanmoins, deux catégories aux sorts distincts. Les civils, dans leur immense majorité, sont répartis sur le territoire, installés au hasard des disponibilités, à l'abbaye de Noirlac dans le Cher, dans des usines désaffectées, des camps de vacances, ou ailleurs, pourvu qu'il y ait un toit. Les miliciens, 209 000 au total, n'ont pas droit à tant de sollicitude. Les pouvoirs publics les considèrent comme des dangers potentiels pour la nation et leur unique obsession sera de les isoler avant de trouver une solution pour qu'ils quittent le territoire. Aux cours des premières semaines de l'année 1939, il ouvre alors de véritables camps de concentration, piquets de bois et barbelés plantés sur une plage ou un terrain vague, sans la moindre installation. A Saint-Cyprien, Argelès ou Barcarès, c'est un peu de l'honneur français qui sombre déjà. Les abris sont inexistants, les réfugiés creusent parfois des trous dans le sable pour dormir, la nourriture est insuffisante, l'eau puisée au hasard amène maladies et épidémies. On meurt tous les jours dans ces camps entourés de barbelés, surveillés par des soldats en armes, perchés en haut des miradors. Les journaux sont interdits, toute activité politique est bannie, les récalcitrants sont jetés en prison, quelques-uns subiront des sévices physiques.

La masse des réfugiés échappe à ce destin des camps. Mais il lui faut survivre, sans moyens, au milieu d'une population souvent indifférente. La gauche s'émeut, bien sûr, et ne faillit point à ses principes. Un comité international de coordination et d'information pour l'aide à l'Espagne républicaine, présidé par Victor Basch et Paul Langevin, se met en place. Appel est lancé à la solidarité pour des dons, l'accueil en famille, l'adoption des orphelins mais, à l'exception des régions où la communauté espagnole est déjà bien implantée, l'élan ne dépasse pas les limites de la compassion. La droite, de son côté, plaint les civils mais réclame l'expulsion de "l'armée marxiste". Quant aux pouvoirs publics, leurs préoccupations sont plus prosaïques. Les 450 000 réfugiés coûtent à la France 200 millions de francs et mettent en péril sa sécurité. Certains doivent donc partir, mais qui, où et comment ?

Les combattants "honorables" ne sauraient être livrés à Franco : ils resteront. Mais il faut se débarrasser des "indésirables", des éléments "délétères". Le gouvernement envisage, un moment, de les déporter dans une île du Pacifique, avant d'entamer des négociations internationales, pour organiser un exil moins lointain. Cinq mille réfugiés partiront au Mexique ; le Venezuela ouvre ses portes aux Basques, Cuba et l'Argentine marquent également leur solidarité. Mais, en septembre 1939, le bilan est assez mince. Quelques dizaines de milliers de réfugiés sont partis en Amérique Latine ; tous les autres sont restés. Soumis, à partir d'avril 1939, aux obligations contenues dans la loi sur l'organisation de la nation en guerre, ces réfugiés viennent alors grossir la cohorte des étrangers ballottés dans la débâcle. Dans leur malheur, ils auront une chance : Franco a choisi la neutralité. Ils ne sont donc pas classés "ennemis" à la différence des Allemands antifascistes, qui leur succèdent entre les barbelés de Gurs ou Argelès. Sortis des camps, les Républicains espagnols sont accueillis par leurs compatriotes, travailleurs immigrés déjà installés. Commence alors le véritable exil et un combat de trente-cinq ans contre le franquisme, qui n'empêchera pas leur intégration. La France a donc, en fin de compte, honoré ses principes. Mais ses réticences, la tentation permanente du rejet, les camps marqués du sceau de l'infâmie lui ôteront le bénéfice moral d'efforts réels, sinon enthousiastes, qu'elle fut seule ou presque à fournir.

Guerre 1914-1918

En août 1914, les étrangers échappent à la mobilisation générale. Pas à la guerre. Dès le 2 août, un décret les contraint à déclarer leur nationalité. Des facilités sont accordés aux Allemands et Austro-Hongrois pour quitter le territoire. Ceux qui restent sont désormais soumis à des dispositions spéciales : interdiction de séjour dans les territoires de l'Est, présentation d'un sauf-conduit pour voyager hors de leur région. Ces mesures d'urgence ne concernent que les "ressortissants ennemis". Mais les autres étrangers qui vivent en France, au premier rang desquels figurent Belges et Italiens, ne peuvent rester neutres. L'opinion fait pression, et dénonce les "profiteurs", les "lâches", les "espions". Les étrangers, en vérité, n'ont nul besoin de cet aiguillon. Pour remercier la France qui les a accueillis, ils s'engageront, parfois en masse, étape décisive d'une intégration définitive.

En 1915, avec l'entrée en guerre de l'Italie, la plus importante communauté immigrée devient directement partie prenante du conflit. L'opinion salue le départ des mobilisés, mais le gouvernement s'inquiète. L'industrie de guerre réclame en effet de plus en plus de bras, les Français sont au front, et la main-d'œuvre manque un peu partout. Pour y remédier, les pouvoirs publics créent le Service de la main-d'œuvre étrangère, rattaché au ministère de l'Armement. Il est chargé de recruter les travailleurs nécessaires à l'effort de guerre, de les contrôler presque militairement et d'aider à leur rapide adaptation. Dans l'urgence, l'après-guerre se dessine, avec la mise en place de structures qui encadreront les migrations des années 20. Le premier flux vient de l'empire. Des recruteurs sont envoyés au Maroc, en Tunisie, en Indochine et en Chine. En Algérie, les hommes sont purement et simplement réquisitionnés. Non sans conflit avec l'armée : elle cherche, elle aussi, à recruter dans "la plus grande France". Finalement, entre le fusil et l'usine, un compromis s'élabore. Les "indigènes" participeront en première ligne à l'effort de guerre ; 25 000 Algériens tombent au champ d'honneur en quatre ans, mais 130 000 Maghrébins seront, dans le même temps, appelés dans l'industrie de guerre. Ces travailleurs coloniaux obtiennent des droits égaux à ceux des Européens et un salaire minimum de 5 F, pour 10 h de travail. Il faudrait plutôt parler de "solde". Les indigènes sont soumis à une discipline militaire, relevant de l'autorité d'un commandant, et ils vivent sous la surveillance des contrôleurs. A la fin du conflit, ils sont 200 000 : outre les Nord-Africains, on compte 48 955 Indochinois, 36 941 Chinois et même 4 546 Malgaches.

L'armistice signé, tous seront renvoyés dans leurs foyers, car on les juge inassimilables, dangereux pour la métropole et l'empire. Les autres étrangers feront souche, en revanche. Car l'empire n'a pas suffi ; la France a dû recruter dans toute l'Europe. Dès 1915, des postes sont installés par le ministère de l'Agriculture aux frontières italienne et espagnole. 100 000 Ibériques profiteront des circonstances pour s'installer en France. Les missions envoyées en Italie sont, en revanche, un échec : 3 300 volontaires seulement. D'autres nationalités les remplaceront, parmi lesquelles 20 000 Grecs et 15 000 Portugais. La France les accueille, contrainte et forcée, car elle se méfie des étrangers. On les soupçonne à chaque instant d'espionner au profit du "boche". On dénonce la cupidité de ceux qui cherchent à s'emparer de la richesse nationale, pendant que les poilus sont au front. On s'inquiète également de la propagande, des désordres, de leur influence néfaste sur le moral des troupes. Au nom de la sécurité publique, de nombreux étrangers seront internés ou expulsés ; les soldats russes, venus en renfort, en 1916, sont placés dans des camps au moment de la révolution, qui déclenche un vent de panique et de suspicion.

C'est d'ailleurs à cette époque, au mois d'avril 1917, que sont signés deux décrets réglementant plus strictement l'entrée des étrangers sur le territoire, et leur activité économique. Le 2 avril, la carte d'identité devient obligatoire pour tout étranger âgé de plus de quinze ans, qui souhaite résider en France plus de quinze jours. Immatriculé à son arrivée, il doit ensuite obtenir un visa pour se déplacer à l'intérieur du pays, et ceux qui l'hébergent sont tenus de les signaler à la police. Le décret du 21 avril accorde, après examen sanitaire, la carte d'identité à ceux qui viennent en France nantis d'un contrat d'embauche ; les autres devront trouver du travail s'ils veulent recevoir leur carte d'identité. Le séjour en France est donc, pour la première fois, lié à l'activité économique : il le restera. Après la guerre, la France mesure l'étendue du désastre : 1,4 million de morts, plus d'un million d'invalides dans les classes d'hommes jeunes. L'immigration ouvrière devient inéluctable, les structures sont en place, les hommes viendront très vite. Il y a, dès 1921, 1 532 000 étrangers, un tiers de plus qu'en 1911. Mais ce n'est pas le seul legs de la guerre. La loi du 4 février 1919 remercie en effet les Algériens musulmans enrôlés sous les drapeaux en leur accordant la nationalité française et la citoyenneté. Quant à l'opinion, elle a laissé impunément libre cours, pendant quatre ans, à la xénophobie, à la méfiance, aux amalgames, entre "l'étranger", "le traître" et "l'espion". L'armistice calmera quelques ardeurs, mais l'habitude est prise, que les bouleversements économiques et politiques des années 30 auront tôt fait de ressusciter.

Habitat

D'un siècle à l'autre, l'habitat réunit, dans la précarité, les générations de l'immigration. Mais tout n'est pas identique. Les lieux d'habitation changent avec le temps et les communautés, comme si l'espace devait concrètement mesurer le degré d'intégration, la volonté de s'installer et la résistance des nationaux.

Au cours du premier vingtième siècle, les étrangers prennent pied, d'abord, dans les quartiers les plus pauvres du centre ville, quartiers industriels abandonnés par les Français et voués à une rapide dégradation. Le Cours Belsunce à Marseille, le secteur de la Chapelle à Paris accueilleront les nouveaux venus qui s'entassent à cinq, dix par chambre dans des hôtels meublés sans confort. Habitat précaire, mais les étrangers trouvent ici une communauté, une solidarité quotidienne qui atténuent la solitude de l'exil. Ils profitent également d'un réseau de relations utiles pour trouver du travail et se diriger dans le maquis administratif. Au bout de quelques années, quand ils sont installés, parfois avec femmes et enfants, ils déménagent vers d'autres quartiers, quartiers nord de Marseille ou banlieue parisienne, qui offrent des terrains bon marché, des logements plus modernes et plus spacieux. Mais il s'agit toujours d'un habitat spécifique, à forte concentration étrangère : se fondre dans la ville, dans les quartiers "français", relève du privilège, dernière étape de l'intégration réservée à ceux qui ont réussi.

Les Français se méfient de cette ségrégation territoriale. Ils se sentent exclus d'une partie de "leur" ville, dénoncent l'insécurité qui y règne, les trafics, la maladie qui menace de se répandre dans la cité.

Mais, à l'exception des grandes villes industrielles du le Nord et de l'Est, personne ne fait rien pour offrir aux travailleurs étrangers un habitat social qui éviterait cette appropriation massive de certains quartiers. Faute de mieux, c'est ici que les migrants trouvent des loyers peu onéreux et une organisation collective, dans l'immeuble, dans la rue, avec la constitution d'un réseau de cafés, commerces et services "nationaux". Ce ne sont pourtant pas des ghettos : le périmètre n'est jamais fermé, l'organisation reste informelle, même dans des quartiers à peuplement très spécifique comme celui du Marais, où se sont regroupées les vagues successives de l'immigration juive.

Au lendemain de la Seconde Guerre mondiale, les lieux d'habitation vont lentement se transformer et se diversifier. Ces cinq années ont achevé d'intégrer ceux qui sont arrivés dans l'entre-deux-guerres, les familles se sont agrandies et, petit à petit, l'ancienne immigration européenne va abandonner les quartiers spécifiques pour rejoindre des logements traditionnels, même s'ils restent typiquement ouvriers. Les Nord-Africains les remplacent, mais le centre ville vétuste n'est plus le seul lieu d'accueil. Les foyers de travailleurs se développent, sous l'impulsion de la Société nationale de construction de logements pour les travailleurs (SONACOTRA), créée en 1956 et destinée à la communauté algérienne. Ces foyers sont un habitat intermédiaire entre les logements sociaux du Nord et de l'Est du pays, réservés aux familles, et les anciens "meublés". Ils sont destinés à une immigration nouvelle, célibataire, masculine, que l'on veut temporaire. Ces foyers offrent un minimum de confort et de modernité, mais les étrangers doivent en payer le prix. Ils sont privés d'autonomie, surveillés dans leurs allées et venues, soumis à des règles strictes qui entravent leur vie sociale. Il y a, à cet égard, une certaine similitude avec le logement des ouvriers agricoles de l'entre-deux-guerres, confinés sur leur lieu de travail, sans vie privée. Les foyers valent mieux que l'étable alors offerte aux agriculteurs, mais cette perte d'autonomie, particulièrement sensible pendant la guerre d'Algérie, fera la fortune de certains bidonvilles, infâmes, mais libres. Il est vrai que les foyers ne peuvent absorber la croissance de l'immigration : il manque 50 000 lits en 1964. A cette époque, par ailleurs, Portugais et Espagnols reconstituent très vite la cellule familiale, et les logements du centre-ville ne sont pas adaptés. Ces deux nationalités trouvent alors refuge dans les bidonvilles qui se développent hors de tout contrôle. Exemple parmi d'autres, celui de la Campa. Il s'installe d'abord à Saint-Denis, en banlieue parisienne avec 79 familles dont 44 espagnoles. En 1961, il est transféré à La Courneuve, avec 205 familles, mais il ne reste que 22 familles d'origine. Il n'y a qu'un unique point d'eau, aucune évacuation des eaux usées. Les hommes vivent dans des autobus désaffectés, des roulottes et, pour les plus chanceux, des baraques en parpaing érigées en haut du bidonville, signe d'une promotion au sein de la pire exclusion. Car le bidonville agit comme un ghetto. Il fige l'immigré dans sa misère d'arrivée et empêche tout progrès sur l'échelle sociale. Les fatigues accumulées, l'absence totale d'hygiène, l'éloignement de tous les services sociaux transforment ces quartiers en lieux de haute insécurité. On se bat entre ethnies devenues rivales, on vole, on tue aussi. Les familles résistent rarement à cette vie de promiscuité. Le commerce illicite, les trafics s'y développent, absorbant les maigres ressources des habitants, qui préfèrent néanmoins ce vol institutionnalisé, que d'affronter le monde extérieur.

Cette plaie béante des années de croissance, que l'on cache honteusement disparaîtra lentement, remplacée par d'autres logements précaires – cités d'urgence ou de transit – moins infâmes. A côté de ces nouvelles formes d'habitat – bidonvilles, foyers, cités – les hôtels meublés sont restés debout. Sous la pression de la demande, certains se sont transformés en véritables usines à sommeil, surpeuplées, avec une rotation des lits qui fait un sinistre écho au travail posté. On peut parler de véritables bidonvilles verticaux, comme à Gennevilliers, où certains immeubles abritent jusqu'à 1 800 étrangers, contraints de travailler, au retour de l'usine, sur les machines à coudre installées en sous-sol.

La plupart de ces abcès urbains seront progressivement réduits. Des sanctions sont prises contre les marchands de sommeil, les centre-villes sont rénovés, les logements sociaux augmentent avec la croissance économique et le développement de l'immigration familiale. Ces HLM sont alors accueillis par l'immigration comme une véritable promotion. Les familles y bénéficient désormais d'un minimum de dignité. Les équipements collectifs sont une porte ouverte sur la société, l'intégration, voire l'ascension sociale. Des relations privilégiées se nouent entre les jeunes des cités et les travailleurs des foyers : les premiers sont un peu une famille de substitution ; les aînés apportent aux jeunes la fierté de l'histoire, en leur faisant partager les souvenirs de la guerre d'indépendance. Mais la crise stoppe net ce début d'intégration et, à nouveau, l'espace va traduire l'exclusion économique et sociale de l'immigration. En 1982, date du dernier recensement, les étrangers habitent plus souvent que les Français dans des logements de transit. Leurs logements sont par ailleurs plus souvent surpeuplés : un logement de Français sur cinq répond à ce critère, mais deux logements d'étrangers sur cinq et deux logements de Maghrébins sur trois. Les logements d'étrangers sont également moins confortables, accumulant les retards pour l'équipement en cuisine, en sanitaires, en eau chaude. Dernière ligne de partage : il y a deux fois moins de propriétaires chez les étrangers, et ils sont cinq fois plus souvent locataires de meublés.

Ces handicaps ne sont pas également répartis. Dans le centre-ville, les meublés et les hôtels sont inconfortables, mais ancrés dans la cité. Car la France échappe toujours aux ghettos, même si le *Chinatown* du XIIIe arrondissement parisien constitue un exemple d'appropriation presque totale de l'espace par une seule communauté. Dans les quartiers traditionnels d'immigration – la Guillotière à Lyon, Barbès à Paris, le Cours Belsunce à Marseille –, en revanche, plusieurs nationalités cohabitent ; les habitants changent ; les portes sont ouvertes sur la ville. Les premières immigrations européennes ont d'ailleurs presque totalement disparu. Une partie de l'immigration maghrébine l'a déjà suivie, remplacée par les derniers arrivés : Africains, Turcs, ressortissants des pays de l'océan Indien. Ces mêmes nationalités peuplent également les derniers bidonvilles et cités de transit en lisière des villes. Mais elles sont encore peu nombreuses dans les habitats les plus récents : foyers et HLM. Dans les foyers, les Maghrébins restent majoritaires, avec une prépondérance marocaine. Ils n'ont donc jamais bougé, depuis leur arrivée en France. Or les foyers voulaient être un lieu d'intégration progressive dans la société : ils ont donc échoué. 46 % des résidents y séjournent depuis plus de cinq ans et 5 % des locataires sont retraités. Ces foyers sont, de plus, mal acceptés par les municipalités et la population, qui craignent les phénomènes de ghettos et de concentration. Le Fonds d'action sociale et la SONACOTRA ont donc entrepris de réorienter leur politique : moins d'argent pour les foyers et un recrutement plus diversifié, ouvert aux travailleurs français recherchant un habitat temporaire. Mais sans ces foyers, où aller ? Les HLM ont longtemps représenté l'espoir d'une vie normale, après le bidonville ou la cité de transit. Mais en vingt ans, ils se sont transformés en appendice honteux, vivant en marge de la ville. Dans ces immeubles privés du statut de quartier à part entière, l'exclusion sociale s'imbrique dans la ségrégation spatiale. L'image négative des cités et des Z.U.P. handicape les habitants à la recherche d'un emploi. Les appartements trop exigus, mal insonorisés, la tension permanente qui y règne, favorisent l'échec scolaire, les écoles de ces quartiers cumulant par ailleurs le double handicap d'une population ouvrière et étrangère.

Les Français qui sont là vivent, de leur côté, ces épreuves comme une agression permanente à leur égard. Si les conflits ouverts restent relativement rares, loin par exemple des problèmes vécus par certains ghettos noirs américains, la tension demeure permanente entre adultes et adolescents, entre deux communautés, entre deux immeubles, voire deux cages d'escaliers.

Aux yeux des Français, les étrangers sont coupables d'un "trouble de jouissance", qui renvoie au seuil de tolérance, c'est-à-dire qu'ils leur reprochent simplement d'être là, différents et visibles. Derrière l'accusation, perce en fait leur propre hantise du déclassement – déclassement social, déclassement de l'habitat – qui les rapprocherait des étrangers, quand ils font tout pour s'en démarquer.

A ce refus des nationaux répond, chez les jeunes étrangers, un refus d'intégration, qui se traduit par des actions de représailles contre les installations collectives, quitte à justifier ainsi les griefs qui leur sont adressés.

Seuil de tolérance dépassé ? Contrairement aux idées reçues, les étrangers en général, et les Maghrébins en particulier, sont sous-représentés dans les HLM, compte tenu de leur place dans la population ouvrière. Ils sont, en général, les derniers admis, condamnés à attendre que les Français partent. Or, une fois les Français partis, les cités restent à l'abandon et ils héritent de logements vétustes, dans des immeubles délabrés. L'image, déplorable, rejaillit sur les habitants. Ils finissent par adapter leur comportement à cette image. Leur attitude nourrit alors le ressentiment des Français, qui cherchent à partir : cercle vicieux, dans l'ombre "des boîtes aux lettres", qui bloque l'intégration.

Des initiatives récentes, comme le développement social des quartiers, ont essayé de briser cette fatalité. Les moyens, les ambitions et les hommes varient d'une ville à l'autre, mais toutes, pour la première fois, prennent en compte la taille des familles étrangères, les modes de vie, les habitudes quotidiennes, les mentalités, c'est-à-dire des critères qualitatifs qui traitent, à la différence du seuil de tolérance, Français et étrangers en hommes, et non en statistique.

Harkis

Les accords d'Évian prévoyaient, en 1962, le rapatriement de 4 930 familles musulmanes : il en viendra plusieurs dizaines de milliers, exilées de force, pour avoir choisi la France. Quelques-uns étaient fonctionnaires civils, d'autres soldats de l'armée régulière, et les derniers – un sur deux – étaient des supplétifs de l'armée. On les appelait "harkis" : au retour, tous les rapatriés musulmans hériteront de ce nom. Au fil des mois, de toute façon, l'abus de langage tombe de lui-même. Les fonctionnaires civils et militaires ayant trouvé une nouvelle affectation, seuls restent les harkis, soldats trompés par l'histoire, déracinés, analphabètes, abandonnés à leur arrivée dans des camps de regroupement. C'est en effet ainsi que la France gaulliste accueillit ceux qui avaient cru à sa parole. Les pouvoirs publics ouvrirent à la hâte des centres à Bias, Rivesaltes, dans le Larzac, à Jouques, et dans l'Aude, à Saint-Maurice-l'Ardoise. Dans ce dernier camp, vivaient environ trois mille habitants, répartis en sept villages, cantonnés derrière des grillages, soumis aux contrôles d'identité, au couvre-feu et à la misère. Quelques harkis échappent à cet univers, embauchés comme manœuvres à la SNCF ou envoyés dans les hameaux forestiers de l'Office national des Eaux et Forêts. Les autres restent en camp : un toit et deux repas, la République ne leur offre rien de plus.

De rares mesures sont prises pendant les années soixante : quotas dans les HLM, rattrapage scolaire pour les enfants, présence d'une assistante sociale. Mais il manque une réelle volonté politique pour vaincre l'inertie de l'administration, la réticence des élus et l'hostilité de l'opinion. En fait, les Français musulmans sont condamnés de tous côtés. La droite les assimile aux immigrés qui arrivent en masse. La gauche n'a rien pardonné depuis Alger et les traite en "collaborateurs". Les harkis essaient, au début, de lutter contre ce discrédit et des associations naissent. Mais les querelles intestines leur ôtent vite toute efficacité. Tout pose problème en vérité, même la nationalité. Pourtant, ces hommes étaient Français, ou devaient le devenir : ce choix leur avait d'ailleurs valu l'exil. La loi prévoyait bien une option, avec déclaration devant le juge d'instance, pour faire valoir ce droit. Mais à ces hommes, ces femmes déracinés, analphabètes, on donne un délai dérisoire : le 1er janvier 1963. Et sans cesse, l'administration leur réclame de nouvelles pièces. On invente d'autres règles ; on feint l'ignorance. Le délai sera repoussé à plusieurs reprises, jusqu'à la forclusion en mars 1967. Finalement, à cette date, la promesse est tenue : tous les harkis sont Français. Mais à quel prix ? Ce qui était un droit, une procédure solennelle valorisant leur choix de la France, est devenue une faveur sans cesse contestée. Pour des hommes qui avaient vécu en Algérie dans le culte de la France, pour des anciens combattants que l'on amenait à chaque commémoration, le choc est rude. Que l'Algérie les renie pour trahison, ils le comprennent. Que la France en fasse autant, comment l'admettre ? Ballottés d'un camp à l'autre, marginalisés par un provisoire qui dure, il ne leur reste que l'amertume, la misère et, malgré tout, l'espoir de voir leurs enfants réussir là où eux ont échoué.

Valéry Giscard d'Estaing, en 1974, leur apporte à cet égard l'espoir d'une réhabilitation. Il affirme d'abord solennellement que les Français musulmans ont droit à la reconnaissance nationale puis crée un secrétariat d'État chargé des rapatriés, afin de transformer les discours en actes. Plusieurs organismes sont mis sur pied au plus haut niveau : commission nationale, comité national des associations et amicales, mission interministérielle. Des structures d'information les relaient sur le plan local pour essayer de résoudre les deux problèmes les plus urgents, l'emploi des jeunes et le logement. Une procédure spéciale d'aide à l'accession à la propriété est mise en place et la loi d'indemnisation des rapatriés porte, en 1978, une attention particulière aux dossiers des Français musulmans.

L'élan est donné, les cités d'accueil, les hameaux forestiers commencent d'être résorbés, mais les blocages viendront enrayer trop tôt ce début de réhabilitation. Or, au rythme de 20 000 naissances par an, la communauté compte aujourd'hui 400 000 membres. Les aînés ont fait deuil de leurs ambitions, mais ils n'acceptent pas que leurs enfants paient encore pour le passé ou qu'ils soient assimilés aux enfants d'immigrés. "Bâtards de l'histoire", voilà comment les plus jeunes se définissent. Car ils ne seront jamais de "là-bas", et la France ne les reconnaît pas d'"ici". Une nouvelle embellie est malgré tout venue en 1981. Des mesures ont été prises en faveur du logement, qui tiennent compte des handicaps de la communauté (familles nombreuses, faibles ressources). Des contrats d'action sociale, éducative et culturelle ont été signés par les collectivités locales. Mais la volonté politique ne suffit plus. Réduite à la marginalité, confrontée à l'indifférence générale, la seconde génération réclame reconnaissance de son identité. Par défi, certains proclament leur attachement au monde arabe, à l'islam. Ils abandonnent les prénoms français qu'on leur avait donnés à leur arrivée et ils s'inventent même une patrie algérienne, un possible retour où tout serait "mieux" puisque rien ne peut être pire. Ceux-là se rapprochent de la seconde génération d'immigrés et ils joueront un rôle non négligeable dans le mouvement des "beurs" en 1983-1984. Mais la génération des pères continue, elle, de se démarquer de l'immigration et attribue ses malheurs à ces "autres", si semblables, si différents. L'immigré, à leurs yeux, c'est celui qui, hier en Algérie, était du côté des vainqueurs. C'est celui qui est finalement venu en France mais en si grand nombre, et en se conduisant si mal, qu'il a fini par susciter le rejet. Et ce rejet, amer paradoxe, les harkis en sont également victimes. Car ils ont beau répéter que les immigrés, les "voyous", ce sont les autres, les étrangers, pas leurs enfants qui sont Français, l'opinion s'en moque, la police, les propriétaires, les employeurs aussi. Au nom du "faciès", d'une culture, d'une religion, on les exclut : 85 % des fils de harkis sont au chômage. En fait, on rêve de les voir partir. Mais pour eux, le retour est impossible. Ils sont Français à jamais, et citoyens, ce qui les distingue de l'immigration. La génération des pères, fataliste, analphabète, n'avait jamais cherché à utiliser ce pouvoir. Leurs fils, en revanche, vont investir le champ politique au début des années 80 pour obtenir reconnaissance. C'était ouvrir une voie. Quelques temps plus tard, les enfants de l'immigration l'emprunteront à leur tour, citoyens de droit mais également tenus en marge par les Français "de souche".

Hollandais

L'immigration hollandaise se confond surtout avec l'histoire de l'Ancien Régime. Commerçants et navigateurs viennent les premiers, dès le XIIIᵉ siècle, puis les humanistes et les imprimeurs qui s'installent à Paris aux XVᵉ et XVIᵉ siècles. Sous le règne d'Henri IV, ces migrations individuelles et spontanées vont se transformer en flux migratoires plus organisés. On fait en effet venir travailler des Hollandais à l'assèchement des marais. Des colonies se forment en Vendée, dans le Poitou, attirées par les énormes privilèges que leur concède le pouvoir royal. D'autres les rejoignent, tout au long des XVIIᵉ et XVIIIᵉ siècles. Ils sont pionniers de l'industrie, travaillant dans la construction navale et les raffineries de sucre, ou maîtres du commerce dans l'exportation du vin à Bordeaux et Nantes. A la veille de la Révolution, en 1787, la communauté accueille encore plusieurs milliers de réfugiés, après l'échec de la révolution contre Guillaume V.

Mais cette brusque accélération restera sans lendemain. La présence hollandaise n'est certes pas négligeable, surtout dans le domaine agricole, mais ils demeurent marginaux par le nombre et les recensements ne les classent même pas à part. Pendant la Première Guerre mondiale, une mission française part pourtant aux Pays-Bas, afin de recruter des ouvriers. Maigre succès : les volontaires sont peu nombreux, échaudés par les contrats proposés et les conditions de vie qui leur sont faites. Pourtant, l'immigration n'est pas complètement tarie.

La Hollande a toujours trop de bras, sa population augmente, l'industrie stagne et l'agriculture a déjà atteint le plus haut niveau possible de productivité et de mécanisation. Le gouvernement néerlandais envoie une mission dans le Sud-Ouest de la France pour étudier les possibilités de colonisation qui reçoit l'aval des autorités françaises. Ici, la main-d'œuvre fait défaut dans certaines régions agricoles et, aux yeux des pouvoirs publics, les Hollandais incarnent un étranger rêvé, européen, technicien, cultivé, en un mot digne de la France et assimilable. Mais pour les convaincre de venir, il aurait fallu leur réserver d'autres conditions de vie que le lot commun de misère et d'exploitation, réservé aux étrangers en France. Faute de garanties, les Hollandais ne se pressent guère et ils représentent, dans les années 30, moins de 1 % des étrangers employés dans l'agriculture. Les propriétaires, fermiers et métayers, sont par ailleurs aussi nombreux que les ouvriers agricoles, or la France s'en méfie et les soupçonne de vouloir acheter le pays. Deux cents familles viendront encore s'installer en Normandie, en 1925, mais l'immigration hollandaise touche là ses limites. La France n'offre plus d'avantages, les problèmes des Pays-Bas sont en passe d'être résolus.

Au lendemain du second conflit mondial, les fondateurs de l'ONI gardent pourtant encore espoir. Ils songent en effet aux Hollandais, lorsqu'ils évoquent une immigration de qualité et assimilable. Mais ces derniers ne viendront pas, employés à reconstruire puis développer leur pays. Ceux qui avaient tenté l'aventure en 1939 sont désormais intégrés, évolution parachevée, en 1957, avec la fondation de la C.E.E. De leur présence, il reste néanmoins le paysage remodelé de certaines régions, des techniques nouvelles et les noms qu'ils ont légués depuis des siècles à plusieurs générations de Français.

Immigration clandestine

L'immigration clandestine est à la fois mythe et réalité. Un mythe, car elle est par nature souterraine, incontrôlable, incertaine dans sa nature et son volume. Ce mystère qui l'entoure a de tout temps suscité ce "ils sont partout", qui assure le succès des tribuns et démagogues. Mais tout n'est pas fantasme. L'immigration clandestine existe et elle est une constante dans l'histoire des migrations mondiales. A une condition : il faut une réglementation du séjour et de l'entrée des étrangers pour que le concept de clandestinité prenne son sens. Or, en France, avant 1914, la loi ne dit presque rien. Il existe certes un contrôle de police vis-à-vis des "indésirables", mais le travail n'étant pas soumis à réglementation, les étrangers en infraction sont rares. Ce relatif libéralisme s'explique aisément. Il y a à la fois moins de pression aux frontières, et moins de crainte pour la main-d'œuvre nationale. Mais au moindre retournement de conjoncture, l'opinion s'inquiète, réclame des mesures contre ceux qui viennent en France "manger le pain" des ouvriers nationaux. La loi du 10 août 1932 répond à son attente, en instaurant des quotas pour les travailleurs étrangers. Puis, d'année en année, la législation se fait plus répressive. Les conditions de renouvellement de la carte d'identité deviennent extrêmement sévères. L'embauche des réfugiés est impossible. Les expulsions sont désormais la règle.

En multipliant ainsi les entraves, les pouvoirs publics accroissent les infractions possibles, et donc le nombre de clandestins. Car il n'est, en fait, d'autre définition que celle-là : est clandestin tout étranger séjournant ou travaillant en France illégalement. Sous un terme générique, on trouve donc des situations variables. Le clandestin, dans l'entre-deux-guerres, peut être réfugié antinazi, muni de papiers mais qui travaille en dépit de l'interdiction qui lui a été signifiée. Il peut être aussi travailleur venu de Pologne plusieurs années auparavant, auquel on a refusé le renouvellement de sa carte d'identité. Cela signifie l'expulsion, mais certains refusent d'obtempérer et restent en France, en sachant que les pouvoirs publics n'ont pas les moyens de faire exécuter toutes les décisions. Il peut être, enfin, travailleur ou réfugié qui passe clandestinement la frontière et dont l'existence en France est entièrement illégale. C'est cette multiplication des frontières, des statuts et des lois qui nourrit alors la peur de l'invasion. Les législations répressives et malthusiennes transforment, en effet, mécaniquement une partie de l'immigration légale en immigration clandestine, sans qu'il y ait d'entrées nouvelles. Mais l'opinion les additionne et, comme les clandestins échappent à tout chiffrage, on lit un peu partout, dans la presse de l'entre-deux-guerres, des chiffres accablants, qui n'ont le plus souvent d'autre réalité que celle de l'imprimé.

Au lendemain de la Libération, la création de l'O.N.I. redéfinit, en creux, les clandestins. Tout travailleur étranger doit, en effet, désormais être introduit par l'intermédiaire de l'Office. Ceux qui passent outre sont donc en situation irrégulière. Mais la procédure, instaurée par la loi de 1945, ne fait l'affaire de personne. Le contrôle sanitaire et professionnel rebute les candidats qui craignent de ne pas être admis. La lourdeur administrative impatiente les employeurs qui y voient une entrave inutile, à l'heure où la croissance réclame sans cesse plus de bras. Dès 1948, les entrées clandestines représentent 26 % du total des introductions de travailleurs et 82 %, vingt ans plus tard. La demande aura finalement eu raison de la loi. A l'heure des "trente glorieuses", la politique de l'immigration devient donc, de fait, une "politique de l'immigration clandestine", et les pouvoirs publics en prennent acte, concrètement, sinon juridiquement. Les étrangers qui arrivent hors des procédures balisées par l'O.N.I. sont alors qualifiés de "non-régularisés", tacite reconnaissance des règles imposées par la croissance économique. La circulaire du 29 juillet 1968 viendra finalement consacrer ces pratiques en offrant de régulariser après leur entrée en France, tous les travailleurs étrangers introduits hors du contrôle de l'O.N.I.

Mais quelques années plus tard, les pouvoirs publics font volte-face. Un premier coup d'arrêt est porté par la circulaire du 23 février 1972, dite "circulaire Fontanet", qui essaie de revenir à une application plus stricte de la loi de 1945. Désormais, les régularisations sont réservées aux seuls travailleurs qualifiés, et le texte subordonne clairement l'embauche de nouveaux travailleurs, à la situation du marché de l'emploi. Conséquence logique : dès les débuts de la crise, en octobre 1973, les régularisations sont suspendues et l'on reparle d'"immigration sauvage". Il y a alors en France environ 400 000 travailleurs clandestins, dont 50 % dans le bâtiment et 20 % dans l'agriculture. Leur avenir s'annonce sombre, car la répression devient très vite la règle. En 1976, la mission interministérielle de lutte contre les trafics de main-d'œuvre est mise en place, composée de magistrats, d'inspecteurs du travail et de fonctionnaires de police. Il s'agit, cette fois, de frapper les employeurs de main-d'œuvre clandestine, accusés de soutenir la demande en alimentant l'offre d'emploi sur ce marché parallèle. Les expulsions massives de travailleurs, en revanche, ne sont pas encore à l'ordre du jour. Les pouvoirs publics veulent surtout décourager la venue de nouveaux travailleurs et marginaliser ceux qui sont là sans statut. Mais ils continuent de les tolérer, conscients que certains secteurs comme le maraîchage ou la confection ne survivent que dans cette semi-légalité. Quelques révoltes, dont la grève de la faim des travailleurs turcs du Sentier en 1980, aboutissent à des régularisations ponctuelles, mais il faut l'arrivée de la gauche au pouvoir, en 1981, pour assister à un véritable changement de politique.

Les premières mesures du gouvernement socialiste sont prises contre les employeurs de main-d'œuvre clandestine, jugés plus coupables que ceux qu'ils font travailler dans les pires conditions. La loi du 17 octobre 1981 menace les contrevenants d'emprisonnement (de deux mois à un an), le montant des amendes s'alourdit et, en cas de récidive, les primes peuvent être doublées. Mais le texte ne vise pas seulement à enrayer un flux migratoire. Il veut également rendre aux travailleurs étrangers ce que la clandestinité leur a volé. Les employeurs sont donc priés de rémunérer le travail effectué au taux légal, ainsi que tous les compléments non payés : congés, heures supplémentaires, indemnités de licenciement. Pour constater ces infractions, sont désormais habilités les inspecteurs et contrôleurs du travail, les inspecteurs des lois sociales pour l'agriculture, les officiers de police judiciaire et les gendarmes. Mais ils manquent de moyens, la coordination des services fonctionne mal et bien des infractions demeurent impunies.

Le second volet de la politique de 1981 est plus spectaculaire et mieux connu. Le gouvernement, pour repartir sur des bases solides, met en place une procédure exceptionnelle de régularisation entre le second semestre 1981 et le premier semestre 1983. Deux conditions sont posées : être entré en France avant le 1er janvier 1981 et présenter un contrat de travail d'un an minimum. Mais les employeurs ne montrent guère d'enthousiasme à le signer et il faudra assouplir cette condition, pour ne pas pénaliser les salariés. Finalement, 150 000 dossiers sont déposés, et 130 000 clandestins régularisés. Portrait de cette France souterraine : 30 % des clandestins travaillaient alors dans le bâtiment, 11,7 % dans la restauration, 11,4 % dans le textile, l'habillement et le cuir, les autres se répartissant à peu près également entre le commerce, l'agriculture, et les services domestiques.

Cette procédure exceptionnelle avait un objectif : donner à tous les étrangers vivant en France les moyens légaux de leur intégration. Pour qu'elle ait des effets durables, il fallait donc renforcer les contrôles aux frontières : toute nouvelle arrivée aurait compromis ces premiers acquis. Or, la régularisation de 1981, comme celles de 1973 et 1980, va nourrir les flux migratoires. La pression, aux frontières, se fait plus forte. L'opinion qui déjà rêvait d'expulser au lieu de régulariser, s'inquiète. Le Front national en profite, la droite classique crie au laxisme. Le gouvernement socialiste s'en défend, mais l'avertissement est entendu. Petit à petit, priorité est redonnée à la surveillance et à la répression. La loi du 10 juin 1983 supprime la procédure d'appel en cas d'expulsion, les tribunaux pouvant procéder à une reconduite immédiate à la frontière. En octobre 1984, treize centres de détention administrative sont ouverts, ou légalisés, afin de "retenir" l'étranger en instance de départ. Les reconduites à la frontière sont, par ailleurs, assorties d'une interdiction de séjour et les clandestins expulsés sont inscrits dans le fichier des personnes recherchées. Mille postes de fonctionnaires sont créés pour renforcer la police de l'air et des frontières, et l'on incite les employeurs à embaucher des chômeurs pour le travail saisonnier. Après les élections de 1986, gagnées par la droite, la répression contre les clandestins sera encore accrue. Tous les étrangers en situation irrégulière tombent sous le coup d'une expulsion, quelles que soient les circonstances, quelles que soient leurs attaches familiales, à l'exception des parents d'un enfant français. Les clandestins ne peuvent plus, par ailleurs, obtenir de plein droit la carte de résident permanent, même s'ils en remplissent les conditions. Efficacité de ces mesures ou augmentation de l'immigration clandestine, le nombre d'infractions augmente de 40 % de 1986 à 1987.

Puis, en 1988, l'alternance politique entraîne une modification de la législation. Les socialistes, de nouveau au pouvoir, reviennent aux dispositions de 1984, mais il n'est plus question de régulariser. Le nombre de clandestins tend à augmenter, la vigilance aux frontières est donc maintenue, et les sanctions contre les employeurs de main-d'œuvre clandestine aggravées. Le Premier ministre, Michel Rocard, le dira sans ambages : la France n'a pas vocation à accueillir toute la misère du monde. Quelques semaines plus tard, à la fin de 1989, le Président de la République confirmera, en décrétant que le "seuil de tolérance" était atteint, voire dépassé.

Depuis 1981, les volte-face politiques ou juridiques n'auront donc pas manqué. Mais l'immigration clandestine, elle, n'a jamais disparu. Certains clandestins sont en fait entrés régulièrement en France, avec le droit d'y séjourner, le temps d'un visa ou d'une carte temporaire. Mais, après la date d'expiration, ils ont prolongé leur séjour clandestinement, par négligence ou nécessité. Les demandeurs d'asile séjournent, eux aussi, légalement sur le territoire, en attendant que l'Office français de protection des réfugiés et apatrides (O.F.P.R.A.) statue sur leur cas. Cette période transitoire peut durer plusieurs années. Si leur dossier est rejeté par l'O.F.P.R.A., les demandeurs passent outre, en général, préférant rester ici en clandestins, que repartir. Dernière catégorie, la plus classique : ceux qui franchissent la frontière en fraude, utilisant si nécessaire les services d'un passeur et les contacts d'une filière.

Quel que soit leur itinéraire, les clandestins s'installent, après leur arrivée, de préférence dans les grandes villes ou à la campagne. Le milieu urbain a l'avantage de l'anonymat et offre d'assez larges possibilités d'embauche. Les petites entreprises du bâtiment, de l'hôtellerie et du commerce ferment en effet les yeux sur la situation de leurs employés, pourvu qu'ils acceptent de travailler au moindre coût : salaires inférieurs au S.M.I.C., absence de protection sociale, horaires dépassant largement les 39 heures légales. Certaines entreprises vivent d'ailleurs entièrement immergées dans cette économie souterraine. Leurs dirigeants sont des clandestins ; les employés le sont aussi, et parfois les sources d'approvisonnement. A côté de ces filières communautaires, les grandes entreprises portent également leur part de responsabilité. Certains grands chantiers prospèrent grâce aux clandestins, recrutés par des intermédiaires qui renvoient aux pratiques des "trente glorieuses". A la campagne, enfin, les clandestins sont des saisonniers, employés dans la viticulture et le maraîchage. Ils sont, en général, assez bien intégrés, contrairement à ceux qui vivent en ville. Enfermés dans des quasi-ghettos, insaisissables par nature, les étrangers en situation irrégulière suscitent ici méfiance et hostilité de l'opinion. Pour rassurer ou flatter, les politiques promettent, gauche et droite désormais confondues, la plus grande sévérité. L'avertissement est également destiné aux pays de départ : inutile de venir en France. Mais, en fait, les frontières seront toujours perméables ; les expulsions massives de clandestins sont impossibles ; les entreprises de main-d'œuvre clandestine, disséminées à travers la banlieue, enchevêtrées dans un réseau complexe de montages financiers, offrent peu de prise à la répression. Chacun le sait, à défaut de le dire haut et clair. Les mesures radicales laisseraient de toute façon le mal intact.

L'immigration clandestine reflète les déséquilibres Nord/Sud ; ils disparaîtront ensemble. En attendant, la clandestinité n'est pas sans avantage. Aux étrangers en situation irrégulière, elle apporte les miettes de l'opulence. Mais les Français ne sont pas en reste. Les entreprises disposent par ce biais d'une main-d'œuvre bon marché, en dehors de toute législation sociale. Quant au public, même s'il l'oublie, il doit aux clandestins la satisfaction de voir le marché épouser sans délai et au moindre coût, chacun de ses goûts, de ses modes, de ses besoins.

Islam

Il faut, en préambule, plonger dans les sièles passés. Du VIIIe au XIVe siècle, la France intègre une première vague d'étrangers musulmans, Berbères venus du Maroc ou Espagnols convertis. Par les armes ou le commerce, des échanges se nouent alors entre l'islam et la France du Sud-Ouest, de l'Aquitaine et d'une partie du Sud-Est. Les musulmans apportent des techniques sophistiquées jusqu'alors inconnues. Ils donnent à la langue française des mots courants comme "magasin", "coton", "algèbre", et les chiffres arabes. Ils laissent, enfin, de nombreux patronymes, car ils feront souche, durablement, et ils seront si bien assimilés que la mémoire collective en perdra le souvenir.

Quand arrive, des siècles plus tard, la seconde vague d'étrangers musulmans, la France de l'entre-deux-guerres a tout oublié de ces pionniers. Elle a de l'islam une vision coloniale, fondée sur l'inégalité, et d'emblée, elle se méfie. Pouvoirs publics et opinion n'aiment guère ces immigrés. On les juge incapables de s'intégrer à cause de l'islam, trop aveuglés par la religion pour céder à l'attraction de la civilisation française. Mais il s'agit d'Algériens, sujets de l'empire. Il faut donc leur témoigner du respect, par fidélité à la mission civilisatrice de la France, et pour ne pas donner prise à la propagande nationaliste. Afin de prouver sa bonne volonté, la République décide donc de donner aux musulmans de métropole un lieu de culte décent : en juillet 1926, la grande mosquée est inaugurée à Paris. Dix ans plus tard, seront construits l'hôpital franco-musulman et les premiers foyers de travailleurs, mais sans grand succès. Au lendemain de la Seconde Guerre mondiale, quelques initiatives privées prennent le relais de l'État et construisent lieux de prières et foyers. Ils sont encore trop rares pour que la communauté entière puisse en profiter, mais elle est trop peu nombreuse pour imposer plus. La pratique religieuse réclame à cette époque beaucoup de foi, d'obstination, mais l'immigration est vécue comme une période transitoire, une parenthèse qui autorise certaines entorses en attendant le retour au pays. Puis, tout change en quelques années. La crise économique donne aux musulmans de France un peu de la manne pétrolière. En 1976, le Conseil supérieur mondial des mosquées ouvre un bureau à Paris. Les lieux de culte vont alors se multiplier et devenir des points de rencontre où la communauté musulmane s'affirme, au-delà des différences d'âge et de nationalités. L'argent seul n'aurait pas suffi. Au tournant des années 70, les mentalités changent également. Les regroupements familiaux accé-lèrent le processus d'installation, les perspectives de retour s'éloignent, les musulmans éprouvent désormais le besoin de pratiquer leur religion dans la dignité.

La première revendication, portée par un mouvement associatif en pleine expansion après 1981, concernera les lieux de cultes. Les musulmans de France veulent en finir avec l'islam des catacombes, des caves HLM, des foyers SONACOTRA, des églises désaffectées et obtenir des lieux de prières décents. Ils seront en partie entendus, avec 1 000 lieux de culte musulmans aujourd'hui recensés. Mais la France des minarets reste un fantasme, ou un mensonge. Dans ces lieux de culte, on compte moins de 100 vraies mosquées, moins de 10 minarets et les salles de prières restent souvent vides.

En fait, la pratique régresse. Un tiers seulement des musulmans se disait croyant et pratiquant en 1989. Les prières du vendredi soir regroupent de 5 à 10 % de fidèles seulement : la messe du dimanche attire 22 % de catholiques. Le recul de l'islam est encore plus net chez les jeunes, même si certains se plaisent à dire que "les Minguettes retournent au minaret". 73 % seulement des jeunes Maghrébins se disent musulmans ; 3 % respectent la prière quotidienne (48 % des plus âgés), 13 % lisent le Coran (45 % de la génération précédente). Les cinq piliers de l'islam – la profession de foi, la prière rituelle cinq fois par jour, le jeûne du mois de ramadan, la dîme ou aumône légale de purification, le pèlerinage à La Mecque – ne sont donc même pas tous respectés. Ce qui reste vivace ressort plus, en fait, de l'appar-tenance communautaire que de la croyance religieuse. Les mosquées sont, d'ailleurs, autant un lieu d'accueil qu'un lieu de prières. Les enfants apprennent la religion et la culture de leurs pères. La communauté tout entière trouve ici un lieu pour se réunir, pour affirmer son identité, et parfois régler un problème de relation avec la société d'accueil.

A côté de la prière, la mosquée a donc une fonction sociale mais il est vrai que l'islam ne distingue pas nettement entre espaces public et privé, religieux et laïc. Ce qui pose un problème de cohérence entre le droit du pays d'accueil et le droit musulman. En France, ces deux règles sont-elles compatibles ? Selon Cheikh Abbas, recteur de la mosquée de Paris, l'une et l'autre ne s'excluent pas : "Être musulman", déclarait-il, en 1987, « c'est vivre sa foi, dans une relation sincère et honnête avec Dieu et les hommes. A ma connaissance, l'État français, laïc certes, n'embarasse aucun croyant. L'islam doit épouser son époque moderne et entrer dans son siècle par l'intelligence de ses hommes [1]. » Cette volonté de compromis et de tolérance entre l'islam et la société d'accueil n'a rien de surprenant. Le droit musulman est, en effet, selon les textes, le fait des hommes. Il laisse donc une large place à la jurisprudence, qui adapte la pratique religieuse à son environnement, en respectant deux principes : l'intention droite et la nécessité. Ces deux principes ont permis à l'islam de s'adapter avec souplesse à travers les siècles et les pays à des lois et des cultures diverses. Aujourd'hui, ils peuvent donner naissance, en France, au fur et à mesure des problèmes posés, à une jurisprudence spécifique qui définirait un islam français. Le problème de l'intégration ne tient donc pas à une incompatibilité définitive, irrévocable de l'islam, mais à l'interprétation qui en est donnée de part et d'autre. Musulmans et Français sont-ils prêts à rechercher le compromis ?

Quelques intégristes et extrémistes, bruyants mais ultra-minoritaires, proposent une lecture radicale de l'islam et refusent l'idée d'un compromis. Certains gouvernements étrangers souhaitent, par ailleurs, garder un contrôle sur leurs expatriés. Ils s'inquiètent donc de la naissance d'un islam français et s'efforcent de maintenir vivantes les traditions et interprétations du pays d'origine. Sur certains points d'ailleurs, ils ont l'appui des fidèles. La plupart des croyants refusent en particulier de ramener l'islam aux dimensions d'une religion privée, quitte à provoquer des conflits avec les lois du pays d'accueil.

Le statut de la femme pose, à cet égard, un problème majeur. La société française proclame en effet l'égalité des sexes et interdit la polygamie. La laïcité refuse par ailleurs tout signe religieux distinctif et tout prosélytisme. Or, l'islam, surtout dans ses traditions et interprétations maghrébines, tient la femme dans un statut de mineure et l'oblige à se protéger des regards derrière un voile. Pour les fidèles, les règles françaises apparaissent donc comme une trahison, une offense à la religion et certains essaient de passer outre, notamment en matière d'obligations scolaires. Second lieu de conflit, mais il est lié : l'exogamie, les mariages mixtes. Compte tenu du poids des communautés musulmanes, ils sont encore peu nombreux et leur faible nombre mesure la résistance que chaque groupe, français et musulman, essaie d'opposer à l'autre. Pour ceux qui veulent s'émanciper, le coût est lourd. Le nombre de célibataires augmente chez les jeunes Maghrébines, parce qu'elles refusent le mariage traditionnel sans se résoudre au mariage mixte. Plus grave : le taux de suicide augmente aussi, refus cette fois radical et désespéré. A travers le mariage, se pose de plus, en termes également douloureux, la question du conflit entre deux législations.

En cas de divorce ou de séparation, les enfants sont confiés au père en droit musulman, mais en général à la mère par les tribunaux français. Que certains pères enlèvent de force leurs enfants, qu'il ait fallu une négociation entre États pour que les mères puissent exercer un droit de visite, témoigne de l'ampleur des problèmes à résoudre si l'islam veut vivre sans heurts en République. Devant ces blocages, la tentation est grande côté français, de décréter l'islam incompatible avec la République. Périodiquement, l'opinion se saisit des signes visibles de l'altérité (foulard islamique, mosquées, manifestations intégristes) pour dire la crainte que lui inspire "l'autre", le musulman, fanatique et manipulé par l'étranger, incapable de s'assimiler. C'est, en 1982-1983, l'amalgame entre Iran, chiites et les ouvriers en grève de l'automobile. En 1986, une vague d'attentats perpétrés par des extrémistes proche-orientaux avive le soupçon qui pèse sur les musulmans.

En 1989, deux événements conforteront les Français dans leur peur de l'islam : la condamnation à mort par l'imam Khomeiny de l'écrivain Salman Rushdie, accusé d'avoir écrit, avec *Les Versets sataniques,* une œuvre blasphématoire ; l'affaire du foulard islamique, quand trois collégiennes de Creil, refusant d'enlever leur foulard en cours, obligeront le Conseil d'État à redéfinir avec précision les limites de la laïcité.

Pourtant, en dépit de ces résistances, rien n'est figé et le compromis n'est pas impossible. Il s'élabore d'ailleurs en grande partie en dehors de la volonté des différents acteurs, dans la cohabitation quotidienne, dans l'interpénétration des deux communautés. Or, l'islam est minoritaire. Il subit donc l'influence d'un environnement laïc, républicain. Petit à petit, sans se l'avouer peut-être, il est contraint de distinguer entre sphères privée et publique, et d'emprunter les voies de la sécularisation, comme l'avaient fait avant lui les deux autres religions du Livre. On en trouverait plus d'un exemple concret. Les mariages mixtes, par exemple, pour être peu nombreux, existent et sont en pleine expansion, surtout ceux d'une musulmane et d'un Français, alliance en théorie interdite par la religion. Certaines unions endogamiques n'ont par ailleurs que l'apparence de la tradition. Le couple est certes musulman, satisfaisant aux exigences sociales de la famille, mais il s'est librement choisi, par amour, critère occidental, et non selon les stratégies matrimoniales de la famille. Compromis plus matériels : entre les représentants de la République et ceux de l'islam, des discussions ont été menées ville après ville, quartier après quartier, pour décider des lieux d'abattage rituel, des repas servis dans les cantines scolaires, des problèmes posés par le ramadan, des lieux de culte. Tous ensemble, ils dessinent les contours de chaque zone d'influence et prennent acte d'une évidence : la majorité de la communauté musulmane est prête à payer le prix fort de son intégration en abandonnant les solidarités d'origine et les normes du pays de départ.

C'est d'ailleurs souvent l'échec social qui maintient la tradition. Les milieux défavorisés sont, en effet, toutes religions confondues, repliés sur un passé mythique, incapables d'élaborer un projet d'avenir. Ils vivent par ailleurs dans des solidarités de proximité et conservent des liens importants avec la communauté d'origine. Cela vaut pour les migrations intérieures des plus défavorisés ; cela vaut également pour les travailleurs étrangers. Dans ces conditions, ce n'est peut-être pas l'islam qui bloque l'intégration, mais l'échec de l'intégration, de l'ascension sociale, qui freine l'évolution de l'islam.

Mais cette évolution est entamée, plus silencieuse que les coups d'éclats intégristes, mais réelle. En 1990, elle trouvera une traduction juridique avec la création d'un Conseil consultatif des populations musulmanes, auprès du ministre de l'Intérieur. L'étape est décisive. Pour la première fois, les musulmans de France ont surmonté leurs différences de nationalité, de tradition et d'ambitions, pour se réunir dans une structure unique. Il est vrai que l'enjeu est d'importance. Il s'agit, au moment où l'intégration paraît être la seule issue de l'immigration, de trouver les voies d'un islam français, afin de faire admettre aux Français que l'on peut être musulman sans renier la France et aux musulmans que l'on peut vivre selon les lois de la République, sans renier l'islam.

---

1. *Hommes et Migrations,* avril 1987, cité par Bruno Etienne, *La France et l'islam,* Hachette, 1989.

Italiens

Entre le début des années 1880 et le milieu de la décennie 1960, les Italiens ont représenté entre le quart et le tiers de la population étrangère présente dans l'Hexagone. Aujourd'hui, si les flux ont fortement diminué et si le nombre des retours compense fréquemment celui des départs, ils sont encore plus de 300 000 (333 740 selon le recensement de 1982), ce qui place la communauté transalpine au quatrième rang des populations immigrées (9,1 % des étrangers, contre 21,6 % d'Algériens, 20,8 % de Portugais et 11,7 % de Marocains). Il s'agit donc d'un phénomène d'une très grande ampleur et qui a fortement pesé sur la formation de la population française contemporaine. A l'échelle de trois ou quatre générations, le nombre de nos concitoyens ayant une ascendance italienne (masculine ou féminine) tourne autour des 5 millions de personnes.

Jusqu'au Second Empire, qui marque en France le début du processus d'industrialisation, plusieurs types de migration, d'inégale intensité selon les époques, ont caractérisé les échanges de populations entre l'Italie et la France :
– Le premier est la résultante de la proximité géographique et des traditions de mobilité qui, depuis le Moyen Age, ont incliné les habitants des vallées alpines à se déplacer d'un versant à l'autre de la chaîne, tantôt pour pratiquer des activités de colportage ou pour vendre leur propre production agricole, tantôt pour effectuer des tâches saisonnières liées aux travaux de la terre ou de l'artisanat. Des Alpes du Nord au haut pays niçois, se sont ainsi développés au cours des siècles des courants d'émigration temporaire, limités dans l'espace

et auxquels les transformations de l'âge industriel et la moindre perméabilité des frontières de l'État-nation n'apporteront pas de modification radicale.

– Lié à ce premier type de migration, le second n'en est que le prolongement dans l'espace et dans le temps. Pour des raisons le plus souvent économiques, mais auxquelles ont pu épisodiquement se substituer ou se superposer des mobiles politiques ou religieux, une fraction de ces populations originaires des Alpes occidentales s'est fixée dans la zone comprise entre la basse vallée du Rhône et l'actuelle frontière italienne. Émigration individuelle le plus souvent ou par petits groupes vite agrégés à la société d'accueil, mais qui, lorsque grossiront avec les besoins de l'industrialisation les flux de la migration du travail, pourront contribuer à la sédentarisation des nouveaux venus, le contact avec ces derniers faisant resurgir d'anciennes solidarités parentales, régionales ou corporatives.

– Ce flux pluriséculaire et extrêmement ténu s'est ainsi à la fois dissous dans le tissu social français et étendu par capillarité aux régions frontalières des Alpes et à la Provence, lesquelles rassemblent au milieu du XIXe siècle près de 70 % des Transalpins émigrés en France (sur un effectif de 63 000 personnes recensées en 1851). Le reste (moins de 20 000 individus) se trouve dispersé entre divers pôles, dont Paris est le plus important (15 % des Italiens présents en France en 1851) et où l'implantation des colonies transalpines s'est faite non par cheminement progressif à partir des zones frontalières, mais par le jeu de réseaux complexes, d'amplitude géographique beaucoup plus forte et d'origine parfois très ancienne. Il en est ainsi par exemple des petits groupes de journaliers agricoles et de bûcherons originaires des hautes vallées de l'Apennin septentrional et qui sont devenus tantôt "chauffagistes" ou maçons dans la région parisienne, tantôt manœuvres dans de petites entreprises frigorifiques, puis glaciers ou restaurateurs à Londres et dans le Pays noir gallois. Ils ont dans leurs déplacements – qui ne se limitent pas à ces deux axes majeurs – emprunté des itinéraires reconnus de longue date par leurs ancêtres, marchands, colporteurs, musiciens ambulants, montreurs d'ours et de singes (qui ne se souvient du Vitalis de *Sans famille* !), dont on trouve les traces pendant toute l'époque moderne jusqu'en Norvège, en Europe ottomane et en Sibérie ! Le plus souvent cependant – différence fondamentale avec celle des cent ou cent vingt dernières années – cette immigration au long cours d'origine transalpine a été une immigration de spécialistes, attirés en France non pour combler un vide démographique (jusqu'au début du XIXe siècle, la France est le pays le plus peuplé d'Europe), mais pour répondre à une demande en personnel hautement qualifié : artistes et artisans employés dans tous les métiers de la construction, du décor et de la parure, banquiers et hommes d'affaires lombards et florentins, hommes de plume et gens du spectacle, etc.

– Le dernier type de migration concerne les exilés politiques. Comme les précédents, il est l'héritier d'un long passé au cours duquel la France a continûment joué le rôle de terre d'accueil pour les bannis, les vaincus des luttes de factions et les victimes de la tyrannie des princes péninsulaires. Pour limiter notre propos à l'histoire contemporaine, rappelons que, pendant toute la durée du XIXᵉ siècle et en tout cas à partir de 1830, la noria de l'émigration politique a fonctionné de façon à peu près continue, d'abord en faveur des libéraux et des mazziniens, pendant les décennies de mûrissement du *Risorgimento,* puis, une fois réalisée l'unité du Royaume d'Italie, des adversaires de gauche et d'extrême gauche de la monarchie de Savoie : républicains, socialistes et anarchistes.

A partir du début de la décennie 1860, le mouvement migratoire entre l'Italie et la France a pris un caractère de masse qui tranche nettement avec le passé. 63 000 Italiens résident en France en 1851 (sur un total de 380 000 étrangers) ; ils ne sont encore que 72 000 dix ans plus tard. On en dénombre en revanche plus de 110 000 en 1872, 163 000 en 1876, 240 000 en 1881, environ 330 000 en 1901 et 420 000 en 1911, dernier recensement effectué avant la Grande Guerre. A cette date, la France, un moment dépassée par l'Allemagne et par la Suisse, est redevenue en Europe le premier pays d'accueil de l'émigration italienne ; le troisième dans le monde en pourcentage annuel, après les États-Unis et l'Argentine. Les Transalpins représentent alors 36 % du total des étrangers et plus de 1 % de la population globale de l'Hexagone.

Cette immigration de masse se caractérise, au début du siècle, par une grande fluidité. La France, tout d'abord, ne fixe qu'une partie des migrants. De 1873 à 1914, on dénombre près de 1,8 million d'entrées alors que l'effectif de la colonie transalpine atteint tout juste 420 000 personnes à la veille de la guerre. C'est dire que beaucoup de migrants ont soit regagné leur pays, soit pris une autre direction après un séjour plus ou moins bref dans l'Hexagone. Il y a là un énorme brassage de population, qui échappe très largement aux instruments de mesure statistiques, mais qui doit être pris en considération lorsque l'on parle après coup d'intégration "réussie". N'ont été intégrés, avec le temps, que ceux qui sont restés et ils forment, semble-t-il, la partie émergée d'un immense iceberg humain. D'autre part, nombreux sont les Italiens qui, à la fin du XIXᵉ siècle, même lorsqu'ils séjournent depuis longtemps en France, mènent une existence itinérante, se déplaçant d'une région à l'autre, changeant aussi facilement de domicile que d'activité professionnelle, tantôt journaliers agricoles, tantôt manœuvres dans les entreprises industrielles ou dans les grands chantiers de travaux publics, allant dans l'agglomération où ils se sont fixés pendant quelque temps, de garni en garni, avant de disparaître pour gagner une autre ville, une autre région ou pour passer une frontière.

De cette mobilité, il résulte que la population italienne qui réside en France présente très classiquement les traits d'une émigration récente, comprenant une forte proportion de jeunes, d'actifs et d'éléments masculins célibataires. Situation qui tend d'ailleurs à se modifier au cours des deux décennies qui précèdent le premier conflit mondial, et ceci dans le sens d'une sédentarisation croissante.

Pendant cette première phase de la migration de masse, dominent les éléments originaires du nord de la péninsule : Piémontais (28 % du total), Toscans, Lombards, Émiliens et Vénètes : au total, pour ces 5 régions, 80 % de l'effectif recensé dans l'Hexagone, le Sud étant essentiellement représenté par des gens venus des Abruzzes et de la région de Naples. Depuis ces aires de départ, le mouvement migratoire s'est opéré tantôt de façon traditionnelle, par capillarité à partir des régions frontalières, ou par attraction de pôles plus éloignés mais depuis longtemps visités et où se sont fixés de longue date de petits groupes originaires de la même région, parfois du même village, tantôt – et ceci est nouveau – par recrutement massif, sur place, de main-d'œuvre destinée à une activité et à une zone d'accueil bien déterminées. Enfin, à partir de ces noyaux de peuplement, la diffusion s'est faite dans toute la moitié est de la France en suivant le tracé des axes ferroviaires, dont la construction a mobilisé pendant les dernières décennies du XIXe siècle des dizaines de milliers de manœuvres transalpins, en particulier au long de la grande dorsale du Paris-Lyon-Méditerranée (P.L.M.).

Ainsi s'explique qu'à la veille de la guerre, la répartition géographique de la population italienne se trouve localisée, à l'est d'une ligne Le Havre-Montpellier, autour de 3 pôles principaux : la zone des 3 départements méditerranéens les plus proches de la frontière qui, avec la Corse, rassemblent près de 65 % du total ; celle constituée par les Alpes du Nord et la région lyonnaise (10 %), enfin le département de la Seine (8 %). Réunies, ces 3 régions accueillent 83 % des immigrés italiens, répartis sur 9 départements. Le reste est extrêmement dispersé, à l'exception de 2 groupes plus denses : celui de l'Hérault et celui – plus récent encore – de la Lorraine sidérurgique, en plein essor à la fin du XIXe siècle.

Conséquence des changements intervenus dans l'économie française depuis la fin du Second Empire et des besoins enregistrés dans des secteurs que boude déjà partiellement la main-d'œuvre nationale, les gros bataillons de nouveaux migrants sont composés de travailleurs sans qualification, venus le plus souvent de la campagne et ne répugnant ni aux longues journées de travail ni aux tâches les plus rudes et les plus salissantes. Formés sur le tas, les plus résistants, les plus habiles ou les plus chanceux ont acquis un minimum de bagage technique leur permettant d'occuper des emplois de mineurs (de fer en Lorraine, de charbon dans le Midi et dans les Alpes), de sidérurgistes, d'ouvriers du bâtiment, voire d'accéder à des tâches qualifiées dans les industries différenciées de la région parisienne (mécanique, construction automobile) ou les Alpes du Nord (électrométallurgie, électro-chimie). Les autres accomplissent des travaux de manœuvres dans les ports, dans les salines, sur les chantiers de travaux publics – le tournant de l'immigration italienne en France se situe entre 1879 et 1883, lors de la mise en place du plan Freycinet –, dans les industries chimiques, textiles (pour les femmes) et agro-alimentaires (huileries, raffineries de sucre), ou encore dans des activités de service peu prisées par les travailleurs du cru (par exemple les égouts parisiens).

Bien que la forte mobilité sociale des Transalpins joue ponctuellement en sens inverse, cet appel croissant au travail non qualifié s'est accompagné d'une spectaculaire décrue du secteur de l'artisanat et des "petits métiers". Le recul est particulièrement sensible pour les métiers ambulants : gens du voyage, comédiens et musiciens ambulants, savetiers itinérants, ramoneurs, etc. Il est important également dans le secteur des métiers qualifiés du bâtiment, de l'ameublement, de la décoration, du vêtement, où l'élément italien garde cependant des positions très fortes. Enfin, noyée dans la masse croissante des nouveaux venus, l'élite, constituée par les intellectuels, les artistes, les représentants des professions libérales, n'occupe plus qu'une place marginale dans la communauté transalpine.

Le flot des *braccianti,* des manœuvres sans qualification devenus les hommes à tout faire de la croissance industrielle, n'a pas eu comme les strates précédentes les avantages du petit nombre et de la longue durée pour s'intégrer à la société française. Sa brusque irruption au cours des trois dernières décennies du siècle, l'effet de submersion qu'il a pu provoquer dans certaines régions – à Marseille en 1900, au moins 1 habitant sur 5 est italien –, le mythe de l'"invasion", qui un demi-siècle plus tôt avait été appliqué aux "classes dangereuses" de souche nationale et qui s'est ainsi trouvé réactivé aux dépens des

Transalpins, par ailleurs victimes d'une conjoncture internationale défavorable et de l'appartenance de leur pays au camp des ennemis de la France (depuis la conclusion de la Triplice en 1882), tout cela – mêlé aux effets de la dépression économique du dernier quart du siècle et aux tensions qui en résultent sur le marché de l'emploi – a eu pour résultat de provoquer en France des réactions de rejet qui, au-delà des innombrables manifestations d'une violence verbale et gestuelle appartenant au quotidien des contacts entre immigrés et autochtones, ont parfois dégénéré en troubles graves : à Marseille en juin 1881, à Aigues-Mortes en août 1893, à Lyon en juin 1894, après l'assassinat du président Carnot par l'anarchiste Caserio, etc.

A la veille du premier conflit mondial, l'intégration des Italiens à la société française est loin d'être un fait aussi évident et aussi général que pourrait le laisser croire une certaine réécriture contemporaine de l'histoire, oublieuse des conditions réelles dans lesquelles s'est effectuée, sur une période de plusieurs décennies, l'insertion des différentes strates de migrants. Ni la proximité géographique, ni la parenté des cultures et des modes de vie n'ont suffi, dans tous les cas et en tous lieux, à vaincre les préjugés xénophobes des populations du cru. Surtout lorsque le migrant est un rural, qui ne parle que le dialecte de sa région et vit au milieu de ses pairs, dans des conditions d'hygiène, de promiscuité, de sous-alimentation aussi déplorables que pouvaient être, quarante ou cinquante ans plus tôt, celles des populations issues de l'exode rural.

Il en est de même des facteurs religieux et politiques, dont on sait qu'ils peuvent jouer dans le sens de l'intégration aussi bien que du rejet. La façon ostentatoire dont de nombreux immigrés italiens affichent leurs sentiments religieux ne favorise pas toujours leurs contacts avec un prolétariat français fortement déchristianisé. Leur militantisme syndical, leur combativité dans les conflits du travail, leur adhésion à des idéologies et à des mouvements révolutionnaires, ne les rapprochent de certains milieux français que pour les éloigner davantage des autres. En 1900-1901, la participation massive des Italiens aux grèves des travailleurs marseillais a fortement favorisé leur intégration au mouvement ouvrier local. En revanche, quelques années plus tard en Lorraine sidérurgique, le même activisme se heurte à l'hostilité ouverte d'une fraction importante du prolétariat lorrain, moins perméable que son homologue méridional aux idéaux de l'internationalisme.

Deux faits apparemment contradictoires caractérisent la situation des immigrés italiens en 1914. En premier lieu, ceux qui ont choisi de donner à leur expatriation un caractère définitif sont en général très bien intégrés à la société française. En témoignent le nombre des naturalisations (de 35 à 40 % des étrangers), la fréquence des mariages mixtes (entre la moitié et les deux tiers des mariages contractés en France par les Transalpins), l'infime proportion de fils et de filles d'Italiens qui optent à leur majorité pour la nationalité de leurs géniteurs (une quarantaine par an), ainsi que les innombrables plaintes des agents diplomatiques et consulaires du Royaume pour lesquels – ils ne cessent de le répéter dans leurs rapports – la dénationalisation d'une fraction importante de la population immigrée est une réalité devenue irréversible.

Pourtant, lorsque se déclenche la guerre européenne, il semble bien que cette irréversibilité ne s'applique qu'à une minorité de migrants. Il y a alors, autant qu'on puisse l'évaluer avec un minimum de rigueur, environ 200 000 Français d'origine italienne dans l'Hexagone, la majorité d'entre eux ayant acquis automatiquement la nationalité française à leur naissance. Pour ceux-là, l'assimilation paraît déjà à peu près acquise à cette date. En revanche, pour les 420 000 sujets de nationalité italienne qui résident dans notre pays, le problème d'identité que pose le déclenchement de la guerre se traduit par un très rapide et très fort dégonflement de l'effectif immigré, principalement dans les classes d'âge assujetties aux obligations militaires. L'intégration, dont nous avons vu qu'elle ne s'était pas opérée sans heurt et qu'elle variait beaucoup d'une région à une autre, même lorsqu'elle est satisfaisante, n'aboutit pas nécessairement à l'assimilation.

Dans quel sens et dans quelles proportions la guerre de 1914-1918 modifie-t-elle les conditions de la présence italienne en France ? Le premier changement est d'ordre quantitatif. Déjà nécessaire avant 1914, pour des raisons d'ordre structurel bien connues, l'appel à la main-d'œuvre étrangère est devenu, pour la France de l'entre-deux-guerres, une nécessité vitale, motivée par la diminution de la population active – 55 % en 1920, 49 % en 1936 – et augmentée à la fois par des mutations géographiques et sectorielles de forte amplitude et par des contraintes économiques, sociales et culturelles : la recrudescence de l'exode rural, les mesures de limitation du temps de travail, la sédentarité de la main-d'œuvre nationale et le fait que celle-ci se montre plus exigeante. Elle se détourne des tâches épuisantes, dangereuses ou salissantes, répugne aux déplacements qu'imposent les restructurations industrielles et aspire à une promotion sociale que le tertiaire paraît lui offrir. Tout cela n'est pas nouveau mais le phénomène se généralise entre 1920 et 1939.

Offre croissante d'un côté de la frontière à laquelle répondent, de l'autre côté, des conditions favorisant l'accroissement du nombre des départs. Jouent en ce sens, outre la disparition du blocage des procédures migratoires qui caractérisaient le temps de guerre, la fermeture progressive des grandes aires d'accueil (États-Unis, Amérique latine, Allemagne, Autriche-Hongrie, etc.), les effets de la crise économique mondiale, qui touche fortement l'Italie en 1920-1921, conjuguant ses effets, en matière de chômage et de tassement du niveau de vie, avec ceux du retour des démobilisés à la vie professionnelle, et aussi, bien sûr, la montée du fascisme, son arrivée au pouvoir en octobre 1922 et son progressif raidissement jusqu'aux lois d'exception de 1926, avec les incidences que l'on sait sur le phénomène du *fuoruscitisme* (voir la rubrique consacrée à cette question).

Certes, la circulation des migrants est loin de s'opérer à sens unique pendant cette période. Chaque année, le flux des "retours" (qui correspondent souvent à de brefs séjours dans le pays d'origine) représente une part importante des mouvements. Compte tenu des effets de la politique restrictive, menée en Italie par un régime qui joue la pression démographique pour légitimer ses visées impérialistes, puis en France au moment de la grande dépression, cette part tend même à augmenter, le nombre moyen des "retours" passant de 53 % du nombre des "départs" pour les années 1921-1930 à 84 % au cours de la décennie suivante. La rotation, on le voit, est extrêmement forte. Néanmoins, le solde migratoire est, à moyen terme, très favorable à la France. De l'avènement du fascisme à l'entrée en guerre de l'Italie (un peu moins de vingt ans), on dénombre en effet 1 300 000 entrées et environ 800 000 sorties, soit un excédent de 500 000 personnes venant s'ajouter au solde, lui aussi fortement positif, des périodes antérieures et à l'effectif très important (plusieurs centaines de milliers) d'enfants nés français de parents italiens.

Par le jeu de ces flux contraires, venant se greffer sur un noyau initial déjà très dense, la population italienne résidant dans l'Hexagone, qui avait enregistré un recul sensible pendant la guerre, est ainsi passée de 420 000 en 1921 – soit un effectif équivalent à celui de 1911 – à 760 000 en 1926 et à 808 000 en 1931. Ceci, si l'on se réfère aux statistiques françaises qui paraissent sous-évaluer assez sensiblement le phénomène. Compte tenu de l'émigration clandestine et des failles du système d'identification des migrants (qui a fait des progrès depuis l'avant-guerre, mais est loin d'être tout à fait fiable), on peut avancer pour 1931 un chiffre d'environ 1 million de personnes sur un total de 3 millions d'étrangers représentant 7 % de la population française. A cette date, la France est devenue – devant les

États-Unis – le premier pays d'immigration du monde et le lieu d'accueil privilégié pour les migrants transalpins.

La colonie italienne, dont l'effectif retombera, du fait de la crise, à 720 000 unités en 1936 (chiffre officiel français), a donc doublé en dix ans et constitue, dans la France de l'entre-deux-guerres, un fait économique, social, politique et culturel, en même temps qu'un enjeu diplomatique, de première importance. A titre de comparaison, il faut noter qu'il y a en 1931 (toujours selon les services français de la statistique) 507 000 Polonais, 315 000 Espagnols et 253 000 Belges, les autres groupes représentés de façon relativement importante étant, dans l'ordre, les Suisses, les Nord-Africains, les Russes, les Allemands et les Britanniques.

Les changements intervenus pendant la guerre et l'arrivée massive de nouveaux migrants ont très sensiblement modifié la structure de la population immigrée. Pendant les deux dernières années du conflit, ce sont souvent de très jeunes gens – trop jeunes pour être mobilisés dans leur pays, pas pour répondre aux demandes de main-d'œuvre formulées par le gouvernement de la République – qui ont pris le chemin de la France, où beaucoup sont restés après l'armistice. Au lendemain du conflit, ce sont également surtout de jeunes hommes célibataires qui s'expatrient. Il en résulte que les traits de "nomadisme" qui avaient caractérisé la population transalpine pendant la première phase de la migration de masse (1875-1895) et qui s'étaient fortement estompés au cours des deux décennies suivantes font leur réapparition au début des années 20, avec toutes les incidences que cela comporte en matière de mobilité géographique et professionnelle, de comportements sociaux et de changements dans les rapports avec les populations locales.

Du fait de ces changements, il est encore plus malaisé qu'à la fin du XIXᵉ siècle de parler, pour les années de l'entre-deux-guerres, d'une "colonie" italienne, homogène et perçue comme telle dans toutes les parties du territoire français où les Transalpins constituent une part relativement importante de la population. L'image que se font d'eux les habitants de l'Hexagone et les rapports que ces derniers entretiennent avec les migrants varient beaucoup, selon qu'ils se développent au Nord et au Sud, dans les zones rurales et en milieu urbain, et qu'ils affectent l'"ancienne" ou la "nouvelle" immigration. Encore que les choses ne soient pas toujours simples. A Nice, où les Italiens sont particulièrement nombreux et intégrés de longue date, mais où règne un hypernationalisme de frontière et d'appartenance récente à la communauté nationale, les réactions italophobes sont aussi vives pendant les années 20 et 30 qu'un demi-siècle plus tôt. Au contraire, dans les départements du Sud-Ouest où l'immigration italienne est à la fois massive et récente, mais où la dispersion favorise la qualité des contacts, l'accueil a été excellent et l'intégration particulièrement réussie.

Il n'en reste pas moins que là où se conjuguent les effets de la nouveauté et de la crue rapide des flux, ceux de la concentration en ghettos, de la forte extranéité culturelle (Longwy n'est pas Marseille) et du contact entre une société d'accueil encore très fortement structurée et la masse atomisée des migrants, avec tout ce que cette atomisation peut impliquer comme il est habituel de violence et de marginalité, les rapports, sans atteindre le même degré de tension qu'à la fin du XIXe siècle, ont souvent été difficiles. Il en a été ainsi, à des degrés divers, dans la région du Nord et en Lorraine.

S'agissant de la répartition géographique des Transalpins sur le territoire français, on constate plusieurs changements importants. Tout d'abord, si la région du Sud-Est conserve sa prééminence, on assiste à l'apparition de 2 nouveaux pôles de peuplement italien dans le courant de la décennie 1920 : la région Nord-Pas-de-Calais, qui rassemble une trentaine de milliers de Transalpins à la fin de la période et les 3 départements aquitains de la Haute-Garonne, du Gers et du Lot-et-Garonne où se sont fixés 45 000 immigrés originaires de la péninsule au début des années 30. On observe d'autre part un essor rapide et spectaculaire de la colonie italienne en Lorraine sidérurgique (une centaine de milliers de Transalpins en 1931 dans les bassins de Longwy et de Briey), le gonflement du pôle lyonnais et surtout celui de la région parisienne, qui dépasse désormais la colonie marseillaise et où les Italiens sont déjà plus de 120 000 à la fin de la décennie 1920, groupés principalement dans les arrondissements et dans les communes situées à l'est et au nord de la capitale.

Il est à noter qu'à l'intérieur de ces nébuleuses nouvelles – dont l'essor s'explique par les besoins de la reconstruction, du repeuplement rural et des industries dévoreuses de main-d'œuvre, se sont constitués de véritables noyaux de peuplement italien, tantôt autour d'une mine ou d'une usine, tantôt dans le cadre d'une micro-région agricole. Au point que dans certaines communes, comme Mancieulles, près de Briey et Villerupt, en Meurthe-et-Moselle, les Transalpins sont aussi nombreux que les Français de souche.

Pas de grand changement en revanche dans l'origine géographique des migrants, sinon que dans l'ensemble des régions septentrionales qui continuent de fournir plus de 80 % de la main-d'œuvre immigrée, la Vénétie arrive désormais très nettement en première position (31 % contre 18 % au Piémont), et que les contingents en provenance des Pouilles, de Campanie, du Latium, de Sicile et de Calabre sont en nette progression. C'est donc, dans une proportion encore modeste, une autre Italie qui prend pied en territoire français, plus archaïque dans ses structures socio-économiques, familiales, culturelles, plus soumise d'autre part aux magistères traditionnels et en particulier à celui de l'Église. Cela peut avoir des incidences sur les processus d'intégration et sur les relations avec les autochtones sans que, de telle ou telle attitude enregistrée localement, on puisse faire une règle applicable à l'ensemble de la population immigrée.

La guerre et les arrivées massives enregistrées dans les années 20 n'ont pas davantage bouleversé les structures socioprofessionnelles de la population transalpine. Les Italiens continuent en effet d'exercer – à 85 ou 90 % – des activités manuelles. Ils sont désormais plus nombreux dans l'agriculture, manœuvres, ouvriers agricoles, mais aussi fermiers, métayers et petits propriétaires-exploitants (on compte une vingtaine de milliers de chefs d'exploitation, concentrés dans le Midi méditerranéen et dans le Sud-Ouest), mais c'est surtout le "secondaire" qui continue de drainer la masse principale des migrants. Plus de la moitié d'entre eux est en effet occupée dans ce secteur, en particulier dans le bâtiment, dans les industries de transformation et dans les mines. Rien de très nouveau donc par rapport à l'avant-guerre, si ce n'est que, l'ancienneté et la mobilité sociale aidant, les Transalpins ont acquis ou retrouvé, dans certains domaines tels que l'artisanat et les métiers traditionnels de haute qualification, des positions auxquelles ne peuvent prétendre les représentants de nationalités plus récemment implantées dans l'Hexagone.

Pour des raisons identiques, ils occupent une place relativement importante dans le tertiaire, et pas seulement au niveau le plus modeste des activités de service. Certes, ils demeurent très peu nombreux dans les professions libérales – sauf bien sûr si l'on inclut les naturalisés et les représentants de la seconde et troisième générations –, mais leur présence est fortement marquée dans certaines branches du petit et moyen négoce, ainsi que dans les professions de l'hôtellerie et de la restauration. Enfin, le gonflement des effectifs de la migration politique, consécutive à l'avènement puis à la radicalisation du fascisme, se traduit par une sur-représentation des intellectuels, contraints au demeurant dans la plupart des cas de pratiquer pour survivre une activité d'une autre nature.

Ce qui fait la spécificité de l'immigration italienne de l'entre-deux-guerres, c'est précisément l'importance en son sein d'une forte minorité de réfugiés politiques. De 1921 à 1927, c'est par dizaines de milliers que les *fuorusciti* (voir article consacré à cette question) ont dû quitter la péninsule, chassés par les violences squadristes, puis poussés à l'exil par la répression qui s'instaure à la suite de l'adoption des lois dites "fascistissimes". Partout où ils s'installent, ils s'efforcent d'organiser politiquement les masses immigrées, en majorité hostiles au fascisme mais peu empressées à s'engager dans une action militante qui n'est pas sans risque, les autorités françaises n'hésitant pas à expulser les représentants des organisations qu'elles considèrent comme subversives.

A ces initiatives des formations antifascistes interdites par le régime et reconstituées en terre étrangère, répondent celles des *fasci all'estero* , les organisations fascistes qui grandissent, dès le début des années 20, dans l'orbite des consulats et qui se donnent également pour tâche de conquérir et de structurer les colonies transalpines. Disposant de moyens logistiques relativement importants (crédits, organes de presse financés par le gouvernement de Rome, comme le *Pensiero latino* à Nice, encadrement par des militants sûrs envoyés par l'état-major du parti national fasciste), ils appuient leur action de propagande sur des manifestations diverses, destinées à entretenir l'italianité de la population immigrée (célébration des fêtes nationales et des grandes dates de l'histoire du régime, conférences, expositions, projections de films, etc.) et sur des pratiques de bienfaisance, mises au goût du jour et visant également à resserrer les liens entre les *expatriés* (c'est le terme employé par les services officiels italiens) et la patrie "régénérée par le fascisme". Sont ainsi organisés, dans la mouvance de chaque *fascio,* des services de placement sur le marché du travail, des bureaux d'aide sociale, des dispensaires, des écoles et des cours du soir destinés aux jeunes Italiens, des colonies de vacances en Italie, des réseaux permettant aux futures mères d'accoucher dans leur pays d'origine (ce qui permet d'éviter la francisation automatique de leur progéniture), etc.

Le siège du *fascio* – parfois abrité par une luxueuse "Maison d'Italie", comme celle qui a été acquise près du Champ-de-Mars en 1930, par le *fascio* de Paris, et où est installé à l'heure actuelle le Lycée italien de la capitale – est également le lieu où se réunissent les organisations proprement militantes : escouades dites de "représentation", groupes de *balilla, d'avanguardisti* et autres représentants des "jeunesses fascistes", groupes universitaires fascistes, faisceau féminin, etc. Jusqu'en 1926-1927, l'atmosphère qui règne dans ces organisations est encore souvent celle du fascisme pur et dur des origines. Les heurts avec les organisations antifascistes sont nombreux, ponctués d'attentats (le chef du *fascio* de Paris, Bonservizi, est abattu dans un restaurant du quartier de l'Opéra en février 1924 par un jeune anarchiste), d'opérations punitives organisées, depuis l'Italie, par les services secrets du régime, et de provocations de toutes sortes.

A la fin des années 20 cependant, le Duce impose aux organisations fascistes basées à l'étranger de renoncer aux pratiques activistes et de se donner une image de respectabilité conforme à ses propres objectifs de politique étrangère. Désormais, et pendant une dizaine d'années, elles vont prospérer dans l'ombre des services diplomatiques et consulaires, regroupant pour l'ensemble de la France une quarantaine de milliers d'adhérents, le plus souvent issus de *l'establishment* transalpin, ainsi que des milieux de l'artisanat et du petit commerce. En Lorraine, dans le Nord, en région parisienne, les *fasci* parviendront toutefois à attirer à eux des représentants du monde ouvrier. La plupart d'entre eux cesseront leur activité après la décision prise par le gouvernement Daladier, en avril 1939, exigeant des organisations étrangères un apolitisme strict.

Comme en 1914, nombreux sont les Italiens qui, au moment de la déclaration de guerre de 1939, vont vouloir servir leur patrie d'adoption. Dès les premiers jours du conflit, des négociations s'engagent entre les organisations antifascistes et le gouvernement Daladier en vue de la constitution d'une ou de plusieurs légions "garibaldiennes". Elles tourneront court car, soucieux de ne donner à Mussolini aucun prétexte de rompre sa neutralité, le gouvernement français ne donnera pas suite au projet et ne se pressera pas de répondre aux demandes individuelles d'engagement volontaire. En revanche, un certain nombre d'Italiens considérés comme représentant un danger pour la sûreté de l'État sont arrêtés et envoyés dans des camps de concentration, quelques-uns au début du conflit, les plus nombreux au lendemain de la déclaration de guerre de l'Italie (10 juin 1940).

Les fascistes connus ayant pris de bonne heure le chemin de la péninsule, ce sont souvent les "subversifs" – autrement dit les antifascistes – et aussi un bon nombre de pauvres bougres, dont les sympathies avec le régime mussolinien relèvent fréquemment de la mythologie de quartier, qui sont ainsi enlevés à leur famille. Les archives du département des Bouches-du-Rhône, qui ont gardé la trace de plusieurs centaines de cas d'internement, révèlent que beaucoup d'Italiens qui ont été envoyés dans les camps de Béziers et de Saint-Cyprien avaient, au moment de leur arrestation, un ou plusieurs fils nés français et combattant dans les rangs de l'armée française. La plupart seront libérés après le 10 juillet 1940, mais un petit nombre d'entre eux seront déportés en Afrique du Nord et libérés seulement à la fin de 1942.

Pendant la période de l'Occupation et du gouvernement de Vichy, les Italiens demeurés en France – soit à peu près la moitié de l'effectif recensé en 1936 – vont connaître un sort qui se différencie assez peu de celui des Français. Tandis que la masse des immigrés qui n'ont pas fait retour au pays doit surtout se préoccuper de survivre, une minorité de sympathisants du fascisme reconstitue ses structures militantes, nourrissant une italophobie qui, notamment dans les départements du Sud-Est, va se donner libre cours à la Libération. Mais en même temps, c'est par milliers que les antifascistes italiens s'intègrent dans les réseaux de résistance, puis gagnent les maquis. Dans la région de Toulouse par exemple, les Mains-d'Œuvre immigrées (MOI), c'est-à-dire les groupes étrangers qui exercent leur action clandestine sous la houlette du Parti communiste français, sont pour une large part peuplés de Transalpins.

Après 1945, le courant migratoire connaît un nouvel essor, dans un contexte de concertation entre les deux États intéressés qui marque une nouveauté par rapport aux périodes précédentes et qui se traduit notamment par la conclusion d'un traité en 1947, garantissant les immigrés transalpins contre toute discrimination salariale et favorisant le transfert de leur épargne dans le pays d'origine. Aussi, bien que le flux des retours continue de croître, l'effectif de la population italienne évolue de nouveau très vite selon une courbe ascendante. D'après les chiffres des recensements, toujours un peu inférieurs à la réalité, on dénombre 450 000 Transalpins en 1946, 507 000 en 1954, 628 000 en 1962. A cette date, les immigrés originaires de la péninsule viennent encore en première position, loin devant les Espagnols (441 000), les Algériens (350 000) et les Polonais (177 000). Ils sont encore 571 000 en 1968 et 462 000 en 1975, mais entre ces deux dates la part qu'ils représentent par rapport à l'ensemble des étrangers résidant en France est tombée de 21,8 à 13,4 %. Elle est aujourd'hui inférieure à 9 %.

Comparée à celle de l'entre-deux-guerres, la nouvelle immigration italienne s'est assez sensiblement modifiée. Tout d'abord, si les principaux pôles d'attraction restent les mêmes, du moins jusqu'au début de l'actuel processus de désindustrialisation, la tendance depuis la guerre est à la diffusion de l'effectif des migrants, conséquence des changements intervenus dans leur répartition socio-professionnelle. On a certes importé jusqu'à la fin des années 60 encore beaucoup de manœuvres et d'ouvriers faiblement qualifiés pour satisfaire les besoins de l'industrie lourde. Mais, de plus en plus, ils se sont trouvés relayés par des travailleurs du tertiaire, voire par du personnel de haute qualification exerçant son activité dans les industries de transformation. Pendant la décennie 1960, il n'était pas rare de voir des travailleurs sans qualification des provinces du sud de l'Italie recevoir une formation accélérée de professionnels de l'automobile, dans les usines de Turin et de Milan, puis prendre le chemin de la France pour offrir leurs services aux constructeurs de la région parisienne.

Du coup, la part des méridionaux dans l'immigration transalpine à destination de la France a pris une place qui, sans être considérable, est plus importante que dans le passé. Il en est résulté, à certains moments, une résurgence des images et des tensions qui avaient, vingt, quarante ou soixante-dix ans plus tôt, pesé sur les rapports entre immigrés et autochtones et qui ont même opposé (à Marseille, à Grenoble, en Lorraine, etc.) les représentants de l'ancienne et de la nouvelle immigration italienne.

C'est à juste titre que l'on peut considérer l'insertion des Italiens dans la société française comme un modèle d'intégration réussie. Mais ce constat ne doit pas faire oublier que cette intégration s'est opérée dans le temps long – au moins un siècle – et qu'elle ne s'est pas faite sans difficulté. Sans doute apparaissait-elle déjà comme exemplaire au lendemain de la Libération, puisque c'est l'Italie qui fut alors choisie par le gouvernement français pour répondre, par la venue massive de migrants, aux exigences de la reconstruction et aux effets du déséquilibre démographique (94 % des entrées en 1946). Retenons simplement que la vague d'immigration qui s'est développée à cette date, en provenance de la péninsule, était, pour ne parler que des périodes de pointe, la quatrième que la France ait connue.

Que les Italiens arrivés entre 1880 et 1914, et qui ont fait souche dans notre pays, ou ceux que la crise du premier puis du second après-guerre ont poussés au départ, aient réussi leur intégration, cela est incontestable. Que leurs enfants et petits-enfants, souvent issus de mariages mixtes et vite modelés à l'image du petit Français par l'école de la République, soient aujourd'hui parfaitement assimilés, au point parfois de manifester à l'égard des nouveaux venus une intolérance et une faculté d'exclusion aussi grandes que celle des Français de souche à l'égard de leurs ascendants (ils sont relativement nombreux parmi les électeurs, les militants et les cadres du Front national, encore que pour un certain nombre d'entre eux le passage par l'Afrique du Nord explique beaucoup de choses) : cela est tout aussi évident. Pourtant, il faut dire et redire que pour les Italiens immigrés en France les débuts n'ont pas été aussi faciles qu'on le pense trop souvent à l'heure actuelle lorsque l'on parle de l'aptitude des Transalpins à s'adapter au pays d'accueil en se référant à un passé mal connu et largement mythique.

L'entassement dans les ghettos urbains, le logement dans les pires conditions d'hygiène et de promiscuité, la malnutrition, la violence au quotidien nourrissant la marginalité et la délinquance, l'incommunicabilité avec l'environnement autochtone, tous ces traits qui caractérisent immanquablement les populations immigrées de la première génération font partie de l'expérience des migrants transalpins à la charnière du XIXᵉ et du XXᵉ siècle, voire d'expériences très postérieures. Certes, l'histoire ne se répète jamais intégralement et le modèle d'intégration à l'italienne n'est pas nécessairement applicable à toutes les communautés. Mais il est au moins une chose que l'examen du passé nous enseigne et que des mémoires courtes ont tendance à oublier : c'est que le pire n'est jamais certain.

Juifs

"Il faut tout refuser aux juifs comme nation, et tout accorder aux juifs comme individus". En ce mois de décembre 1789, Stanislas de Clermont-Tonnerre annonce devant l'Assemblée nationale ce que seront, pour les juifs, les deux siècles à venir, sans cesse écartelés entre l'assimilation et l'accusation de particularisme. Pour l'heure, confiance est faite à l'assimilation. Le décret sur l'émancipation est signé en 1791. Les juifs deviennent citoyens français, après avoir prêté le serment civil. Mais il faut attendre 1846, et un demi-siècle de méfiance réciproque, pour qu'aucune loi ne les distingue plus de leurs concitoyens. A cette date, ils sont environ 80 000, deux fois plus nombreux qu'en 1789, implantés en ville, mieux intégrés dans la société, préoccupés d'instruction et de réussite pour servir la France. Certains sont déjà élus de la République ; une classe moyenne émerge ; quelques très grandes fortunes, comme les Rothschild ou les frères Pereire, s'installent et se fondent dans la haute bourgeoisie, grâce aux mariages mixtes qui sont monnaie courante. Mais la communauté est instable. Le décret Crémieux, en 1860, donne aux juifs d'Algérie la nationalité française mais la perte de l'Alsace-Lorraine, en 1871, lui ôte certains de ses membres les plus actifs. Et les préjugés sont tenaces. La loi, la réussite, la bonne volonté n'ont pas, loin s'en faut, transformé les juifs en Français ordinaires.

L'antisémitisme chrétien dirigé contre le peuple déicide ne désarme pas. L'Église l'accuse de s'emparer du pays, de le dénaturer. Quelques prêtres font du prosélytisme pour convertir les juifs de gré ou de force, et l'on voit réapparaître de sombres histoires qui les accusent de crimes rituels. *La Croix,* fondée en 1883, fera de l'antisémitisme son cheval de bataille, influence non négligeable puisqu'elle a rapidement 170 000 lecteurs. Le succès de *La France juive* d'E. Drumont, en 1886, et de son journal *La Libre Parole* (100 000 ex.) témoignent par ailleurs des multiples ressorts d'un antisémitisme qui se renforce partout à la fin du XIXᵉ siècle. Il dénonce – et certains intellectuels lui font crédit – une race juive qui porterait à jamais les stigmates de ses origines, irréductibles, incompatibles avec l'âme française, quels que soient le degré d'assimilation, les conversions et la nationalité. Or cette race "sémite" est intrinsèquement nuisible, physiquement laide et moralement détestable. Les juifs seraient cupides, rusés, intrigants, portés sur le trafic, sans génie créateur et sans courage. *La Libre Parole* se fait aussi l'écho d'un antisémitisme ouvrier. En cette fin de siècle, il rend les juifs responsables des difficultés économiques.

Mais on accuse aussi les juifs d'être les suppôts du socialisme, artisans d'un complot visant à détruire l'ordre et la morale. Contradiction ? Ruse, répondent les antisémites, d'une race d'étrangers qui usent de tous les moyens pour détruire la France. Les juifs sont donc partout, aux dires des antisémites : ils le sont eux aussi, dans les rangs socialistes où certains dirigeants accusent les juifs d'être exploiteurs du peuple ; dans les rangs de la droite, qui les accuse de détruire l'identité nationale.

Ce climat détestable ne freine pourtant en rien la première grande vague d'immigration juive. Les nouveaux venus ont fui l'empire russe, la misère, les pogroms et la mise en place d'un antisémitisme d'État. Ils sont 10 000 en 1880, 20 000 en 1900, 40 000 à la veille de la Première Guerre mondiale : un tiers de la communauté juive. Ouvriers et artisans, travaillant à la pièce pour des salaires de misère, ils se sont regroupés dans le Marais, presque un ghetto. Les Français catholiques ne sont pas seuls à les regarder avec méfiance. Leur coreligionnaires français, déjà intégrés, cachent mal leur mépris, et ils n'ont, à leur égard, que des relations de charité. Il est vrai que les nouveaux venus ne leur ressemblent guère, plus traditionalistes, moins portés à cacher leur judaïsme. Beaucoup militent à gauche, quelques-uns rêvent de sionisme, mais rares sont ceux qui se reconnaissent dans le conservatisme frileux des juifs français. Tous les juifs partagent néanmoins une foi énorme dans l'instruction, un acharnement au travail pour sortir de la misère et une profonde reconnaissance envers la France des Droits de l'homme. Cela ne suffit pas. L'antisémitisme les désigne encore comme bouc émissaire, étrangers, traîtres envers et contre tous.

L'Affaire Dreyfus s'inscrit dans cette logique : Dreyfus, premier officier juif admis à l'état-major, est coupable parce que juif. La découverte de l'affaire d'espionnage exacerbe l'antisémitisme ; *La Croix, La Libre Parole* s'acharnent contre toute la communauté qui n'ose prendre la défense du capitaine. Ce serait mettre en doute la justice française : Dreyfus est condamné. Ce serait donner raison à ceux qui les accusent de former un État dans l'État et ruiner leurs efforts d'intégration. Alors, selon le mot de Péguy, ils se disent prêts à "sacrifier Dreyfus pour conjurer l'orage". Mais l'orage viendra, en dépit de tout, plus menaçant encore après le début de la campagne pour la révision, en 1898. Les anti-dreyfusards la disent financée par le "syndicat juif". L'Action française naît cette année-là, dirigée contre l'étranger et le juif, adversaires de la vraie France.

Après la grâce, la révision et l'acquittement, les dreyfusards l'emportent mais l'Affaire a laissé des traces. La communauté juive découvre que ses efforts ne servent à rien, que l'on doute encore de son intégration. Certains se tournent alors vers le socialisme, seul héritier, à leurs yeux, de 1789 ; les autres multiplient les gages de leur bonne volonté. En août 1914, tous se retrouveront dans l'Union sacrée, décidés à obtenir, sous le feu, cette nationalité que la rumeur leur dénie. Les juifs français, normalement incorporés, renchérissent de patriotisme, voire de diatribes anti-allemandes. Les juifs étrangers, de leur côté, s'engagent en masse dans la Légion – 10 000 sur une communauté de 40 000 personnes.

Dès 1920, pourtant, l'armistice à peine conclu, l'extrême droite agite à nouveau la menace du péril juif. Comme hier, on les accuse à la fois d'exploiter le peuple français et de fomenter la révolution sociale, acharnés à la perte du pays parce qu'ils sont, à jamais, étrangers. L'entre-deux-guerres, en fait, répète la "Belle Époque". Il y a un antisémitisme populaire réel, presque de principe, qui débouche rarement sur la violence mais que les juifs perçoivent chaque jour. On les accuse sans cesse d'être trop nombreux. Ils représentent pourtant à peine 0,7 % de la population, même si la communauté double à cette époque : 150 000 en 1919, 300 000 en 1939 avec l'afflux des réfugiés d'Europe orientale et d'Allemagne. Peu importe aux antisémites : à leurs yeux, le juif est laid, inassimilable, dangereux parce que trop intelligent, doté d'un sens aigu du commerce, solidaire. Il y a un pouvoir juif occulte, qui règne sur la médecine, le barreau, les arts, la politique, le commerce et l'industrie. Quand éclatent les scandales Marthe Hanau et Stavisky, les antisémites se réjouissent. Preuve est faite que le juif est cet étranger qui veut prendre la place des vrais Français et s'emparer de la richesse nationale. Les autres caractères d'une prétendue race juive ne sont pas plus flatteurs : trop émotifs, poltrons, sales, antirationnels, attachés à des rites vieillots. Difficile d'en mesurer l'exact impact dans l'opinion, mais le *Protocole des Sages de Sion,* faux avéré qui exposerait les visées du complot juif, rencontre un grand succès éditorial. Comme dans l'autre avant-guerre, cet antisémitisme larvé, mais omniprésent, va brutalement s'étaler au grand jour lors du Front populaire. Hier Dreyfus, premier officier juif d'état-major ; aujourd'hui Léon Blum, le premier président du Conseil, socialiste de surcroît. Les ligues, l'Action française, la presse de droite et d'extrême droite se déchaînent contre un homme accusé d'être si peu français, juif donc préoccupé d'abord de ses coreligionnaires, qui envahissent les rouages du pays en se prévalant de sa protection. Comme hier, cette résurgence de l'antisémitisme correspond à une importante vague migratoire, venue cette fois de l'Allemagne nazie, et à un climat de crise économique. Les antisémites ont alors beau jeu de dénoncer ces étrangers qui prendraient aux Français les emplois, préambule à une colonisation du pays tout entier.

Face à l'antisémitisme, les juifs répondent en ordre dispersé. Les juifs français ne ménagent pas leur solidarité aux nouveaux venus ; des associations se fondent, les anciennes se fédèrent. Ils essaient aussi de se défendre, de se justifier face à l'antisémitisme, épaulés par la Ligue internationale contre l'antisémitisme, fondée par Bernard Lecache, en 1928, et qui compte rapidement 20 000 membres. Cette volonté, sans cesse réaffirmée, d'être reconnus comme des Français ordinaires ne va pas sans excès. Certains nient toute identité juive, vivent à contrepied des stéréotypes qui les accusent, quitte à verser, pour une infime minorité, dans le paradoxe d'un antisémitisme juif. Ils n'évitent pas non plus le piège de la xénophobie et adressent aux immigrés de fraîche date, les reproches que les Français leur réservent : vulgaires, ignorants, concurrents déloyaux en matière économique, inassimilables. Certains hauts dignitaires, le Consistoire entretiennent d'ailleurs des rapports avec les ligues patriotiques, tandis que les étrangers sont proches des partis de gauche. L'extrême droite s'en moque et les accuse tous ensemble. Avec la crise, la montée puis la victoire du nazisme, l'arrivée des réfugiés allemands, le parti populaire français, Solidarité française ou le Francisme ne cacheront plus rien de la haine qui les anime, prélude à la collaboration.

Arrive la déclaration de guerre. Les juifs allemands sont internés, traités en ennemis en dépit de leur antinazisme, de leur volonté de s'engager. Pour les autres juifs, le sursis dure un an. Dès l'été 1940, dans les stalags allemands, les prisonniers juifs sont isolés, au mépris de la Convention de Genève. En France, tous les juifs, étrangers, de sexe masculin, âgés de 18 à 45 ans, sont internés. Le décret Crémieux est aboli en Algérie. La Commission de révision des naturalisations prive 6 307 juifs de leur nationalité française. Le 3 octobre 1940, enfin, Vichy promulgue le premier statut des juifs. Est considéré comme juif, celui qui a trois grands-parents de cette religion. Il est alors immédiatement exclu des grands corps d'État, les postes administratifs d'autorité lui sont fermés ce qui entraîne la dégradation immédiate des officiers juifs. Blessés dans leur honneur et leur patriotisme, les juifs français protestent mais l'opinion a d'autres soucis et l'Église reste silencieuse. Personne, de toute façon, ne croit encore au pire.

Après l'exode de l'été 40, la plupart des juifs rentrent d'ailleurs chez eux, à l'exception de quelques-uns qui préfèrent rester en zone libre, ou partir chercher refuge à Londres et aux États-Unis. Témoin de cet aveuglement, partagé il est vrai bien au-delà de la communauté, le recensement du 3 octobre 1940, imposé par les Allemands. Rares sont ceux qui s'y soustraient et les commerçants affichent sans protester l'inscription *Judisches Geschäft* sur leur devanture. Puis, en juin 1941, le second cercle se referme avec un nouveau statut des juifs, promulgué par Vichy mais valable dans les deux zones. Cette fois, sont déclarés juifs tous ceux qui ont deux grands-parents juifs. Sous la houlette du Commissariat général aux questions juives, confié à Xavier Vallat, les interdits professionnels se multiplient, *un numerus clausus* est imposé à l'Université aux médecins et avocats. Mais hors du cercle des collaborateurs parisiens, qui rivalisent dans l'infâme et lancent de véritables appels au meurtre, l'opinion publique refuse de rallier cette croisade. L'exposition "Le Juif et la France" ne connaîtra pas, par exemple, à la fin de 1941, le succès escompté. Mais on est encore loin d'une véritable solidarité, et les autorités y voient finalement une sorte d'encouragement.

Nouvelle étape dans la répression : pendant l'été 1941, 11 000 juifs étrangers sont arrêtés et transférés dans des camps de regroupement. Au mois de décembre, on arrête des juifs français, choisis parmi l'élite, et la différence qu'ils cultivaient avec les nouveaux venus paraît alors bien dérisoire. Quelques-uns, les plus lucides, vont rejoindre dès cette époque la clandestinité. Dans les premiers mouvements de résistance, les juifs seront nombreux, ouvrant même la voie, comme ceux du P.C.F., qui précèdent dans la lutte antinazie leurs dirigeants paralysés par le pacte germano-soviétique. L'engagement juif aura, dès le départ, deux formes. Certains essaient de construire des organisations spécifiques, comme "Solidarité" qui publie un journal en yiddish, *Unzer Wort,* pour prévenir leurs coreligionnaires.

Les autres, les plus nombreux, s'engagent aux côtés des Français, sans distinguer les persécutions raciales du reste de la doctrine nazie. Mais ces pionniers ne pourront rien : en 1942, les juifs de France entrent dans le cercle infernal de la solution finale, victimes parmi les victimes du temps. Un couvre-feu leur est imposé, ils sont brimés dans chacun des actes de la vie quotidienne et marqués par l'étoile jaune. Puis vient le 16 juillet 1942 et la grande rafle du Vel d'Hiv. Pour que les juifs français soient – provisoirement – épargnés, Vichy livre aux Allemands les juifs étrangers internés en zone sud, y compris les enfants que l'occupant ne réclamait pas. Longtemps indifférente, l'opinion commence à réagir. L'Église catholique s'engage dans une voie qui la mènera à combattre clairement l'antisémitisme, même si, pour l'heure, certains prêtres estiment encore que les étrangers d'avant-guerre "posaient problème".

Pendant ce temps, la marche continue, inexorable, vers l'extermination. Rafles, arrestations, dénonciations aussi et, au bout, Drancy et la déportation, sinistre litanie.

Après le débarquement en Algérie, et l'invasion de la zone sud, la distinction entre juifs français et étrangers devient une imposture. Désormais, tous sont menacés et presque tous en sont conscients. La résistance juive s'organise mieux, autour de l'organisation juive de combat ou le deuxième régiment FTP-MOI ; d'autres juifs s'engagent dans des mouvements non confessionnels. A visage découvert, mais en liberté surveillée, certaines œuvres juives essaient par ailleurs de soulager un peu la détresse des persécutés. Ce n'est pas la résistance, mais des vies seront sauvées. Reste l'Union générale des israélites de France (UGIF), qui joue alors un rôle singulier. Créée par Vichy, sous la pression des nazis, pour aider à la bonne application des lois, l'UGIF remplira finalement son triste rôle, même si ses membres ne l'ont sans doute pas voulu. En centralisant tous les renseignements sur la communauté, en créant des œuvres pour les réfugiés au lieu de les cacher et les disperser en accréditant le mythe des camps de travail à l'Est, l'UGIF est, en effet, devenue, peut-être à son corps défendant, un rouage de la déportation, facilitant le travail des uns, encourageant la soumission des autres. Les derniers mois, en 1944, parce qu'ils sentent venir la défaite, les nazis s'acharnent contre les "terroristes" juifs. Le procès du groupe Manouchian, ceux de "L'Affiche Rouge", est organisé comme un spectacle pour démontrer la collusion entre la Résistance, les juifs et les étrangers : sur vingt-quatre accusés, vingt-et-un sont étrangers et onze juifs. Campagne qui ne rencontre que le silence : les Français ont désormais choisi la solidarité et le dénouement approche.

La Libération découvre l'immensité de l'horreur. Le 14 mars 1945, à l'appel du Grand Rabbin de France, un jour de jeûne et de prière est organisé pour tous les juifs exterminés. Ils étaient trois cent mille avant guerre, ils ne sont plus que 150 000 et les rescapés des camps sont mutilés à jamais dans leur corps et leur âme. Quelques-uns adhèrent au sionisme, mais la plupart veulent surtout oublier. Les changements de nom, les mariages mixtes sont fréquents, même les conversions. Il faut revivre de toute façon, essayer de retrouver des biens dispersés, confisqués, obtenir – si peu – réparation. On ne les entendra guère. La France de l'immédiat après-guerre veut oublier aussi et l'opinion se lasse très vite d'entendre les victimes. Le pays, néanmoins, apporte dès le début son soutien à la cause sioniste. La France défend *l'Exodus,* et apporte un appui diplomatique pour la création de l'État d'Israël. Plus rien, dès lors, ne sera jamais comme avant. La Terre Promise est en Palestine, plus en France, d'autant qu'il reste le souvenir de ces années où ce pays a trahi. Comment ne pas être vigilant ? Dès 1951, l'extrême droite relève la tête. *Rivarol,* héritier de l'Action française, reprend à son compte les thèses d'avant-guerre : le juif, à jamais, est étranger à la France. Pour lever l'interdit qui pèse sur l'antisémitisme, *Rivarol* va mettre en doute la réalité du génocide, première pierre posée par les négateurs de l'histoire qui se diront révisionnistes. A l'opposé, sous couvert d'antisionisme, le P.C.F. fait chorus à l'antisémitisme soviétique, et reprend à son compte, en ces derniers temps du stalinisme, le pire argumentaire xénophobe. Juifs, donc étrangers, personne n'ose le clamer vraiment, mais le soupçon est de retour véhiculé par périphrases. Pierre Mendès France, en 1954, en fera les frais, accusé de brader l'empire parce qu'il n'est pas – certains le murmurent – tout à fait Français.

Dans ce pays bouleversé par l'irruption de la décolonisation et les mutations économiques, ce qui faisait l'identité et la puissance paraît soudain menacé et sur ce terreau, le mouvement Poujade va grandir, défenseur des "petits" contre les "gros", de la tradition contre le modernisme. Il reprend alors à son compte les thèmes de l'antisémitisme populaire, dirigé contre le complot des puissants – banque, intellectuels, technocrates – dont les juifs seraient les instigateurs. Aux membres de son conseil d'administration, l'U.D.C.A. réclame trois générations de Français : la France, selon elle, devrait aussi respecter la règle.

Mais Poujade est un dernier sursaut. L'image de la communauté juive s'améliore, les gouvernements de la IVe République entretiennent d'excellentes relations avec Israël comme en témoigne la convention relative au service national, signée en 1959. L'opinion, à l'exception de l'extrême gauche, adopte aussi une attitude très favorable. Il est vrai que l'État hébreu, comme la France, combat le nationalisme arabe. Alors, ceux qui l'incarnent, les travailleurs maghrébins, vont devenir la cible préférée des défenseurs de la "France seule". Mais les griefs ne changent pas. Juifs hier, Maghrébins aujourd'hui, ils menaceraient de tout submerger et formeraient un État dans l'État, à l'abri de leurs ghettos. L'islam inquiète comme le judaïsme, obstacle que l'on juge insurmontable pour une véritable assimilation même si certains ont la nationalité française. Quand arrive en métropole la dernière grande vague d'immigration juive, celle des "pieds noirs", elle s'intègre rapidement, française de droit, acceptée comme telle, comme disculpée par cet autre bouc émissaire. Plus religieuse, plus attachée aux traditions que l'ancienne immigration ashkénaze, moins hantée par le souvenir des années 30 et du génocide, ces nouveaux venus vont donner une impulsion nouvelle à la communauté juive, revendiquant fièrement leur identité, sans craindre les réactions de l'opinion. Les temps de l'anathème et de la persécution sont de toute façon révolus. Le Consistoire, le Conseil représentatif des institutions juives (C.R.I.F.), créé dans la clandestinité, en 1943, assurent un dialogue constant entre les pouvoirs publics, la société et la communauté. Communauté aux liens moins serrés : un tiers des mariages sont des mariages mixtes ; à Paris, 8 % des juifs vont à la synagogue pour le shabbat, et 22 % pour le Yom Kippour ; en province, la fréquentation est beaucoup plus élevée (respectivement 40 et 90 %) mais l'ensemble des interdits ne sont pas toujours respectés ces jours-là, loin s'en faut. Est-ce encore trop de foi et trop de judaïsme ? Pour certains, le soupçon n'est pas mort, qui pèse sur les 535 000 juifs français. Il affleure, dès le milieu des années 60, dans les mots du général De Gaulle, parlant d'un peuple "sûr de lui et dominateur". On le retrouve, à gauche, dans l'antisionisme ambigu du P.C.F., dans la dérive de certains mouvements extrémistes comme "La vieille taupe". On le retrouve également dans la rumeur populaire, comme celle d'Orléans à la fin des années 60. On le retrouve enfin, de plus en plus explicite, à l'extrême droite. Les interdits nés de l'holocauste ne sont pas encore tombés, mais ils sont, petit à petit, levés et cette droite sait, de toute façon, se faire comprendre à demi-mot. Côté démagogue, on trouve des plaisanteries abjectes. Côté idéologie, le Front national s'en prend à l'"Internationale juive" et traite l'holocauste en "détail" de l'histoire. Les révisionnistes, eux, le nient. Quant aux néo-nazis, ils le justifient.

Le cycle serait-il achevé ? Les griefs qui visaient hier les juifs ont ensuite été dirigés contre les ressortissants du Maghreb : allégeance à une puissance étrangère, religion inassimilable en France, dangers pour l'identité nationale. Certains juifs s'en sont réjouis, reproduisant dans l'Hexagone, les déchirures de la guerre d'Algérie et les conflits du Proche-Orient. Beaucoup n'ont rien dit. Les derniers, enfin, ont voulu combattre un racisme qui menace en fait tous ceux qui sont différents, juifs ou musulmans. Que tombent les tabous, disent-ils, et l'antisémitisme peut renaître. A cet égard, le soupçon étalé depuis la fin des années 80 leur donne, amèrement, raison.

Ligue des Droits de l'homme

Fondée en 1898, dans les déchirements de l'Affaire Dreyfus, la Ligue des Droits de l'homme est née contre la raison d'État, contre une définition de l'intérêt national qui s'imposerait à la loi. Elle s'est donc trouvée très tôt engagée aux côtés de la communauté étrangère, même si, avant la Première Guerre mondiale, elle ne la défend pas encore ès-qualité. C'est en effet au nom d'un principe général, l'état de droit, que le congrès demande, dès 1904, l'intervention des tribunaux compétents dans les procédures d'expulsion, soumises alors à l'arbitraire de décisions administratives. La Ligue exigera de même que les candidats à la naturalisation puissent défendre leur dossier, fournir des explications, contester certaines pièces. Dernier domaine d'intervention en ces premières années : la lutte contre les lois d'exception et les interdictions de séjour qui frappent anarchistes et syndicalistes, toutes nations confondues. En dépit de leur diversité, toutes ces actions sont sous-tendues par une même exigence juridique : l'état de droit. Pour les faire aboutir, la Ligue usera des mêmes méthodes : agir en groupe de pression, grâce aux interventions de ses militants (25 000 en 1901, 40 000 en 1906) et au soutien de nombreux intellectuels ; apporter aux victimes une aide concrète et leur servir de guide dans l'appareil administratif et financier.

A partir de 1919, face à l'ampleur de l'immigration, la Ligue des Droits de l'homme s'engage plus nettement. La situation de la communauté étrangère devient cette fois une priorité. Inlassablement, la Ligue réclame le respect des libertés individuelles et du droit d'asile, l'extension de l'état de droit, un statut pour l'immigration et le recul des campagnes xénophobes. Mais il lui faudra s'avouer vaincue. Le Front populaire est une déception, l'esprit du temps l'emporte, les moyens manquent pour inverser le courant. Il est vrai que la Ligue elle-même, par excès de droit ou manque d'audace, fait parfois allégeance à une certaine idée de l'immigration, où l'intérêt national prime celui des étrangers. Ainsi, si elle entend clairement "faire respecter les libertés individuelles (...) et mieux assurer la solidarité entre les peuples et la paix internationale", elle n'oublie pas "les intérêts équitables de la classe ouvrière et l'indépendance de la nation". Cela suppose dans les pays de départ un strict examen des candidats et, en temps de crise, la défense des travailleurs français. Les refoulements de travailleurs sont donc admissibles, même si la forme (arbitraire administratif, vexations, absence de recours juridique) demeure contestable. Plus généralement, la Ligue défend une immigration véritablement utile, transformée en investissement humain à long terme et non soumis aux aléas de la conjoncture et du profit. Pour y parvenir, il faut donc mener une politique d'intégration active, lutter contre la formation de noyaux allogènes, favoriser la francisation des secondes générations et les naturalisations. En ce domaine, la loi de 1927 devra beaucoup à l'action de la Ligue, qui pèsera ensuite de tout son poids pour empêcher un retour en arrière.

Après la guerre et un engagement massif dans la Résistance, la Ligue néglige un peu l'immigration. Les nouveaux venus arrivent sans ambition d'intégration, prêts à sacrifier leurs droits pour un peu de prospérité. Les lois de 1945, le poids des interdits nés du passé immédiat font, de toute façon, reculer arbitraire et xénophobie. D'autres urgences, enfin, à l'heure de la décolonisation, sollicitent la Ligue hors de l'Hexagone. Mais dans les années 60, une fois scellé le sort de l'outre-mer, le combat pour l'immigration revient au premier plan. Avec des priorités nouvelles. Il s'agit, cette fois, de lutter pour la dignité, pour que soient reconnus aux étrangers les libertés fondamentales et l'accès aux institutions économiques et sociales. L'état de droit n'est donc plus une finalité, mais un moyen pour intégrer ceux qui sont, selon les mots de Daniel Mayer, en 1970, "isolés dans la société, exploités par le capitalisme, désarmés devant l'administration et l'État". Cinq ans plus tard, quelques progrès sont acquis : éligibilité aux élections de délégués du personnel et dans les directions syndicales. Mais la crise économique stoppe très vite ces premiers progrès. Face à l'arsenal juridique des décrets Bonnet et Stoléru, face à la toute-puissance retrouvée de l'administration, la Ligue s'engage à nouveau pour combattre les mesures d'exception. La victoire de la gauche lui apporte quelques espoirs. Les textes incriminés sont abolis, le régime dérogatoire des associations étrangères est levé, une procédure de régularisation des clandestins est mise en place. Les étrangers deviennent électeurs et éligibles dans de nombreuses instances économiques et sociales. Mais l'audace n'a qu'un temps. Dès 1983-1984, le repli est amorcé. La lutte contre les clandestins se renforce ; les refoulements et expulsions vont en augmentant, quitte à sacrifier un peu du droit. Tendance aggravée par la droite au pouvoir de 1986 à 1988, et en partie maintenue par les socialistes après leur victoire de 1988, mais la leçon des années 30 a porté. La réaffirmation solennelle des Droits de l'homme ne suffit pas à garantir le droit. En période de crise, la protection des étrangers passe par la citoyenneté. Depuis le début des années 80, la Ligue des Droits de l'homme a donc réorienté son combat sur ce terrain. Double défi. Il faut convaincre les étrangers, souvent indifférents. Il faut aussi convaincre les Français, massivement hostiles au droit de vote des immigrés. Quant aux jeunes de la seconde génération déjà Français et citoyens, ils ont, selon la Ligue, le devoir d'exercer pleinement leurs responsabilités et de s'inscrire sur les listes électorales. Car leur engagement sera à l'avenir le plus sûr garde-fou contre la xénophobie et un modèle pour l'intégration.

Mariages mixtes

Sur 315 000 mariages conclus en 1981, 26 000 étaient des mariages d'étrangers. Mais il faut ici distinguer les mariages entre étrangers (5 700) et les mariages mixtes (20 300), la différence mesurant le degré d'intégration des différentes communautés immigrées. Sur le long terme, un million d'unions mixtes ont été célébrées depuis la Première Guerre mondiale et s'il y a, tout au long du siècle, une relative stabilité statistique, elle ne doit pas masquer d'importantes variations dans le temps et entre nationalités. L'opinion française, en revanche, est remarquable de constance dans ses hésitations. Aujourd'hui comme hier, l'union d'un Français ou d'une Française, avec une étrangère (ou un étranger) lui paraît plus risqué que nécessaire, alliance contre nature, sinon mésalliance, qui ne peut que déboucher sur l'échec. Les parents envisagent rarement de gaieté de cœur le mariage de leur progéniture avec un immigré, à moins qu'il ne soit "bien né", les Américains ayant alors la faveur du plus grand nombre. Plus généralement, le mariage avec un étranger venu de loin fait davantage peur, d'autant que l'on redoute la séduction de l'exotisme sur les jeunes générations, et l'on se méfie des derniers arrivés, trop peu francisés. Italiens hier, Maghrébins aujourd'hui, les nationalités changent, les arguments demeurent, sans grande influence sur des mariages qui ont de tout temps existé, à la fois reconnaissance d'un étranger devenu "semblable" et fascination pour ce qui reste de différence.

Mais leur nombre est fluctuant, influencé par la nature de l'immigration et les variations de la nuptialité française dans son ensemble. En 1914, les unions mixtes s'effondrent, conséquence logique de la déclaration de guerre. Mais la reprise arrive dès 1915 : les Français sont mobilisés, le nombre de morts s'alourdit et les mariages mixtes se développent pour pallier le manque d'hommes. Il s'agit donc surtout de mariages entre étrangers et Françaises et ce n'est qu'en 1919 que reprennent les unions entre Français et étrangères. Une pointe en 1920 (27 000 mariages mixtes, dont 70 % de Françaises avec un étranger) et la courbe s'infléchit à nouveau à la baisse, tendance constante dans l'entre-deux-guerres. L'intégration des nationalités installées depuis longtemps et la loi de 1927 accélèrent en effet les naturalisations et l'acquisition de la nationalité française à la naissance ou à la majorité. Autres facteurs : les nouveaux arrivés, singulièrement les Polonais, préfèrent se marier entre eux puis la crise économique entraîne le départ de nombreux jeunes étrangers célibataires. En 1935, il n'y a que 20 000 mariages mixtes, soit une baisse de 25 % par rapport à 1920. Mais il se produit à cette date un épiphénomène presque unique, dernière conséquence de la Première Guerre mondiale. Arrivent en effet à l'âge du mariage, les hommes nés avant le conflit, et les femmes nées, elles, dans les classes creuses 14-18, si l'on admet qu'elles se marient deux ou trois ans plus jeunes. Il y a donc temporairement des hommes en "surnombre", les unions mixtes entre Français et étrangères augmentent tandis que la crise fait chuter les mariages entre Françaises et étrangers. Sous l'effet de ce double mouvement, le pourcentage de mariages mixtes est, au début des années 40, sensiblement égal selon les sexes, alors que dix ans plus tôt, il était double chez les femmes françaises.

Le second conflit mondial pèsera à son tour sur les unions mixtes, cette fois à la hausse : mariages de prisonniers et requis du S.T.O. avec les Allemandes, mariages de Françaises avec des soldats alliés, Américains pour la plupart. En 1944, il n'y a que 12 000 unions mixtes, mais près de 32 000 deux ans plus tard, avant de retomber à 14 000 en 1946. Ici, ce sont donc d'abord les circonstances, la possibilité de contacts directs qui vont infléchir la courbe des mariages, et non les conséquences durables de ruptures démographiques comme lors du précédent conflit. Ensuite, jusqu'au début des années 70, le nombre de mariages mixtes augmentera régulièrement, épousant à peu près la courbe du nombre des étrangers, avant de se stabiliser. La nuptialité baisse dans la société française, le nombre de mariages mixtes aussi. Il existe également des facteurs spécifiques. Les nouvelles règles d'acquisition de la nationalité française font sentir leur influence sur les générations en âge de se marier : le nombre des jeunes étrangers diminuant, les mariages mixtes déclinent. Avec le développement de l'immigration familiale, les mariages intracommunautaires prennent par ailleurs le pas sur les mariages mixtes. Quant aux jeunes étrangers célibataires, ils sont souvent d'origine musulmane. L'exogamie pose dont plus de problèmes que dans les communautés européennes des années 60. Mais, petit à petit, ces barrières tombent. La nuptialité augmente à nouveau, les mariages intracommunautaires sont achevés, la distance culturelle entre jeunes d'origine musulmane et française se réduit. Ils se sont côtoyés dès l'enfance sur les bancs de l'école et le temps fait son œuvre, rapprochant l'islam des normes de la société d'accueil. Les mariages mixtes sont donc, à nouveau, orientés à la hausse : 6,7 % des unions en 1982, 8,7 % en 1986.

Mais ils ne sont pas également répartis entre les nationalités. Aujourd'hui comme hier, tout dépend de leur volonté d'intégration et de leur implantation plus ou moins récente dans le pays. Ainsi, au cours des années 20, la part des Belges et des Suisses dans les mariages d'étrangers, est plus importante que leur place dans la communauté immigrée, celle des Italiens et des Espagnols est en revanche minorée. Dix ans plus tard, l'écart est comblé pour ces deux nationalités, premier indice d'une intégration désormais en marche. Les Polonais, en revanche, qui forment environ 20 % de l'immigration sont presque absents des mariages mixtes, ce qui confirme leur tendance au repli, déjà perceptible dans l'enseignement, la religion ou la culture.

Depuis la Seconde Guerre mondiale, cette influence du temps et de la volonté d'intégration n'est pas démentie. Les immigrations anciennes, comme celles des Italiens, des Espagnols, des Belges et désormais des Polonais sont sur-représentées. Il faut toujours, par ailleurs, un certain délai avant de voir la nuptialité refléter la prépondérance d'une nationalité. Les Portugais représentaient ainsi 20 % des étrangers en 1982, mais 14 % seulement des mariages mixtes. Quant aux Maghrébins, en dépit de progrès récents spectaculaires, ils restent largement sous-représentés : 2 671 unions franco-algériennes seulement, en 1987, qui prennent acte des difficultés d'intégration. Mais les mariages mixtes ne sont pas seulement un instrument de mesure de l'intégration. Ils en sont également moteur et la loi en a toujours pris acte. Dès 1927, elle laisse aux Françaises qui épousent un étranger et à leurs futurs enfants, leur nationalité d'origine. Dans ces foyers, on espère que le modèle français l'emportera, entraînant la rapide assimilation du père étranger. La naturalisation des conjoints étrangers sera ensuite facilitée par étapes, la loi de 1973 accordant finalement la nationalité française sur simple déclaration. Cette fois encore, le législateur estimera que le mariage mixte était une étape décisive du processus d'intégration. Mais ce n'est plus une garantie.

La désunion de certains couples mixtes a en effet révélé que le mariage n'avait rien comblé du fossé culturel. Au moment du divorce, se sont alors affrontés deux systèmes juridiques : le droit musulman confie l'éducation au père, la jurisprudence française accorde en général la garde à la mère. C'est finalement une négociation entre États qui réglera – provisoirement – ce que la sphère privée ne pouvait plus régler mécaniquement.

Il reste que cet échec est l'exception. Il ne doit pas masquer, par exemple, le nombre croissant de jeunes musulmanes épousant un Français alors que c'est enfreindre un tabou religieux. Les mariages mixtes, de toute façon, jouent un rôle moins important dans le processus d'intégration. La mère qui travaille a perdu de son influence sur la vie quotidienne du foyer : la culture française doit donc souvent composer avec la culture étrangère. Les unions sont également plus souvent rompues par un divorce qui interrompt la logique de l'intégration. Mais surtout : l'essentiel se joue désormais hors mariages mixtes *stricto sensu* et hors statistiques, dans la cohabitation juvénile, et dans une mixité franco-française entre Français de souche et jeunes Français issus de l'immigration.

Marocains

A la différence des Algériens, la communauté marocaine en France est quasi inexistante avant l'indépendance du pays, en 1956. Il y a bien quelques travailleurs coloniaux, amenés en métropole pendant la Première Guerre mondiale mais, après l'armistice, les rapratriements sont généralisés : en 1919, il ne reste en France que trois mille Marocains. La "grande ruée" des années 20 laisse à peine plus de traces : 20 000 ressortissants en 1929. La crise sera donc sans conséquences. En 1938, un service d'émigration placé sous la tutelle du protectorat est néanmoins ouvert, des accords sont signés avec plusieurs employeurs de métropole, et trois contingents de cinq mille travailleurs seront acheminés en France, pendant la drôle de guerre. Mais la création de cette structure officielle, puis celle de l'O.N.I. en 1945, ne déclenchent aucun flux migratoire durable. Il n'y a, en 1950, que 16 000 travailleurs marocains, entrés pour la plupart clandestinement. S'ouvre alors une période de troubles politiques ; la population marocaine se bat pour l'indépendance, le gouvernement surveille le moindre de ses mouvements, les filières sont mises en sommeil et l'immigration, provisoirement, se trouve donc stoppée. Mais elle reprend dès l'indépendance acquise, avec une force nouvelle, et des taux de croissance toujours plus élevés. Au départ, la demande vient de France. La guerre d'Algérie s'intensifie, pesant sur les flux migratoires. L'Espagne et l'Italie ont épuisé leur surplus de main-d'œuvre et cherchent désormais à retenir leurs nationaux pour conduire le développement économique. Or, la France, qui entre dans une phase accélérée de croissance, a plus que jamais besoin de main-d'œuvre. Le Maroc paraît ici un des réservoirs les plus naturels, et des plus accessibles.

Par le biais de l'Office national d'immigration, des centres de recrutement sont progressivement installés, surtout dans le sud du pays, avec mission de sélectionner des travailleurs pour l'industrie du bâtiment et de l'automobile. A bien des égards, leur fonctionnement, leurs méthodes rappellent celles de la Société générale d'immigration dans la Pologne de l'entre-deux-guerres. On choisit des hommes jeunes, aptes au travail, sans se soucier des structures d'accueil et de leurs capacités futures d'insertion dans la société française. Le 27 juillet 1963, le Maroc et la France signent néanmoins une convention d'émigration, afin d'organiser un peu mieux leur venue. Peine perdue : le flux migratoire grossit et déborde très vite les garde-fous officiels. Si l'on prend comme année de référence 1962 (base 100), l'indice 240 est atteint en 1968, 439 en 1972. Car se rejoignent alors une offre et une demande contre lesquelles les mécanismes juridiques sont impuissants.

L'économie française a plus que jamais besoin de main-d'œuvre, tandis que le Maroc doit faire face à des difficultés économiques que seule l'émigration peut résoudre. Le pays est en effet le théâtre d'une explosion démographique sans précédent. La mortalité chute, sans que fléchisse la courbe des naissances et il est impossible de répondre économiquement au phénomène surtout en milieu rural. Dans un premier temps, la migration est interne, vers les grandes villes. Mais elles se révèlent très vite impuissantes à satisfaire toute la demande d'emploi. Se développe alors, au milieu des années 60, une seconde migration, largement clandestine, à partir des métropoles régionales (Casablanca, Oujda, Meknès) vers la France, pour des raisons essentiellement historiques. Les hommes partent seuls, laissant leurs familles au Maroc mais, dès la mise en place des procédures de regroupement familial, elles les rejoindront. De 1976 à 1980, la population marocaine féminine double : l'augmentation, dans les communautés algérienne et tunisienne, n'est que de 25 % et 50 %. Mais cela n'explique pas tout de la forte croissance d'une migration qui paraît à peine affectée par l'arrêt officiel des entrées de travailleurs décidé en 1974. De 1975 à 1986, en effet, le nombre de Marocains titulaires d'un titre de séjour passe de 260 000 à 556 000, après avoir largement profité des procédures de régularisation en 1981-82. Depuis, les filières clandestines ne se sont pas éteintes, même si l'offre d'emploi a changé. Les clandestins marocains se dirigent aujourd'hui vers le travail saisonnier agricole, surtout dans le Sud-Ouest, les travailleurs réguliers étant employés dans le bâtiment, et l'industrie automobile, comme en témoigne leur rôle lors des grandes grèves de Talbot et Peugeot en 1982-1983. Les uns et les autres ont, en tout cas, plus que les Algériens dont le nombre s'est petit à petit stabilisé, fait l'essentiel de la croissance de la communauté maghrébine au cours des dernières années. À bien des égards, ils en ont payé le prix partageant les épreuves traditionnelles des communautés étrangères. Ils ont d'abord connu les bidonvilles et les "marchands de sommeil", le déracinement brutal imposé à ceux que l'on a tirés du "bled" pour les transplanter directement dans les grandes villes industrielles. Une fois arrivés, ils ont subi le sort du dernier venu, les emplois de manœuvres, les conditions de travail les plus dures, l'absence de droits syndicaux, tacitement approuvée par leur propre gouvernement. Aujourd'hui, ils partagent, avec les Algériens, le triste privilège du plus haut taux de chômage, les "habitats spécifiques", les grands ensembles voués à l'abandon et à la démolition.

La seconde génération marocaine est un peu plus jeune que celle d'origine algérienne : 36 % des Marocains ont moins de 15 ans, 32 % des Algériens seulement. Elle est plus souvent "née au pays" : 87 % contre 68 % pour les Algériens. Cela rend plus aigu le déracinement, et plus aisée la tutelle que les autorités marocaines entendent conserver sur leurs expatriés. Dernière différence avec les autres Maghrébins : les Marocains sont un peu mieux perçus dans l'opinion, héritage sans doute d'une décolonisation moins dramatique. Maigre consolation. Car au-delà, les Marocains subissent partout les blocages de la "question" immigrée : logement, école, exclusion économique, xénophobie.

Marseille

Les premiers "immigrés" arrivent au XVIe siècle. Mais ceux-là viennent du Nord, Provençaux, Dauphinois, Italiens du Piémont et de Gênes, quelques Suisses ou Allemands. Périodiquement, d'autres nationalités viennent compléter la mosaïque, main-d'œuvre supplémentaire pour le port, qui ne cherche pas à s'installer durablement. Puis, au tournant des années 1830, avec la révolution industrielle et la colonisation de l'Algérie, Marseille connaît une rapide croissance économique, démographique et géographique. Les étrangers arrivent alors de plus en plus nombreux, Italiens surtout, mais aussi Espagnols, Grecs, Maltais ou Levantins. Au recensement de 1851, ils sont déjà plus de 10 %. Au cours des décennies suivantes, il ira encore en augmentant, pour doubler à la veille de la Première Guerre mondiale. Cette brusque poussée consacre l'hégémonie italienne. Les Transalpins sont 50 000 en 1876, 95 000 en 1911, près de 100 000 en 1913, soit 20 % de la population marseillaise. Géographiquement, ils se rassemblent autour du Vieux Port, mais le développement industriel va, petit à petit, les pousser le long des quais, et vers le nord, là où les terrains sont nombreux et bon marché. Car les étrangers doivent prendre en charge leur logement : à la différence des grands complexes industriels du Nord ou de l'Est, Marseille est une ville de petits entrepreneurs qui ne peuvent construire de logements sociaux. Les étrangers sont installés dans les quartiers les plus pauvres ou rejetés en périphérie : l'urbanisme prend acte de l'économie. En ce domaine, le port reste, à la fin du XIXe siècle, le principal employeur, à côté de la chimie et des huileries. Partout, les travaux sont durs, les Français n'en veulent plus. Au sein même de la communauté étrangère, une hiérarchie s'établit : les plus pénibles des emplois vont aux derniers arrivés, qui les gardent avant que la vague suivante ne leur permette de monter un échelon dans l'échelle sociale. Alors, dans certains quartiers, dans certaines usines, contraints et forcés, les étrangers bénéficient d'un quasi-monopole, et leur omniprésence, visible, fait monter la xéno-phobie à intervalles réguliers. Les Napolitains, regroupés entre eux, moins "discrets" que les Piémontais, soupçonnés de vols, de violences physiques ou sexuelles, alimentent le rejet, la crainte de l'envahis-sement et de la dénationalisation.

Pourtant, quand les Italiens partent en 1915, mobilisés dans l'armée transalpine, d'autres étrangers doivent les remplacer car déjà, Marseille ne peut plus se passer de leur travail. Au cours de la Première Guerre mondiale, 20 000 ouvriers débarquent ainsi sur le Vieux Port, venus d'un peu partout, réfugiés du Nord et d'Alsace-Lorraine, travailleurs coloniaux amenés d'Algérie ou d'Indochine, "neutres" comme les Espagnols. Tous, bien sûr, ne resteront pas, mais ils annoncent l'entre-deux-guerres et les temps du grand afflux. En 1926, Marseille compte 132 000 étrangers pour 635 000 habitants. Les Italiens dominent toujours en valeur absolue, mais leur importance relative baisse. Les Espagnols, depuis la fin du conflit, arrivent en rangs plus serrés et commencent à s'installer vraiment. Les Algériens, moins nombreux, continuent néanmoins de traverser la Méditerranée. Puis viennent les exilés, Russes blancs, Syrochaldéens et Arméniens, qui ont en commun leur extrême dénuement, la tentation du repli communautaire et surtout une plus grande mobilité. Pour eux, Marseille n'est souvent qu'une étape avant la remontée vers les centres industriels et administratifs du Nord où ils trouvent plus facilement du travail et un logement. Il est vrai que la cité phocéenne n'a plus les mêmes capacités d'accueil. Les nouveaux venus s'installent dans les meublés et les taudis du Vieux Port et du Quartier Belsunce, sans grand espoir de voir un jour leur condition s'améliorer. L'opinion, de son côté, se crispe. Les besoins en main-d'œuvre ont diminué, l'expansion ralentit puis vient la crise des années 30 avec son cortège d'incidents violents entre Français et étrangers. Crainte de la concur-rence économique, bien sûr, mais aussi ce sentiment d'insécurité où s'entrechoquent politique et gangstérisme, antifascisme des réfugiés italiens et développement du "milieu" marseillais, et qui transforme les immigrés en bouc émissaire.

L'entrée en guerre de l'Italie en 1940 aggrave les tensions, mais l'occupation, l'afflux de réfugiés vont tourner une page dans l'histoire de la ville. La destruction partielle du Vieux Port rompt l'itinéraire des anciennes migrations, les réfugiés repartent très vite, les nouveaux venus d'Italie, d'Espagne ou d'Algérie ne s'installent pas vraiment. Devenue une ville de transit au cours des années 50, le poids des étrangers dans la population marseillaise décline, tendance accélérée par les naturalisations et l'arrivée à l'âge adulte des enfants de la seconde génération. Mais cela ne durera pas. Au tournant de la décennie, l'immigration algérienne s'amplifie et s'installe en ville sans remonter vers le nord, suivie en 1962 des pieds-noirs, qui bouleversent l'équilibre et le rôle de la communauté juive. Ils sont les derniers à venir en masse, immigration française, pour conclure sur un paradoxe. Au cours des vingt-cinq années suivantes, la communauté étrangère demeure bien sûr importante, sous la pression de la croissance et des regroupements familiaux, mais elle constitue 12 % seulement de la population marseillaise, soit une baisse en valeur absolue et relative par rapport à l'avant-guerre. Elle est également plus hétérogène : l'immigration européenne perd de son importance par le biais des naturalisations et des secondes générations, tandis qu'arrivent les Asiatiques et ressortissants d'Afrique Noire. La stabilisation va favoriser une politique d'intégration, négligée dans l'urgence des installations nouvelles.

Petit à petit, les bidonvilles qui avaient essaimé dans les quartiers nord disparaissent, remplacés par des cités HLM. A moyen terme, hélas, cette politique de bonne volonté se révélera désastreuse. Les bidonvilles rasés ont fait disparaître le tissu social, les nouveaux HLM ont consacré la ségrégation spatiale et, transformés en îlots allogènes, ils ont été petit à petit abandonnés par leurs propriétaires. Quand la vétusté devient trop invivable, on répare aux moindres frais, ou l'on érige un mur comme celui qui entoure la cité de la Paternelle, afin de dissimuler, aux yeux de la ville, ces immeubles délabrés et leurs habitants. La Paternelle sera ensuite rasée et remplacée par un habitat mieux adapté, mais l'infâme disparu, il reste la géographie particulière de la ville. Marseille est devenue si étendue, si morcelée, qu'elle favorise naturellement l'exclusion, à l'image des quartiers nord, trop excentrés pour être intégrés économiquement et socialement. Alors, en dépit des efforts de la municipalité, en dépit d'initiatives comme la Maison des Étrangers, l'hostilité grandit avec la crise et l'étranger devient bouc émissaire. Rien de très nouveau : Marseille renoue ici avec son passé. La xénophobie, violente dans les années 1880-1890, puis dans les années 30, n'a, en fait, jamais disparu. En 1974, L'INED avait ainsi mené une enquête sur les rapports entre Français et étrangers, en s'intéressant plus particulièrement à Paris, Marseille et Villeurbanne. Les Marseillais s'y révélaient plus xénophobes que l'ensemble des Français et que les habitants des deux autres grandes régions d'immigration. Leurs griefs n'avaient guère changé depuis l'entre-deux-guerres : ils n'ont guère changé depuis 1974. Délinquance, chômage, absence de moralité, différences culturelles irréductibles et incapacité à s'assimiler, en bref, les Marseillais reprochent aux étrangers d'être là, et ne reconnaissent que du bout des lèvres les services rendus depuis plusieurs générations.

A moins qu'ils ne répètent ainsi les reproches adressés hier par d'autres Français, à d'autres étrangers : leurs grands-parents. Car dans une ville si durablement, si fortement marquée par l'immigration, une majorité des habitants a au moins un parent étranger à la seconde ou troisième génération. Cette filiation peut, paradoxalement, expliquer la xénophobie des héritiers, qui se comportent comme si leur propre intégration ne pouvait être parachevée que par le rejet du dernier arrivé.

Quels qu'en soient les ressorts, l'exclusion est, en tout cas, devenue banalité au cours des années 80. Depuis sa percée aux élections de 1983, le Front national a transformé la cité phocéenne en une de ses places fortes. Victoire dans les urnes, victoires dans les discours et les esprits, tant la thématique de l'extrême droite séduit au-delà de son électorat. Les problèmes de la ville ne sont pas niables : logement, statut de l'islam, intégration de populations défavorisées, délinquance et enseignement. Mais ils commencent d'être résolus. Certains enfants de la seconde génération redécouvrent une ambition. Certains quartiers retrouvent visage humain. Lentement, non sans violence et déchirures, l'intégration se fait. Aujourd'hui comme hier : Marseille n'a jamais eu le choix. La ville est un port, ouvert sur la Méditerranée, une cité trait d'union entre cent cultures. Prôner ici la "France seule", c'est tourner le dos aux évidences géographiques et nier quatre ou cinq siècles d'histoire.

Millerand (décret)

Dans la seconde moitié du siècle, la chute sensible de la natalité et les progrès rapides de l'industrialisation font apparaître un besoin urgent de main-d'œuvre, que les seuls nationaux ne peuvent plus satisfaire. La France doit donc faire appel aux étrangers, qui viennent alors sans cesse plus nombreux. Il y a 801 700 étrangers en 1876, 1 126 500 en 1886, attirés par l'offre de travail et le libéralisme des lois. Aucune réglementation n'existe en effet pour limiter l'ampleur des flux migratoires, ce qui provoque très vite des phénomènes de saturation et de rejet dans certaines régions frontalières, comme le Nord ou le Midi. Les Français accusent les nouveaux venus de faire baisser les salaires, d'augmenter le risque de chômage, et de leur faire partout une concurrence déloyale.

Certains hommes politiques les approuvent et réclament une loi qui protégerait les nationaux. Rien ne sera finalement voté, mais le décret Millerand, le 10 août 1899, leur donne partiellement satisfaction. En vertu de ce nouveau texte, on ne pourra faire appel qu'à un contingent limité d'étrangers (de 5 à 30 % des effectifs) dans les marchés de travaux publics passés par l'État. Première tentative pour réglementer l'activité économique des immigrés, le décret Millerand restera longtemps unique en son genre, avant d'inspirer, trente ans plus tard, la loi du 10 août 1932, qui contingente la main-d'œuvre étrangère et légalise la protection des nationaux.

Nationalité française

Français par filiation : le droit du sang *(jus sanguinis)* est un principe universel, ancestral et malthusien. Quand la dynamique démographique s'enraye, l'immigration peut certes pallier les besoins de main-d'œuvre, mais elle ne résout rien de l'assimilation à long terme, des problèmes de défense, ou du rayonnement du pays. En France, le problème est posé dès le milieu du XIXᵉ siècle. Les naturalisations ne suffisent plus à compenser le déclin des naissances et le législateur introduit alors le droit du sol *(jus soli)* pour augmenter le nombre potentiel des nationaux. En 1851, selon le principe de la double naissance, peuvent devenir Français les étrangers nés en France d'un père étranger, lui-même né en France, puis, en 1870, vingt jours seulement après l'instauration de la IIIᵉ République, les juifs d'Afrique du Nord obtiennent la nationalité française par le biais du décret Crémieux. Symbolique hommage rendu aux révolutionnaires de 1791 qui avaient émancipé la communauté juive métropolitaine, mais également souci d'augmenter le nombre de nationaux, à l'heure où s'impose l'idée de "revanche". La réforme de 1889, année du service militaire obligatoire, poursuit la même ambition : recruter des Français pour recruter des soldats. En vertu de la nouvelle législation, les Français de naissance ne peuvent plus répudier leur nationalité et les conditions d'accès à la naturalisation deviennent moins sévères. Les effets sont rapides. Il y avait, en 1851, 13 000 Français par acquisition ; ils sont 171 000 en 1891, soit 0,45 % de la population.

Jusqu'en 1911, la croissance est régulière : 235 000 Français par acquisition, 0,65 % de la population. Mais après la saignée de

1914-1918, la loi s'avère insuffisante, dans la lettre et l'esprit. Il faut en effet reconstruire le potentiel militaire du pays, décimé par quatre années de conflit et ici l'immigration n'est pas un remède ; or, dans le même temps, le mécanisme de 1889 se grippe. Le droit du sol s'enlise dans les méandres administratifs. Des dizaines de dossiers sont en souffrance, le personnel est insuffisant, les enquêtes de la Sureté générale sont interminables. Les immigrés eux-mêmes paraissent indifférents ou découragés. Certaines communautés cultivent le particularisme, freinant l'intégration des secondes générations, la procédure et les droits élevés tempèrent les meilleures volontés. En 1926, il n'y a plus que 249 000 Français par acquisition (0,62 % de la population), soit une baisse en valeur absolue et relative par rapport à 1911. Mais l'année suivante, au terme d'un combat de quinze ans, les partisans de l'ouverture vont enfin voir leurs efforts couronnés.

La loi du 10 août 1927 supprime la faculté d'option qui permettait à certains jeunes de refuser la nationalité française à leur majorité. Sont désormais Français de naissance les enfants nés en France, d'un père étranger lui-même né en France, ou d'une mère française et d'un père étranger. Les enfants d'un naturalisé sont automatiquement naturalisés et ne peuvent plus revenir à leur nationalité de naissance. En revanche, gardent la faculté d'option ceux qui sont nés en France d'une mère étrangère née en France, ou d'un père étranger. La procédure de naturalisation est par ailleurs simplifiée. L'admission à domicile est supprimée, la demande peut être déposée dès 18 ans au lieu de 21 ans, trois années de résidence suffisent et les Françaises qui épousent un étranger gardent leur nationalité, sauf si elles expriment une volonté contraire expresse. Les effets de la loi sont immédiats. En 1931, 361 000 Français ont obtenu leur nationalité par acquisition (0,87 % de la population) et 517 000 en 1936 (1,25 %). Les demandes sont satisfaites plus souvent, mais elles sont également plus nombreuses, car les droits ont baissé, la procédure devient moins rebutante. La crise économique, les refoulements massifs de travailleurs poussent par ailleurs de nombreux étrangers à déclarer Français leurs enfants mineurs, en espérant que cela les protégera un peu et les jeunes préfèrent se soumettre aux obligations militaires plutôt que vivre dans la menace d'une expulsion. Rançon du succès : une certaine France, obsédée par une improbable pureté, partisane d'une nationalité acquise "au mérite" et non selon le droit, s'insurge contre des naturalisations accordées trop facilement. Les services administratifs, de leur côté, suivent mal et la libre interprétation de certaines conditions permet aux autorités de tempérer l'esprit d'ouverture quand vient la crise des années 30. De

1931 à 1936, il n'y aura, en effet, que 300 000 acquisitions de nationalité française, contre 315 066 au cours des années 1926-1930, pourtant partiellement antérieures à la loi de 1927. La relance viendra avec le Front populaire. Les pouvoirs publics déclarent vouloir accélérer la naturalisation des hommes jeunes, sains de corps et d'esprit, car ils peuvent être enrôlés dans l'armée et servir à la défense du pays. Alors, l'extrême droite se déchaîne contre une France "bradée" à "la lie de l'Europe". Mais les chiffres lui imposent silence. Les 16 525 naturalisés de 1937 ne sont pas plus nombreux que ceux de 1935 (16 403). Ils sont, de plus, en majorité Polonais et Italiens, installés en France bien avant la crise économique et les désordres politiques. Mais l'argumentaire xénophobe porte et, en plusieurs étapes, la nationalité française va redevenir un privilège octroyé avec parcimonie et méfiance.

En novembre 1938, parmi les décrets lois signés de Paul Reynaud, plusieurs concernent le code de la nationalité. Pour lutter contre les mariages blancs, ne peuvent désormais se marier en France que les étrangers ayant un permis de séjour de plus d'un an. Par ailleurs, l'acquisition automatique de la nationalité française à la majorité est supprimée pour ceux qui sont sous le coup d'un arrêté d'expulsion. Dernière restriction : la naturalisation n'est plus irréversible, elle peut être retirée si elle a été acquise sur la foi de pièces mensongères. Or, de nombreux réfugiés venus sans papiers ont dû user de cet expédient. Une période probatoire de cinq ans est, de plus, exigée avant d'obtenir le droit de vote. La naturalisation ne donne donc plus droit à une nationalité pleine et entière : elle est à l'égale des lettres royales de l'Ancien Régime, un principe incomplet et réversible. En octobre 1939, sous la pression des événements militaires, le libéralisme revient : gratuité de la procédure et des délais réduits pour ceux qui acceptent de porter l'uniforme.

Brève parenthèse. Quelques mois plus tard, Vichy décide de trier entre "bons naturalisés" et indésirables. Les juifs et les réfugiés politiques sont les premiers visés, Français par usurpation qui doivent être exclus de la communauté nationale. Dès le 22 juillet 1940, la Commission de révision de naturalisations se met donc au travail, chargée de réexaminer tous les décrets pris depuis 1927. Au total, 15 154 Français seront privés de leur nationalité à titre rétroactif, dont 6 307 juifs, auxquels s'ajoutent ceux d'Algérie : en octobre, le décret Crémieux est aboli. Les juifs qui restent français ne peuvent se bercer d'illusions car, selon Xavier Vallat, commissaire aux affaires juives, "le juif appartient à une nationalité propre (...) même ceux qui sont depuis des siècles dans le pays[1]". Français de seconde zone, leur nationalité ne leur donne donc que des droits limités. Français mais juifs, ils sont exclus des fonctions électives, de l'administration, de l'enseignement ; ils ne peuvent plus être officiers, à peine médecins ou avocats après l'instauration d'un *numerus clausus,* jamais commerçants et artisans. "Juifs, mais Français" : la communauté réagit violemment, humiliée de se voir ainsi assimilée aux derniers venus. "Nous nous sentions persécutés comme Français, non comme juifs ou, si l'on veut, nous étions persécutés pour ce que nous n'étions pas. Nos compagnons étrangers étaient persécutés pour ce qu"ils étaient [2]". Juifs et Français, Vichy joue en tout cas l'ambiguïté, car ils sont juifs quand il faut exclure et consacrer l'antisémitisme d'une révolution nationale, mais ils restent Français quand s'abat l'horreur des camps et des déportations. Le gouvernement de Pierre Laval marchande auprès de l'occupant la vie des juifs français, essaie de retarder une échéance qu'il sait inéluctable pour justifier sa stratégie de collaboration, quitte à livrer en échange, tous les juifs étrangers de zone sud, y compris les enfants que les nazis ne réclament pas. Pitoyable sursaut car, de toute façon, il est trop tard : la solution finale se moque des passeports.

A la Libération, le gouvernement du général De Gaulle abolit, bien sûr, sans délai les décrets de Vichy, avant de promulguer, par ordonnance du 19 octobre 1945, un nouveau code de la nationalité. Il s'inspire des mêmes principes que la loi de 1927 : augmenter le nombre potentiel de nationaux, en élargissant les possibilités d'acquisition par le droit du sol. Complété et précisé au début de années soixante, refondu dans la loi du 9 janvier 1973, il demeure à ce jour, le texte fondamental qui régit la nationalité française.

Elle est acquise, en premier lieu, par filiation, sans possibilité de répudiation. Sont également Français de naissance, les enfants nés en France d'un père ou d'une mère étrangers, nés eux aussi en France. Mais ces enfants possèdent une possibilité d'option et sont autorisés à répudier leur nationalité française dans les six mois précédant leur majorité : 1 683 cas en 1986.

L'article 23 donne également la nationalité française, à la majorité, aux enfants d'étrangers nés en France et qui y résident depuis cinq ans au moins (18 000 jeunes en 1986).

La décolonisation et, singulièrement, l'indépendance de l'Algérie vont compliquer l'application de ces dispositions relativement simples.

Français jusqu'en 1962, les Algériens ont en effet pris la nationalité de leur pays à partir du 1er janvier de l'année suivante. Pour les autorités algériennes, leurs enfants, nés après cette date, sont donc Algériens comme leurs parents. Mais, selon la législation française, s'ils sont nés en France, ils sont Français, de parents nés dans un département français. D'où le litige, le sentiment d'être juridiquement écartelés, avant même de l'être sur le plan culturel. Jusqu'à l'accord franco-algérien de 1983, cela voulait dire pour les garçons, un double appel sous les drapeaux et prendre le risque, en cas de refus, d'être déserteur.

Dans le cas de l'Algérie, la question de la nationalité garde ainsi toute sa puissance symbolique, bien au-delà des pratiques administratives. Elle dit en effet les réticences de la France à rompre avec son passé, à reconnaître que l'Algérie n'était pas la France, en dépit de ses lois. A l'opposé, l'Algérie continue, par ce biais, à se battre pour un principe hérité de la guerre d'indépendance, en revendiquant un droit sur une population qui, pourtant, ne lui doit plus rien, née et grandie hors de ses frontières.

Seconde retouche apportée à l'ordonnance de 1945 : l'égalité parfaite entre hommes et femmes étrangers, conjoints d'un Français, qui peuvent désormais obtenir leur naturalisation sur simple déclaration (15 190 cas en 1986, dont 50 % d'Européens, 28 % d'Africains et 22 % d'Asiatiques).

La procédure ordinaire de naturalisation (33 402 naturalisations en 1986) est par ailleurs largement simplifiée : il suffit d'avoir résidé cinq ans en France, au moment de la demande. Dans certains cas, le délai est même ramené à deux ans, voire supprimé pour ceux qui ont trois enfants mineurs ou qui se sont engagés dans l'armée. Comme dans l'entre-deux-guerres, la demande varie selon les communautés. Les immigrés d'origine européenne sont plus nombreux à la solliciter, mais les premières générations de Polonais ont conservé leur particularisme et leur nationalité d'origine. Inversement, les Asiatiques, très récemment arrivés, font valoir leurs droits dès que possible, car ils n'ont d'autre avenir que l'intégration, le retour leur étant désormais interdit.

Il reste que la procédure "normale" tend à devenir l'exception, les possibilités d'acquisition à la naissance ou à la majorité s'étant multipliées. En 1982, près d'un million et demi de Français avaient acquis la nationalité française par ce biais. Sont-ils des Français "malgré eux" qui devraient solennellement et explicitement demander leur rattachement au pays d'accueil ? Une partie de l'opinion en rêve, aiguillonnée par la xénophobie ouverte du Front national, car elle voit dans la nationalité française, un obstacle à des retours massifs.

Fort de ce soutien populaire, le gouvernement de Jacques Chirac décidera, en 1986, de réformer le code de la nationalité, en lui apportant de nombreuses restrictions. Elaboré par Albin Chalandon, le texte prévoyait que les jeunes étrangers, nés en France, et qui y résident n'obtiendraient plus automatiquement la nationalité française à dix-huit ans. Ils devraient en faire la demande, par le biais d'une déclaration solennelle, entre 16 et 23 ans. Chaque dossier serait alors examiné par l'autorité judiciaire, qui se prononcerait au bout d'un an, le Ministère public pouvant faire opposition pour divers motifs, de la condamnation pour crime à la tentative de vol. Cette exigence de serment et le possible refus limitait donc la portée du *jus soli* introduit dans le droit français, un siècle auparavant. Toute une conception de l'identité nationale fondée sur une culture partagée depuis l'enfance se trouvait remise en cause au profit d'une identité supérieure, que l'on devait mériter. Dès l'annonce, le projet soulève de nombreuses protestations. Le gouvernement décide alors de temporiser en confiant à une commission des Sages le soin d'élaborer un nouveau texte. Pendant six mois, la Commission de la nationalité va recueillir témoignages et avis de hauts fonctionnaires, d'élus locaux, de magistrats, enseignants, et responsables d'associations. A l'issue de ces auditions, ses propositions sont à mi-chemin du *statu quo* prôné par la gauche et du projet initial de la majorité parlementaire. La notion de "double sol" reste inchangée. Pour ceux qui sont nés en France et y résident (simple sol), la nationalité n'est plus automatiquement accordée, mais la réforme comporte des clauses favorables. Les jeunes étrangers pourront ainsi choisir dès 16 ans (au lieu de 18) s'ils veulent être ou non Français. Leur demande doit certes être volontaire, mais la procédure est simplifiée à l'extrême et vidée de toute solennité. La demande, avant 18 ans, ne peut, de plus, être rejetée. Après 18 ans, les seuls motifs d'opposition sont des condamnations à une peine de prison ferme pour les crimes les plus graves, ou un arrêté d'expulsion lié à l'ordre public. La Commission, contre les vœux du gouvernement, réclame par ailleurs que soit maintenue la simple déclaration pour les conjoints étrangers, mais le délai de vie commune était doublé. En matière de naturalisation, les Sages préconiseront des entretiens plus fréquents, avec des fonctionnaires plus motivés, et la possibilité de remplacer les cinq années de résidence par cinq années de scolarité dans un établissement de langue française.

Dernier cas examiné : celui des binationaux et de leur service militaire. Selon la Commission, il devrait se dérouler dans le pays de résidence habituelle, afin de faciliter l'intégration.

Dans l'ensemble de ces conclusions, on vit un désaveu courtois, mais cinglant, des thèses du gouvernement. Prudent, Jacques Chirac repoussa sa décision après les élections de 1988, qui virent la réélection de François Mitterrand : la question de la nationalité resta en l'état. Mais demeurait en suspens cette autre question : comment peut-on, doit-on être Français ? L'héritage des pères et les liens du sang *(jus sanguinis)* n'ont jamais suffi en France, pays d'immigration. Mais l'héritage de l'enfance, d'une culture partagée *(jus soli)* n'a jamais convaincu tous les Français. Leurs doutes, périodiquement étalés, ont fini par influencer une partie de la communauté étrangère qui préfère rester fidèle à son pays d'origine, faute d'un modèle français assez attractif. Derrière l'argumentaire juridique, la nationalité tient en fait les clefs de l'intégration. Elle en est une des conditions nécessaires, même si l'histoire et certains exemples étrangers montrent qu'elle n'est pas une garantie suffisante.

---

1. Cité par Béatrice PHILIPPE, *Etre Juif dans la société française,* éd. Montalba, 1979.
2. Jean-Jacques BERNARD, *Le Camp de la mort lente,* Paris, 1944.

Office national d'immigration

La création de l'Office National d'Immigration (ONI), par ordonnance du 2 novembre 1945, voit aboutir la revendication ancienne des partisans d'une véritable politique d'immigration. Dès avant la guerre, ils réclamaient une immigration maîtrisée, contrôlée, mise en service des ambitions nationales à long terme, refusant à la fois le malthusianisme et la mainmise des intérêts privés. A la Libération, ils seront entendus. Les anciennes sociétés privées d'immigration sont dissoutes. Le nouvel office obtient un monopole en matière d'introduction des travailleurs et se voit également confier la venue des familles, garantie d'une installation durable. Présidé par un conseiller d'État, l'ONI est administré par un conseil où siègent des représentants de l'État, des syndicats ouvriers et du patronat. Ses services parisiens sont chargés des problèmes administratifs, financiers, juridiques, de la documentation, de l'élaboration des contrats et des éventuels conflits avec les employeurs. Les vingt-quatre centres de province et les bureaux présents dans huit pays étrangers sont chargés du contrôle professionnel et sanitaire des candidats.

La procédure de recrutement est très strictement définie. Tout chef d'entreprise qui désire embaucher des travailleurs doit présenter sa demande au bureau départemental de la main-d'œuvre étrangère. Héritage des années trente : ce dernier vérifie d'abord qu'il est impossible de trouver un travailleur français pour répondre à l'offre d'emploi. Après confirmation, l'employeur signe un "contrat d'introduction de travailleur étranger", qui peut être, ou non, nominatif. Il fournit ensuite des renseignements sur les conditions de logement et de nourriture qu'il peut offrir. Si la demande porte sur plus de vingt travailleurs, le bureau départemental effectue une enquête. Après avoir versé une contribution à l'ONI pour couvrir les frais de voyage, les contrôles et les assurances, le dossier est transmis à la sous-direction de la main-d'œuvre étrangère du ministère du Travail. Elle vérifie une nouvelle fois si le marché national ne peut répondre aux besoins de l'entreprise. Après avis favorable, le dossier est enfin transmis à l'ONI, qui prend contact avec ses centres, chargés de la sélection et du contrôle des travailleurs.

La procédure est longue. Il faut ménager les craintes de la main-d'œuvre nationale, le souci d'une politique cohérente à long terme et répondre aux besoins des employeurs. Mais elle fonctionnera tant bien que mal pendant les années de reconstruction. Plusieurs accords sont alors passés avec des pays d'émigration, comme le traité signé en novembre 1946 avec l'Italie, qui prévoit l'introduction de 200 000 travailleurs avant 1947. Au cours des années soixante, l'ONI s'installera également au Maroc, au Portugal, en Yougoslavie, en Tunisie et en Turquie. Mais déjà, il accompagne des flux qui se développent largement hors de son contrôle. A cette époque, en effet, les travailleurs clandestins arrivent de plus en plus nombreux, sûrs de trouver un emploi. Ils évitent ainsi les contrôles sanitaires et professionnels et les employeurs en profitent, heureux d'avoir rapidement à disposition une main-d'œuvre bon marché. L'État leur donnera d'ailleurs implicitement raison, en régularisant les étrangers en situation irrégulière. En 1965-66, à titre de référence, 80 % des entrées se font hors de tout contrôle de l'ONI. La CEE, qui prévoit la libre circulation des travailleurs, et les accords passés avec les anciennes colonies, achèveront de défaire le monopole de l'office, réduit presque à néant quand arrive la crise économique.

Le premier bilan de l'ONI paraît donc largement négatif. L'Office a acheminé, depuis sa création, 2 396 875 travailleurs permanents, mais les employeurs, comme la main-d'œuvre, ont largement échappé à ses contrôles. En 1974, de toute façon, cette première époque est close. L'immigration est arrêtée, l'ONI redéfinit ses priorités. Par décret du 16-10-1975, il peut désormais "accomplir toute opération connexe concernant l'accueil, l'information, l'adaptation sociale et professionnelle, ainsi que l'aide à apporter au rapatriement des migrants". Par le biais de son réseau national d'accueil, l'ONI s'engage alors dans une mission d'assistance socio-administrative aux nouveaux venus et participe aux opérations de regroupement familial, qui font désormais l'essentiel de l'immigration. Mais, ici aussi, son rôle ira rapidement décroissant, car les populations immigrées se stabilisent :

21 678 familles sont introduites en 1984, 16 418 en 1988. Signe des temps, petit à petit, l'expatriation prime l'immigration. Expatriation en forme de retour pour les travailleurs étrangers qui bénéficient d'aide à la réinsertion dans leur pays d'origine (65 000 de 1984 à 1988) ; expatriation de Français également.

Dès 1945, le décret fondateur de l'ONI chargeait en effet l'Office de procéder au recrutement en France de travailleurs pour l'étranger. A la faveur de la crise, cette mission longtemps négligée va prendre une importance croissante. En liaison avec l'ANPE, l'ONI crée le service pour l'emploi des Français à l'étranger, chargé de diffuser des offres d'emploi et d'informer les candidats au départ sur les conditions de travail et de séjour. Le décret du 7-01-1988 prendra finalement acte de cette mutation. L'ONI devient Office des Migrations Internationales (OMI), qui doit préparer le futur des nouvelles générations : Europe et mobilité transfrontalière. En matière d'immigration, la mission de l'ONI s'achève donc sans avoir convaincu. A son actif, les regroupements familiaux : ils ont permis aux étrangers de prendre, à partir de 1975, la relève du "baby boom", empêchant un trop brutal déclin des naissances. A son passif, une immigration qui n'a jamais été véritablement contrôlée dans ses origines et ses qualifications et, surtout, une insertion inachevée des populations allogènes dans la société française.

Opinion publique

L'histoire immédiate n'a pas le triste privilège de l'exclusion et de la xénophobie. On pourrait remonter les siècles et trouver trace, dès l'Ancien Régime, d'incidents locaux opposant Français et étrangers. Mais l'immigration est alors un phénomène marginal et l'amertume des marchands de Bordeaux, dépossédés par les Anglais et les Hollandais, ne fait pas une nation de xénophobes. Les véritables problèmes surgissent à la fin du XIXᵉ siècle. Les flux migratoires augmentent brutalement, sans la moindre contrainte administrative, sans organisation géographique. Les régions frontalières, des villes comme Marseille accueillent un nombre très élevé d'étrangers (en 1900, un Marseillais sur cinq est Italien), la population s'inquiète, parfois jusqu'à la violence et mort d'homme, comme à Aigues-Mortes en 1893. Le premier grief qu'on leur adresse, car la crise sévit en ces dernières années du siècle, c'est de faire pression à la baisse sur les salaires, d'être des briseurs de grève, en un mot d'exercer sur le marché du travail une concurrence déloyale. Certains arguent déjà que les étrangers ne font que pallier les carences de la main-d'œuvre française : « Il y a peu de Français qui se présentent pour les travaux pénibles du balayage. Si vous ne voulez pas des étrangers, vous n'aurez personne », s'écrie un conseiller municipal de Paris. Mais justement, le balayage devient, pour les Français, un emploi fort convoité dès qu'il est occupé par un étranger. Il faudrait en quelque sorte que l'emploi demeure vacant, mis en réserve de la nation, au cas où un jour, un Français se décide...

Certaines corporations, comme les employés de café ou de l'hôtellerie, sont ouvertement hostiles, responsables de nombre d'incidents et, sous la poussée de ce protectionnisme de métier, cinquante propositions de loi seront déposées de 1883 à 1914, toutes dirigées contre les étrangers. Mais rien ne sera finalement voté, à l'exception du décret Millerand pour les travaux publics, et de l'obligation faite aux étrangers de se déclarer en mairie. La République affiche le libéralisme, mais l'opinion prend peur. Peur de la concurrence économique, de la délinquance ; peur devant une communauté jeune, masculine, à laquelle on prête une violence physique et sexuelle menaçante. La peur dérape en xénophobie ; les nationalistes et l'extrême droite essaient alors de l'utiliser et de transformer ce mélange de craintes et de revanche, en véritable racisme. Derrière le général Boulanger, derrière les antidreyfusards, se mobilise une opinion qui peut enfin mettre un nom sur tout ce qu'elle craint, sur tout ce qui l'exploite ou la menace : "l'étranger". Le mouvement ressort bien sûr largement de l'irrationnel car, à l'heure où l'on se lamente sur une identité menacée, les étrangers s'intègrent, petit à petit, par le biais des mariages mixtes et des naturalisations, tous deux en hausse à la fin du siècle.

Cette première vague insérée, une autre arrive au lendemain de la Première Guerre mondiale, et c'est assez pour déclencher une nouvelle offensive contre les étrangers. La peur de la concurrence économique sera une constante de l'entre-deux-guerres, même dans les années de prospérité. Dès 1919, quand le pays traverse une crise d'ajustement, le temps de reconvertir l'industrie de guerre, l'opinion se mobilise. Que les étrangers s'en aillent et cèdent leur place aux Français démobilisés. Partout, on réclame une protection de la main-d'œuvre nationale, des associations corporatistes se créent comme l'Union des combattants de l'industrie hôtelière, qui multiplie pétitions et manifestations ouvertement xénophobes. Les partis de gauche n'y pourront rien : la base ne les entend plus, les étrangers sont coupables. Coupables de prendre la place des Français, mais également de faire le jeu du patronat par son zèle excessif. Sous la pression de ses adhérents, la CGT pose en défenseur de la main-d'œuvre nationale, usant d'arguments douteux contre les Polonais, accusés d'obscurantisme, et les ouvriers juifs, de parasitisme. La direction de la CGTU essaiera de mieux résister, intransigeante sur les principes. Mais elle ne convainc guère et certains dirigeants sont petit à petit gagnés par l'esprit du temps. Avant même que ne débute la crise, les manifestations se multiplient, spontanées, contre la concurrence étrangère en matière d'emploi et de salaire, à la plus grande joie de l'extrême droite qui vole au secours de l'ouvrier français. Avec la crise des années trente, cette xénophobie trouve enfin une sorte de justification. Elle devient alors générale, sans retenue, violente souvent, n'épargnant aucune tendance, aucun parti, même de gauche. On écrit aux journaux, aux députés ; les mouvements corporatistes se multiplient. Les affrontements verbaux sont d'une violence extrême, dégénérant parfois en rixes jusqu'à mort d'homme. Le Français doit rester maître chez lui, voilà l'esprit du temps résumé, qui dépasse largement les milieux salariés. On dénonce aussi bien, et ce dès les années vingt, les étrangers qui achètent le pays, l'ouvrier agricole devenu propriétaire, les affairistes et spéculateurs, dont on dit qu'ils ont profité de l'absence des "poilus" pour acheter le pays. L'opinion réclame des mesures énergiques, comme l'interdiction pure et simple de certains marchés aux étrangers, l'expulsion des financiers peu scrupuleux. L'affaire Marthe Hanau, l'affaire Stavisky leur donnent des arguments, mais elles ne créent rien : le procès des investisseurs étrangers était engagé depuis longtemps déjà.

A cette peur d'être matériellement dépossédé, répond une anxiété plus diffuse, mais également plus générale, de voir les étrangers voler, souiller l'âme du pays. Il y a bien sûr, la fierté de les voir choisir la France. Il y a également, dans le monde des arts et des spectacles, une xénophilie, un engouement pour les modes étrangères, du jazz au cabaret russe. Mais ce n'est pas du goût de tous. L'extrême droite s'impatiente de voir l'opinion succomber aussi facilement au charme slave ou à la frénésie anglo-saxonne. Les peintres de l'École de Paris sont raillés et suspectés de s'attaquer aux racines du bon goût français et surtout, dès que le mouvement prend de l'ampleur, il n'est plus une mode, mais une dangereuse manifestation de l'invasion étrangère qui menace l'intégrité nationale.

Cette peur de l'invasion va en effet bien au-delà de la concurrence économique. On reproche aux étrangers d'être là, trop nombreux, et d'être étrangers, c'est-à-dire de ne pas avoir les mêmes habitudes quotidiennes que les Français, de manger, de prier, de vivre différemment. Par ces inquiétudes, l'opinion parle aussi de la France, trop affaiblie aujourd'hui pour assimiler. L'exclusion et le repli dominent donc partout, souvent teintés d'antisémitisme mais, hormis une minorité, les Français n'adhèrent pas à un racisme scientifique. Quand en 1923, des incidents éclatent entre Américains blancs et noirs, l'opinion s'indigne et prend sans équivoque le parti de ces derniers. La xénophobie est donc plutôt volonté de préserver une unité nationale, définie par la culture et des critères ethniques flous, puisque la puissance ne suffit plus désormais. L'étranger est à la fois celui qui mesure ce qui s'est perdu – la vraie France – et le responsable de cette déchéance. Bouc émissaire idéal, on lui reproche d'affaiblir le pays, ce qui autorise donc la plus grande sévérité à son égard. La protection de la main-d'œuvre nationale, finalement mise en place en 1932, s'inspire de ce principe, mais également l'obsession de l'ordre public. On s'inquiète de la délinquance étrangère, on s'indigne contre les politiques. A la cinquième colonne réservée aux temps de guerre ont en effet succédé les comploteurs, agents de l'étranger, inféodés à Berlin, Rome ou Moscou. Le moindre tract, la moindre manifestation deviennent, aux yeux des pouvoirs publics, mais également de l'opinion, une intolérable atteinte à la sécurité nationale. On craint les querelles importées, qui peuvent dégénérer en incident diplomatique, on s'indigne de voir les immigrés prétendre participer au débat politique français. Dès qu'ils affichent leurs positions, en défilant, en portant insignes et uniformes, l'opinion s'émeut, les insultes dégénèrent parfois en affrontements physiques. Formellement, les Français vantent toujours leur hospitalité et le principe du droit d'asile n'est pas remis en cause, mais il est soumis à de telles restrictions, et révocable pour tant de motifs, qu'il ne reste rien de cette générosité proclamée, témoin l'indifférence manifestée par l'opinion devant les cortèges d'expulsés.

Au quotidien, c'est d'ailleurs l'indifférence qui frappe d'abord les étrangers, indifférence à leur isolement, à leurs difficultés, comme si la frontière ouverte suffisait à satisfaire aux règles de l'hospitalité. Tout n'est pas noir, bien sûr. A l'école, sur le lieu de travail quand il n'y a pas concurrence, dans les partis, les syndicats, les clubs sportifs, des contacts plus approfondis se nouent, qui ressemblent souvent à la fraternité. Mais même ici, elle reste superficielle, accordée sous condition d'une assimilation totale et incapable de s'opposer à la xénophobie dominante. Le vocabulaire invente "métèque", "indésirable" et des termes plus injurieux encore, surtout contre les juifs. Que certains peuples, en particulier les Européens installés de longue date, ou ceux qui viennent de loin, mais porteurs d'une vieille civilisation et peu nombreux, bénéficient d'un préjugé favorable ne peut masquer l'essentiel : la France de l'entre-deux-guerres est déjà gangrénée par l'exclusion. Vichy saura en jouer et en profiter.

C'est en effet dans une indifférence générale que la République interne les militants antinazis jugés "indésirables". L'opinion ne réagira pas plus quand sont mis en place, en 1940 et 1941, les deux premiers statuts des juifs, ou quand Vichy livre à l'occupant les réfugiés qui avaient cru en la parole de la France. Sous le choc de la défaite et de l'Occupation, les Français se soucient peu du sort de ceux-là, qui sont malgré tout Allemands, et partiellement responsables des malheurs du temps. Les juifs français, de leur côté, se plaignent amèrement de l'attitude de leurs compatriotes. Dans la bourgeoisie, monte très vite un climat de suspicion, de méfiance, et ceux qui se croyaient Français de confession juive, découvrent avec stupeur qu'ils n'ont jamais cessé d'être des juifs, de nationalité française, vivant sous la menace d'une dénaturalisation qui frappe, dès 1940, six mille de leurs coreligionnaires.

Jusqu'à l'été 1942, la solidarité est l'exception. Une minorité de Français prend même sans remords le parti de l'occupant, proposant ses services pour l'administration des commerces juifs. Pourtant, les Français demeurent circonspects, dès qu'on essaie de les faire adhérer à un racisme doctrinal. Cent dix mille visiteurs viennent, en trois jours, visiter l'exposition antisémite du Palais Berlitz, mais l'intérêt s'émousse rapidement. Les autorités allemandes ne tardent d'ailleurs pas à comprendre les vrais ressorts de la xénophobie française, et dès 1941, elles essaient d'axer leur propagande sur les avantages économiques que les Français peuvent retirer de la politique raciale.

C'était avant 1942, avant "la Place de l'Étoile", les rafles et les déportations, y compris celles des enfants. La mise en place de la solution finale va lentement retourner l'opinion publique. On ne peut ignorer la masse de dénonciation, mais des actes de solidarité individuelle sauvent quelques vies, les paysans ouvrent leurs portes ; des prêtres, des instituteurs prennent la parole. Des Français anonymes écrivent alors au maréchal Pétain, car ils ne peuvent imaginer que le vainqueur de Verdun est complice lui aussi. Ce qui bouleverse l'opinion, ce sont les enfants, innocents ceux-là, et pourtant déportés, arrachés à leurs mères car on les a jugés coupables d'être nés juifs et étrangers. Il reste que cette compassion se transforme rarement en solidarité active, à l'exception de ceux qui rejoignent la résistance, et de ceux qui cachent les enfants. Il y a la peur, bien sûr, l'impuissance, la lutte pour survivre au quotidien qui renforce l'égoïsme. Mais il y a surtout, encore et toujours, cette ancienne méfiance à l'égard des étrangers. La peine qui les frappe est sans doute trop lourde, mais combien de Français les jugent totalement innocents des crimes que Vichy ou l'occupant leur imputent ?

Questionnés pour la première fois par sondage à la Libération [1] leur réponse montre que l'holocauste n'a rien changé : les Français refusent certes le racisme mais réclament le protectionnisme, sûrs de leur bon droit. A une écrasante majorité, en effet, et sans la moindre pensée pour les problèmes de reconstruction, les Français se prononcent contre l'introduction de travailleurs étrangers. Cela va d'un refus massif pour les professions libérales (89 %) à une opposition de principe là où le travail est le plus dur : 68 % des Français refusent l'arrivée de travailleurs étrangers dans le bâtiment, 54 % dans les mines. Or, à cette époque, il n'y a pas menace de chômage. Aux yeux des Français, la protection de la main-d'œuvre nationale apparaît donc comme un droit acquis, quelle que soit la conjoncture, et le principe figurera en toutes lettres dans le décret fondateur de l'Office national d'immigration.

En dépit des difficultés rencontrées par la reconstruction, leur opinion ne variera pas. Un Français sur deux reconnaît, certes, selon une enquête de l'INED en 1951, que les étrangers rendent service à la France, mais il s'agit surtout de services économiques (27 %), ce qui légitime en pointillé les expulsions et les restrictions en temps de crise. Car, une fois leur tâche accomplie, les travailleurs immigrés ne trouvent guère de défenseurs. On ignore tout de leur apport démographique et 58 % des Français pensent qu'ils créent des difficultés, en particulier politiques. On ne s'étonnera donc pas de voir 85 % des Français réclamer la préférence nationale en matière de logement, 84 % demander que les étrangers soient licenciés les premiers, 31 % qu'ils paient un impôt supplémentaire et 74 % qu'ils soient mobilisés en cas de guerre. Il s'agit de la France de 1950, où tout reste à reconstruire, où les flux migratoires sont très ralentis, et les anciennes communautés d'avant-guerre intégrées. Ceux qui arrivent alors sont de plus Italiens, c'est-à-dire "culturellement proches", comme on aime à le rappeler. Mais cela ne change rien. Les Belges, les Suisses et les Hollandais sont les seuls à attirer de vraies sympathies. Face aux Italiens, aux Espagnols et aux Polonais, les avis positifs et négatifs sont aussi nombreux. Allemands et Nord-Africains, enfin, sont largement rejetés, héritage d'un passé brûlant pour les uns, préfiguration d'un avenir conflictuel pour les autres. Conséquence logique de cette méfiance généralisée, les Français s'opposent aux mariages mixtes et 45 % d'entre eux condamnent les immigrés à demeurer à jamais étrangers, même naturalisés, même intégrés. Et ce n'est pas seulement le constat d'un fossé impossible à combler. C'est également une volonté délibérée, puisque les Français se refusent à faire le moindre effort pour aider les immigrés à s'adapter et s'insérer.

Aucun groupe, aucune catégorie de Français n'affiche véritablement des positions à contre-courant, mais il faut néanmoins apporter certaines nuances. Les hommes, les jeunes, les professions libérales et les cadres supérieurs sont plus ouverts que la moyenne ; les femmes, les personnes âgées, les agriculteurs plus réticents. Mais l'opinion publique varie également selon les étrangers. Les pères de famille vivant dans une petite ville sont toujours mieux accueillis que le célibataire des grandes agglomérations. En tout cas, cette volonté protectionniste dont le mouvement Poujade sera un moment porte-parole, ne pourra rien contre la marche du temps et les impératifs de la croissance. Au milieu des années cinquante, et tout le long de la décennie suivante, les étrangers arrivent de plus en plus nombreux, dans une apparente indifférence. Quand on les interroge, les Français estiment certes que les conditions de venue, de vie et de travail des immigrés ne sont pas satisfaisantes [2] mais un quart ne se prononce pas. La croissance est assurée grâce aux étrangers, le reste ne les intéresse guère. Ils accordent d'ailleurs l'hospitalité sous condition car, dès qu'ils songent au futur, ils révèlent une rare constance. En 1966 [3], au beau milieu des Trente Glorieuses, pour 54 % des Français, limiter l'entrée des étrangers en France demeure encore la meilleure manière de lutter contre le chômage. La crise des années quatre-vingt n'a donc pas créé un mécanisme de rejet. Elle a simplement réactivé un sentiment ancien, qui s'exprimait violemment dès le XIXᵉ siècle, puis en 1930, avant d'être anesthésié par la croissance, mais sans réellement disparaître.

Aujourd'hui comme hier, le premier grief de l'opinion, c'est encore celui d'une invasion étrangère. Tous les sondages se ressemblent sur ce point [4] : deux Français sur trois environ estiment que les immigrés sont trop nombreux, sentiment unanime quels que soient l'âge, la profession et le niveau d'études, même si les plus jeunes et les plus instruits se montrent moins catégoriques. Les statistiques devraient les rassurer. Deux Français sur trois pensent en effet que les étrangers sont aujourd'hui plus nombreux que dans l'entre-deux-guerres, et un Français sur deux évalue leur poids à plus de 10 %. Or, les étrangers représentent 7 % de la population, proportion comparable à celle de l'entre-deux-guerres. Mais la comptabilité des Français doit fort peu à la logique. Dans leurs calculs, ils surestiment les clandestins, intègrent les Antillais, les harkis et leurs enfants, la seconde génération, tous Français pourtant, mais différents. A titre d'exemple, on rappellera qu'un Français sur cinq seulement dit que les "Beurs" sont Français. Pour 45 % des nationaux, ils sont Arabes. Dans ces conditions, les étrangers seront toujours "trop nombreux", quelles que soient les statistiques. Et coupables ? Pour un tiers des Français, cela ne fait aucun doute. Ils accusent les étrangers de porter atteinte à la sécurité du pays et à l'emploi, reprenant la thématique du Front national. A côté de cette minorité, un second tiers de l'opinion souscrit à une autre équation : étrangers, trop nombreux, donc coupables. Ils n'ont pas, en effet, à l'encontre des étrangers de griefs particuliers. Mais ils leur reprochent d'être là, choyés, presque nantis, profitant de la richesse nationale, et des prestations sociales. En fait, pour une majorité de Français, étrangers ils sont, étrangers ils doivent rester, résidents tolérés qui ne devraient pas bénéficier des mêmes droits que les Français. Cela vaut en matière de prestations sociales, parfois pour l'enseignement, toujours pour le droit de vote. Les Français, à une écrasante majorité, refusent en effet l'idée d'une citoyenneté locale et il se trouve même un Français sur cinq pour refuser le droit de vote aux naturalisés, comme si la citoyenneté était non seulement liée à la nationalité, mais à l'histoire de la nation. Dans ce débat, c'est le rejet des "Français de papier", l'irréductible différence de "l'Autre" qui ressurgit. Dans l'entre-deux-guerres et sous Vichy, l'argument visait le Juif. Aujourd'hui, c'est "l'Arabe", qu'il soit Français ou étranger. Car pour les Français dits "de souche", voilà le vrai problème. "Ils ne seront jamais comme nous" dit la rumeur publique. Leur culture, leur manière de vivre, leur religion les empêchent de s'intégrer. Alors, quel que soit leur nombre, et même s'ils sont reconnus innocents de certains crimes, ils restent à jamais trop nombreux, trop visibles, trop différents.

Que faire ? Au début des années quatre-vingt, les Français veulent "les renvoyer chez eux". Dix ans plus tard, on sait que la plupart resteront : les trains d'expulsés de 1930 ne feront pas les charters d'aujourd'hui. Mais certaines catégories restent menacées. Les Français, dans leur majorité, réclament que soient expulsés les chômeurs, les délinquants, les clandestins bien sûr, et, pourquoi pas, les réfugiés. Ceux qui restent ne sont, de plus, que tolérés du bout des lèvres, sans droits, sans aide, avec s'il le faut des lois séparées. Cet éloge de l'exclusion est-il racisme ? Neuf Français sur dix estiment que la France est désormais touchée : un sur deux pense que le mal s'est récemment aggravé. Non sans raison : les actions racistes (53 en 1989) ont augmenté ; les menaces racistes (77 en 1987, 237 en 1989) se sont multipliées. Il faudrait y ajouter tout ce qui ne se chiffre pas, logements, emplois refusés sous d'autres prétextes. Crime ou insulte, le racisme continue de choquer une immense majorité de l'opinion qui réclame une intervention de la justice. Mais les Français ne sont pas sans indulgence parfois, et tendent à renvoyer coupables et victimes dos à dos. Par leur attitude, les étrangers justifieraient certaines réactions racistes, y compris, pour un Français sur sept, le meurtre. En bref, à défaut de passer à l'acte, la France tend à admettre un racisme de légitime défense. Pour qu'il régresse, aux étrangers de changer, de dissimuler leur altérité. Les Français pensent également à l'État : amélioration du logement, éducation des plus jeunes. Mais ils se montrent peu enclins à modifier leurs propres comportements quotidiens.

A tout cela, il faut bien sûr apporter des nuances. Au même titre que "l'opinion publique", "l'immigré" est un concept réducteur, inventé pour les besoins de la propagande ou de la statistique. Car les étrangers, eux, se définissent d'abord par leur nationalité : c'est d'ailleurs ainsi que les Français les jugent. Sur chaque communauté, ils portent en effet un regard différent, forgé par la culture, la géographie et l'histoire. La proximité culturelle supposée crée à l'évidence le plus grand capital de sympathie : les Portugais, très nombreux et récemment arrivés, sont bien acceptés, parce qu'ils sont jugés proches des Français. Inversement, les Français paraissent cultiver le ressentiment historique, à travers les communautés étrangères puisque, parmi les musulmans, les Algériens sont plus massivement rejetés que les Turcs, les Marocains ou les Tunisiens. Si les Français réagissent différemment selon la nationalité des étrangers, ils surmontent en revanche leurs propres divisions. Les jeunes, les cadres supérieurs sont certes plus ouverts, comme le sont les Français ayant un niveau d'instruction supérieur, mais les grandes tendances demeurent. La véritable frontière en fait passe, hors les catégories socio-professionnelles, entre ceux qui vivent dans une proximité subie avec les étrangers, et les autres. Les premiers, encouragés par la notion de "seuil de tolérance", se montrent en tout domaine plus xénophobes, plus prompts à l'exclusion. Ceux qui vivent loin se montrent en revanche tolérants, une attitude qui rappelle celle des années de croissance : quand les immigrés vivaient dans l'ombre des bidonvilles, ils ne posaient guère problème.

La crise économique a ensuite donné aux mécanismes de rejet un visage légitime : le chômage commandait la protection des nationaux. Mais la xénophobie s'est aggravée au moment même où revenait la croissance. Derrière la crainte du chômage, couraient donc d'autres peurs, présentes tout au long de ce siècle, un temps occultées dans l'euphorie de la croissance, masquées par les interdits nés de la Seconde Guerre mondiale, mais vivantes toujours. Ces peurs-là doivent peu aux problèmes matériels, réels, de l'immigration mais beaucoup à l'ignorance, à l'imaginaire, à l'égoïsme et au ressentiment historique. Une certaine France n'"aime pas les Arabes" : la conjoncture économique n'y peut rien. L'insupportable, à ses yeux, c'est de voir la communauté étrangère, surtout musulmane, s'installer, s'intégrer ; d'être obligé de la côtoyer au quotidien, et d'y lire le devenir français. L'insupportable, c'est de renoncer à une improbable "race française", à sa pureté millénaire, à son génie, à la supériorité qu'elle conférerait à ses héritiers, pour un *melting pot* aux contours indécis, que certains vivent comme une déchéance car rien n'y serait acquis de naissance.

1. Sondages IFOP (1945) et INED (1947 et 1949).
2. Sondage IFOP, janvier 1970.
3. Sondage IFOP, oct. 1966.
4. Après la pénurie, l'excès ? Les sondages d'opinion, absents dans l'entre-deux-guerres, se sont multipliés, depuis une décennie, offrant souvent des résultats contradictoires. On les maniera donc avec prudence, seules étant retenues les questions suivies sur plusieurs enquêtes. On se reportera pour les études de fond au sondage MRAP/SOFRES de janvier/février 1984 et, pour les plus récents, aux sondages de CSA en février et mars 1990.

Papiers

Longtemps, les étrangers ont pu librement et spontanément s'installer pour travailler en France. Mais, à la fin du XIXᵉ siècle, quand se développent les flux migratoires, les pouvoirs publics mettent en place les premiers contrôles. Le décret du 2 octobre 1888 impose aux étrangers qui veulent séjourner plus de quinze jours, une déclaration en mairie. La loi du 9 août 1893 organise l'immatriculation, sur présentation d'un certificat d'embauche, de ceux qui désirent travailler. Mais il ne s'agit que d'un contrôle, destiné surtout à mieux connaître l'implantation des étrangers. Aucune restriction n'est alors apportée à l'activité économique et à l'installation des étrangers : la diplomatie et le besoin de main-d'œuvre commandent le libéralisme. Avec la Première Guerre mondiale, le contrôle va devenir plus strict.

En 1917, la carte d'identité est obligatoire pour tous les étrangers âgés de plus de quinze ans, qui souhaitent rester en France plus de quinze jours. Pour changer de domicile, ils doivent obtenir un visa. Hôteliers et logeurs sont tenus de déclarer leurs locataires étrangers. Ceux qui veulent travailler, enfin, doivent satisfaire au contrôle sanitaire. Le principe, désormais, est acquis : travail et séjour des étrangers seront réglementés par une pièce administrative. Mais les conditions posées changent sans cesse, instrument de la politique économique, sociale, voire de la diplomatie.

De 1917 à 1929, onze textes de loi vont ainsi modifier la législation au gré de la conjoncture, comme la loi du 10 août 1926, qui transforme la carte d'identité, titre de séjour, en carte d'identité du travailleur étranger, liée à l'activité économique. Changement fondamental : désormais, le travail des étrangers est soumis à contrôle et la carte d'identité en sera l'instrument. Elle porte mention de la profession, que les contrats d'embauche doivent respecter, et il faut deux garants pour l'obtenir. Avec la crise économique, ces conditions de délivrance vont être plus sévères.

En 1934, un premier train de mesures interdit l'attribution de nouvelles cartes. Les réfugiés allemands qui arrivent en sont donc privés. Les cartes à durée limitée ne peuvent, de plus, être renouvelées, si le titulaire est en France depuis moins de deux ans, et la durée de renouvellement est limitée à onze mois, même pour les étrangers qui sont en France depuis plus de cinq ans. Après, c'est l'expulsion : sans carte, point de séjour. Ces dispositions, votées sous la pression d'une opinion xénophobe et sur recommandation d'une commission présidée par Edouard Herriot, seront un peu assouplies.

En 1936, le Front populaire accorde aux réfugiés venant d'Allemagne un certificat de résidence qui leur permet de résider en France, à défaut d'y travailler. A l'ensemble des étrangers, il promet le renouvellement de la carte d'identité, qui ne peut plus être refusée, sauf raisons graves. Deux ans plus tard, les décrets Daladier, qui aggravent la condition juridique faite aux étrangers, créent néanmoins une carte spéciale pour ceux qui sont en France depuis dix ans au moins. Ils deviennent de fait, des résidents privilégiés, même si le terme n'est pas encore consacré par la législation. A cette date, il existe donc une carte de non-travailleur, simple permis de séjour ; une carte d'artisan, une carte de travailleur agricole et trois cartes de travailleur industriel : la carte A, temporaire, limitée à une profession et certains départements ; la carte B, valable trois ans, pour une seule profession, mais sur l'ensemble du territoire ; la carte C, valable trois ans également, dans tous les départements, et pour toutes les professions.

Cette juridiction complexe disparaît en 1945, au profit de deux cartes : travail et séjour. La carte de séjour peut être temporaire (un an), ordinaire (trois ans) ou donner, pour dix ans, le statut de résident privilégié aux étrangers âgés de 35 ans au plus, installés en France depuis trois ans au moins. Parallèlement, l'ordonnance de 1945 crée trois cartes de travail – temporaire (un an), ordinaire (trois ans) ou permanente (dix ans) – pour lesquelles il faut fournir un certificat d'embauche, un certificat médical, un passeport en règle et, pour certains, un livret militaire. Afin d'éviter le retour de l'arbitraire et de l'anarchie qui sévissaient dans l'entre-deux-guerres, les autorisations de séjour et de travail doivent avoir même durée et aucune carte en cours de validité ne pourra être retirée. Peine perdue. La législation se retrouve très vite déstabilisée par les contraintes diplomatiques et la croissance économique. Les Algériens sont, en effet, dispensés de cartes puisqu'ils sont Français selon le statut de l'Algérie. Or, de 1946 à 1955, le solde de l'immigration algérienne est nettement supérieur aux seules entrées contrôlées par l'ONI. En 1958, le Traité de Rome soustrait à son tour au contrôle les ressortissants de la CEE, Italiens en tête qui représentaient, en 1954, 28,7 % des étrangers vivant en France.

La décolonisation vient ensuite accélérer un peu plus ce mouvement vers une atomisation des statuts. Les ressortissants des pays d'Afrique Noire nouvellement indépendants, doivent produire à leur arrivée un contrat de travail, mais ils peuvent ensuite circuler et travailler librement en France. Deux ans plus tard, les accords d'Évian garantissent à leur tour aux Algériens la libre circulation sans titre de séjour et de résidence.

Battu en brèche par la diplomatie, le monopole d'introduction de l'ONI sera définitivement vidé de son contenu par la croissance économique. Les clandestins sont, en effet, de plus en plus nombreux, régularisés *a posteriori.* Les titres de séjour qui devaient être les instruments d'une politique migratoire cohérente, deviennent donc les témoins d'une impuissance. Alors, devant cet échec manifeste, les pouvoirs publics vont essayer de redonner un peu de crédibilité au dispositif mis en place à la Libération.

En 1968, une lettre-circulaire interdit la régularisation des travailleurs non qualifiés. En décembre de la même année, l'accord franco-algérien revient sur le principe de libre circulation en imposant un contingent annuel d'entrées et un titre de séjour aux ressortissants algériens. Nouvelles restrictions en 1972, avec les circulaires "Marcellin-Fontanet". L'attestation logement devient obligatoire pour obtenir une carte de travail. Les deux titres – séjour et travail – devront avoir non seulement la même durée, mais le même point de départ. Le séjour, enfin, est désormais lié à la détention d'un emploi.

En 1974, l'arrêt de l'immigration a une conséquence immédiate : sauf exception (CEE, réfugiés, regroupement familial), aucune nouvelle carte de travail ne peut être délivrée. Pour encourager les retours, la loi autorise par ailleurs, dès 1976, le retrait de la carte ordinaire de résident si son titulaire se trouve de son fait, sans emploi ni ressource régulière depuis plus de six mois. Mais à l'opposé, pour encourager l'insertion de ceux qui sont destinés à rester, la carte de séjour ordinaire à validité permanente et la carte de travail permanente sont remplacées par un titre unique valable dix ans. Aux autres étrangers néanmoins, la crise amène plus de précarité. En 1980, le certificat de résidence délivré aux Algériens, venus après 1962, devient renouvelable pour trois ans et trois mois seulement. Le principe de libre circulation des ressortissants d'Afrique Noire disparaît progressivement et l'administration est désormais autorisée à opposer la situation de l'emploi aux demandes de renouvellement des cartes de travail.

A partir de 1981, la gauche au pouvoir s'efforcera de libéraliser, puis de simplifier l'écheveau de ces lois régissant le séjour et le travail des étrangers. La loi du 29 octobre 1981, en premier lieu, modifie plusieurs dispositions de l'ordonnance de 1945, en précisant la nature des documents à présenter pour être autorisé à pénétrer sur le territoire français, les conditions dans lesquelles ce droit peut être refusé et les peines encourues en cas de contravention. Elle réforme aussi la procédure d'expulsion, désormais placée sous l'autorité judiciaire et inapplicable à plusieurs catégories d'étrangers. Les ressortissants du Maghreb, enfin, qui échappent à la législation générale, sont mieux contrôlés, avec l'instauration d'une carte à deux volets : le premier est remis lors du débarquement, le second en partant, ce qui permet aux autorités de détecter les irrégularités de séjour.

Mais la véritable réforme vient en 1984, une fois confirmée par les pouvoirs publics leur opposition à toute nouvelle demande de travail permanent. La loi du 17 juillet 1984, votée à l'unanimité par l'Assemblée nationale, vise à stabiliser les étrangers régulièrement installés en France, qui ne partiront plus. A l'exception des ressortissants de la CEE, dont le statut ne change pas, tous les anciens titres de séjour et de travail, sont remplacés par un titre unique, temporaire (un an) ou permanent (dix ans). La carte de résident permanent, renouvelée automatiquement, permet désormais d'exercer n'importe quelle profession, sur l'ensemble du territoire. Peuvent y prétendre les étrangers qui justifient de trois années de résidence ininterrompue, en situation régulière. Certains étrangers y ont accès de plein droit : les conjoints, ascendants et descendants de ressortissants français, les parents d'un enfant français exerçant leur autorité parentale, les conjoints et enfants mineurs arrivés dans le cadre du regroupement familial, les réfugiés, les apatrides ayant trois ans de résidence en France, les étrangers installés en France depuis quinze ans ou depuis l'âge de dix ans.

La majorité de droite, issue des législatives de mars 1986, essaiera de limiter la portée de la loi, en réduisant le nombre d'étrangers ayant accès au titre unique de plein droit. Une réserve d'ordre public pouvait de plus être opposée pour simple menace, même si les conditions normales d'attribution étaient remplies. Les étrangers installés en France depuis quinze ans ou depuis l'âge de dix ans perdaient par ailleurs le bénéfice de la loi, en cas de condamnation à une peine d'emprisonnement de six mois ferme (ou un an avec sursis). En étaient également exclus les étrangers en situation irrégulière au moment de la demande, même s'ils remplissaient les conditions requises. Les conjoints d'un(e) Français(e), enfin, devaient attendre un an de mariage et prouver que la vie commune était effective, avant de prétendre au bénéfice de la carte de plein droit. La sévérité de ces nouvelles dispositions était néanmoins tempérée : au bout de trois ans de séjour régulier, toutes ces catégories pouvaient à nouveau prétendre à la carte de dix ans. Inutile sursis. Dès 1988, les socialistes, revenus au pouvoir, annulent l'ensemble des réformes de la droite. Deux nouvelles catégories d'étrangers peuvent par ailleurs avoir accès de plein droit au titre unique : les enfants et conjoints de réfugiés et apatrides ; les titulaires d'une rente de maladie professionnelle versée par un organisme français. Les jeunes étrangers, de leur côté, gagnent deux ans : le titre de séjour devient obligatoire à 18 ans, au lieu de seize. A chaque majorité politique, sa loi et ses papiers. Mais au-delà du chassé-croisé, le titre unique de 1984 et son esprit demeurent : intégration des étrangers installés depuis longtemps, fermeture des frontières, lutte contre les clandestins. Ce triptyque ébauche un consensus qui réunit à ce jour tous les partis, à l'exception du Front national.

Paris

Avant 1914, les grands flux migratoires restent des migrations de proximité. Belges et Hollandais dans le Nord, Italiens dans le Sud-Est, Espagnols dans le Sud-Ouest ; rares sont ceux qui remontent vers la capitale. Paris à cette époque est laissée à l'écart, attirant surtout les exilés, les artistes, les spécialistes dont la réputation est bien établie. A l'exception d'une communauté : le prolétariat juif, qui arrive pendant les années de la Belle Époque, chassé par la misère et les pogroms de l'empire tsariste. Mais ils se distinguent des autres étrangers. Ils sont déjà largement urbanisés. Ils sont artisans, parfaitement adaptés aux exigences économiques de la capitale. Ils viennent de plus loin : le schéma de l'immigration de proximité étant brisé au départ, les règles changent également à l'arrivée.

Après 1918, d'autres étrangers vont les rejoindre. La France manque partout de bras, dans les villes, les campagnes, les régions industrielles et les pays traditionnels d'émigration ne peuvent faire face. La France doit donc se tourner vers des régions plus lointaines, la Pologne, l'Afrique du Nord. La logique des migrations de proximité se trouve ainsi concurrencée par d'autres itinéraires. Sur les cartes, les places fortes de la présence étrangère commencent à recouvrir toute la France des villes et de l'industrie. Paris, cette fois, n'est plus à l'écart : avec 459 498 étrangers en 1931, le département de la Seine est celui qui en compte le plus. Mais le passé n'est pas aboli. En valeur relative, les départements limitrophes demeurent devant Paris. Les Alpes-Maritimes comptent 28,5 % d'étrangers, les Bouches-du-Rhône 22,5 %, la Seine 9,3 % seulement. Paris cosmopolite a par ailleurs survécu. Les Russes, puis les réfugiés antinazis prolongent la tradition politique. Les ballets russes, les écrivains américains ou les cabarets exotiques qui dominent le Paris du spectacle assurent, de leur côté, la réputation artistique de la capitale. Quant à la communauté juive, elle reste l'une des plus importantes : à chaque crise qui secoue l'Europe centrale, suit un cortège de réfugiés, accueillis à Paris par les anciens de la Belle Époque. Il n'en faut pas plus pour déclencher les plumes xénophobes. Paris est capitale, vitrine de la France, de sa culture, de son art de vivre. Alors, l'on s'inquiète, ou l'on se moque, de ces spectacles à l'accent russe, des danses nègres et des programmes de théâtre aux noms si peu français. Sans grand succès : l'exotisme, le mystère font courir les foules. La "tour de Babel", qui fait florès dans la littérature xénophobe, va bien à ces années folles, qui suivent le premier conflit mondial. Mais tous les étrangers n'ont pas droit à pareille mansuétude. L'antisémitisme est monnaie courante. On dénonce la concurrence déloyale de ces artisans qui travaillent trop et à n'importe quel prix. On s'émeut devant les affairistes, accusés de faire main basse sur la ville. Scandales Marthe Hanau et Stavisky : l'événement, d'abord parisien, vient conforter l'image d'une capitale minée par la spéculation internationale et les escrocs de toutes origines.

La ville change pourtant, lentement, annonçant le grand tournant du second vingtième siècle. Les Italiens remontent plus nombreux du Sud-Est en longeant la vallée du Rhône, pour travailler sur les chantiers de construction en banlieue. Certaines communautés essaient de reconstituer un foyer national, comme les Arméniens à Maisons-Alfort et les Marocains dans le quartier des Grésillons de Gennevilliers. L'industrie de transformation, les usines automobiles réclament une main-d'œuvre abondante et non qualifiée, et recrutent déjà parmi les Nord-Africains. L'habitat reste alors largement lié à l'activité économique. La population étrangère se concentre dans les quartiers industriels du Nord et de l'Est (XIe, XVIIIe, XIXe et XXe arrondissements), installée dans des immeubles insalubres désertés par les nationaux. Mais l'urbanisme impose également ses règles. Faute de place, les étrangers sont rejetés à la périphérie, dans des installations improvisées aux abords des usines, surtout dans le Nord de la capitale. En 1939, Paris ressemble donc à Marseille, plutôt qu'à la Moselle, où les grandes entreprises prennent en charge, et le travail, et l'habitat.

Au lendemain du second conflit mondial, une communauté disparaît celle des exilés. Les artistes rentrent rapidement dans le rang, tandis que progresse l'installation des travailleurs. Les réseaux mis en place avant 1939 fonctionnent régulièrement, les plus jeunes rejoignent en France les anciens du village qui leur trouvent à Paris un travail et un abri. Les responsables économiques et politiques n'y prennent pas garde, trop heureux de voir les usines tourner ainsi au moindre coût. Ils ferment les yeux sur les bidonvilles qui grandissent aux portes de la ville, cités tentaculaires de baraques et cabanes où les anciens organisent la vie quotidienne et l'installation des nouveaux. En 1954, en 1962, la population étrangère est donc proportionnellement plus importante en région parisienne que dans la France entière : 6 % contre 4,5 %. Les non-Européens sont également plus nombreux, mais tant que dure la croissance, tant que les migrants peuvent être contenus à l'intérieur de leurs logements de fortune, la situation paraît tolérable.

Tout change avec les années soixante. La croissance s'emballe, les bidonvilles se transforment en véritables ghettos, la population française prend peur et la cohabitation tourne au face à face. Les pouvoirs publics décident alors de lancer les premières opérations de rénovation à Nanterre, avec construction de la Préfecture et de l'Université en lieu et place des anciens bidonvilles. Les étrangers sont relogés dans des cités d'urgence ou de transit, construites en matériaux légers sur des terrains vagues coincés entre le chemin de fer et les usines. Prévues pour durer quelques mois, elles survivront vingt ans, puisqu'en 1985, les derniers locataires quittaient cet habitat de fortune pour les cités HLM. Entre-temps, la crise est venue, imposant ses critères souvent contradictoires. Face à la montée du chômage, la tentation est grande, en effet, de maintenir les travailleurs étrangers en situation précaire afin de peser sur les mouvements de retour. Mais dans le même temps, en contrepartie de l'arrêt de l'immigration, la France encourage les regroupements familiaux pour ceux qui sont déjà installés. Cela veut dire construire des logements adéquats, résoudre les problèmes de voisinage dans un environnement inadapté au mode de vie des derniers arrivés.

La question du logement cruciale bien sûr ne fait pas, à Paris, tout le problème de l'immigration. La capitale abrite des ressortissants de cent nationalités différentes et de conditions sociales inégales. Il y a environ cent mille réfugiés qui posent un problème spécifique ; cent mille cadres internationaux, fonctionnaires des ambassades, employés des institutions économiques et internationales, artistes qui maintiennent, tous ensemble, une tradition, bien intégrés dans un environnement spécifique. Mais restent, dans la région parisienne, 700 000 travailleurs. Si l'itinéraire migratoire, le statut social les divisent, ils partagent un même mal de vivre dans une agglomération inadaptée à leur culture et incapable désormais de leur offrir ces emplois pour lesquels ils sont venus hier.

L'hétérogénéité des conditions et des nationalités commande une répartition inégale dans l'espace urbain. Certaines villes de banlieue accueillent beaucoup plus d'étrangers, certains quartiers regroupent la majorité d'une seule communauté. En dépit des apparences, Paris *intra-muros* compte proportionnellement plus d'étrangers que la banlieue : ils représentent ici 16,5 % de la population, pourcentage dépassé en banlieue par la seule Seine-Saint-Denis (17 %). La population y est également plus âgée, et plus masculine qu'ailleurs. Mais les règles communes s'arrêtent là. Car la présence étrangère n'est pas de même nature selon les arrondissements. Dans les anciens quartiers industriels du Nord et de l'Est, elle reste importante, même si le lien entre travail et habitat est aujourd'hui largement distendu. L'activité économique disparue, les logements ont été laissés à l'abandon dans l'attente de futures rénovations. Comme ils perdent alors un peu plus de leur valeur, ils ont attiré les derniers venus, les clandestins et les plus pauvres qui s'appuient sur une communauté informelle et s'excluent des regards extérieurs. Ce sont des quartiers de célibataires, masculins, à faible revenu, dont la Goutte d'Or, entre la Butte Montmartre et la Gare du Nord, demeure l'exemple le plus caractéristique. Construit au XIXᵉ siècle pour loger les ouvriers du quartier de La Chapelle, la Goutte d'Or évoque les quartiers centre de Marseille, qui datent d'ailleurs, de la même époque : habitat serré construit en matériaux peu durables, rues étroites. Les premiers migrants étaient arrivés de province, qui trouvaient là un quartier de transit, le temps de résoudre les problèmes d'installation. Dans l'entre-deux-guerres, les étrangers, les plus pauvres prennent la relève, car l'habitat s'est déjà largement dégradé. Les Nord-Africains deviennent rapidement majoritaires et, dans ce quartier homogène, ils vont organiser une armature sociale (commerces, logements, lieux du culte) adaptée à cette population masculine qui envoie l'essentiel de ses revenus au village. Au fil des ans, ceux qui ont réussi économiquement, ceux qui ont profité des regroupements familiaux quittent la Goutte d'Or, remplacés par de nouveaux venus : Marocains et Africains Noirs. Mais la crise a bloqué les possibilités d'ascension, la délinquance augmente comme substitut à la réussite économique, les tensions s'aggravent entre Français et étrangers et, au sein même de la communauté immigrée, entre les anciens et les plus jeunes.

C'est cette image que l'opinion retient pour brosser le portrait de l'immigré à Paris. Ils sont pourtant aussi nombreux dans les quartiers à haut revenu, dans le Iᵉʳ, le VIIIᵉ et le XVIᵉ arrondissement. Ici encore, l'emploi a joué un rôle déterminant dans le peuplement. Mais il s'agit d'emplois induits, créés par la richesse ; employés de maison, gardiens. La crise n'a donc rien changé ici et la corrélation, dans l'espace, entre travail et habitat, demeure forte. Restent les quartiers du centre à fort pourcentage de présence étrangère, qui tient surtout à la dépopulation parisienne. Dans ces quartiers envahis par le commerce et les affaires, les étrangers sont relativement nombreux, aux deux extrémités de l'échelle sociale – cadres internationaux ou employés clandestins des ateliers du Sentier et de l'hôtellerie. Ce découpage géographique et social recoupe partiellement la carte des nationalités. Dans les anciens quartiers industriels et les quartiers à rénover, on trouve surtout les derniers arrivés de l'Océan Indien ou d'Afrique Noire, ainsi qu'un fort contingent de Maghrébins. Les Portugais se sont, en revanche, surtout installés dans les quartiers de services, première étape d'une meilleure intégration.

Plus généralement, en termes de nationalités, la région parisienne ne reproduit que partiellement la carte des étrangers en France. Les deux groupes dominants sont bien sûr, ici comme ailleurs, les Portugais (188 000) et les Algériens (213 000). Mais si le nombre de Maghrébins installés à Paris correspond au pourcentage d'étrangers ayant choisi la capitale (35 %), les Espagnols sont sous-représentés (25 % des Espagnols à Paris, contre 35 % des étrangers), tandis que les Portugais sont largement sur-représentés (43 %) de même que les Asiatiques, qui ont constitué un ghetto. Une analyse par sous-groupes fournit un schéma d'explication. Au sein de la communauté maghrébine, par exemple, les Tunisiens sont plutôt sous-représentés car ils sont arrivés avec la crise et Paris avait perdu bien de ses attraits. Les Marocains sont, en revanche, très présents car ils ont fourni l'essentiel de la main-d'œuvre pour l'industrie automobile, dans les années de croissance.

Cette influence des itinéraires, de l'activité économique et des origines dans la localisation des étrangers pèse aussi dans la géographie des banlieues. La carte de l'immigration a longtemps recoupé celle de la "banlieue rouge", car les deux phénomènes avaient une même origine : le développement autour de Paris de villes industrielles à forte concentration de main-d'œuvre peu qualifiée (automobile, mécanique), dans le Nord de la capitale et au sud, le long de la Seine. Comme dans les quartiers nord-est, la désindustrialisation a petit à petit entraîné un découpage logement/travail, contraint les étrangers à des déplacements quotidiens et accéléré le processus de dégradation de l'habitat même si les bidonvilles ont, dans le même temps, laissé la place aux cités d'urgence, puis aux HLM. Comme dans Paris *intra-muros,* le poids des réseaux a favorisé, dans certains quartiers, un peuplement homogène : Marocains du Quartier des Grésillons à Gennevilliers, Portugais plus présents dans la banlieue sud, et singulièrement le Val-de-Marne. Mais la banlieue, parce qu'elle est le lieu privilégié des regroupements familiaux, n'est pas Paris. C'est ici que se pose, dans son ensemble, la "question immigrée", les problèmes d'échec scolaire, de cohabitation, d'habitat, de délinquance. Autant de sujets sensibles en termes d'opinion, même si ceux de Paris – travail clandestin, ghetto, spéculation immobilière – paraissent plus difficilement solubles, parce qu'ils témoignent chez Français et étrangers, d'une impossibilité, ou d'un refus, d'intégration.

Parti communiste

Décembre 1920, Congrès de Tours. Clara Zetkin monte à la tribune, encourage les partisans de l'adhésion à la IIIe Internationale, puis repart comme elle est venue. Clandestinement. Sa présence à Tours est un défi ; son départ, à la barbe de la police française, un camouflet. Car elle est allemande, communiste, doublement proscrite dans la France "bleu horizon" de l'immédiat après-guerre.

En représailles, mais un peu tard, la police multiplie les vérifications dans les milieux étrangers. On arrête un dénommé Zalewski, présent à Tours et porteur d'une importante somme d'argent. A droite, l'affaire est entendue : Zalewski est l'homme de Moscou et le PCF, parti de l'étranger.

Les communistes répondent : la classe ouvrière n'a pas de frontières. Ils sont donc internationalistes, parti "des étrangers", avocats de l'immigration.

Les premiers temps, le principe sera fermement tenu. Au nom de la solidarité internationale et de la paix, les dirigeants du PCF sont de tous les combats aux côtés des étrangers, contre l'opinion, contre les autres forces politiques. Ils refusent de céder au racisme ou aux croisades "antiboche". Ils soutiennent l'emploi d'ouvriers allemands dans les régions sinistrées. Ils dénoncent la répression qui frappe les syndicalistes, les communistes étrangers et plaident – sacrilège – pour une participation active des étrangers à la vie politique française. Ils dénoncent, enfin, les "négriers" de la Société générale d'immigration, la surexploitation des travailleurs immigrés, les bas salaires et les déqualifications.

Le PCF joindra très vite les actes à la parole, en mettant en place des structures d'accueil : au sein du Parti, la Section centrale de la main-d'œuvre étrangère et coloniale ; à l'extérieur, des comités comme la Ligue anti-impérialiste ou le Secours rouge international. Au sein de la CGTU, enfin, le bureau de la main-d'œuvre étrangère, ses groupes de langues et de nationalités essaient d'organiser concrètement la solidarité et de résoudre les problèmes quotidiens de l'immigration.

Mais la base s'en moque, indifférente aux efforts du parti. En temps de prospérité, elle témoigne d'une piètre solidarité ; aux premières difficultés, elle se rallie à l'argumentation xénophobe, sans grand souci de solidarité ou de rapprochement des peuples.

Les dirigeants, à Paris, s'en inquiètent mais, sur le terrain, quelques cadres se laissent facilement convaincre, peu pressés de défendre l'internationalisme contre la classe ouvrière française. L'étranger, après tout, ne vote pas. D'ailleurs, l'argumentation officielle n'est pas sans nuances. On défend l'étranger victime du patronat, mais à demi-mot, on l'accuse d'en être le complice. Les communistes, comme toute la gauche, se méfient de leur excès de zèle, de leur soumission aux pires conditions de travail, de leur médiocre esprit de lutte. Par-dessus tout, les communistes soupçonnent les étrangers de dérives nationalistes et de l'influence des cadres allogènes. Tout ce qui ressemble à un drapeau leur fait horreur, et ils n'hésiteront pas, çà et là, à organiser le sabotage en règle de quelques fêtes communautaires. A leurs yeux, en fait, l'étranger est d'abord une recrue en puissance. Qu'il soit dévoyé par le nationalisme, ou "ennemi" déclaré comme les Russes blancs, et il perd tout droit à la commisération.

Cynisme ou idéalisme, le communisme oscille, selon la conjoncture et les hommes, tout au long des années vingt. Cachin, Ramette ou Thorez, pour ne citer que les plus connus, ne dévieront jamais, refusant de céder à la xénophobie. Un Jacques Doriot, en revanche, se manifestera très tôt, usant, dans certaines réunions animées, d'insultes racistes qui préfigurent son itinéraire à venir.

Longtemps, il est seul, ou presque, avant de trouver de nombreux héritiers. Car, dans le déchaînement xénophobe qui secoue la société française au tournant des années trente, l'internationalisme communiste ne résiste pas. Face à la crise, la base n'a que faire des principes et rallie la croisade anti-étrangers. Les cadres sont, à leur tour, petit à petit gagnés par l'esprit du temps. On refuse les adhésions de certains étrangers, on les écarte des postes de direction, on les insulte. A une exception : les réfugiés allemands, soutenus par le PCF dès que sont consommées les chances d'une rapide défaite du nazisme.

Vient le Front populaire, et les formidables espérances qu'il soulève chez les étrangers. Les socialistes font quelques timides réformes ; les communistes approuvent sans rien réclamer de plus. Cette timidité n'est pas seulement tribut payé à la base. Le parti de la classe ouvrière a désormais des ambitions "patriotiques" qui l'incitent à la prudence. Au nom de la classe ouvrière, il demande alors aux étrangers de "moins se montrer" à Paris. Mais en Espagne, les communistes étrangers venus de France seront nombreux : ceux de la Main-d'Œuvre Immigrée (MOI, ancienne Main-d'Œuvre Étrangère rebaptisée en 1932) et les communistes allemands. Dans les combats, les liens avec la direction se font plus lâches. Au retour, les communistes étrangers vont tendre, petit à petit, à une autonomie de fait, décidés à prendre leur destin en main, contre la classe ouvrière française, contre la "ligne" du Komintern si nécessaire.

Le pacte germano-soviétique, signé en 1939, précipite leur choix. Communistes et étrangers, ils n'ont d'autre ressource que la clandestinité pour échapper à la menace d'arrestation. Certains décident alors de rompre avec le parti. Les autres restent, persuadés que ce dernier retrouvera rapidement les voies de l'anti-fascisme. Mais Allemands et Autrichiens devront éprouver jusqu'au bout leur fidélité. A la déclaration de guerre, le parti communiste leur donne ordre de sortir de l'ombre, pour se constituer prisonniers à Colombes, où le gouvernement français enferme les "ressortissants ennemis", fussent-ils antifascistes.

D'une rupture à l'autre, du pacte germano-soviétique à l'invasion de l'URSS par les armées hitlériennes, il n'y a plus une, mais plusieurs histoires du PCF dans l'immigration. Pendant que le parti ès-qualité adopte une position neutraliste face à "la guerre impérialiste", nombre de communistes étrangers demeurent dans la clandestinité, ou en sortent pour s'engager dans l'armée française, car ils ont choisi de défendre la démocratie et leur patrie d'adoption. Mais, en quelques mois, on imagine la somme de désillusions que ces hommes, ces femmes doivent surmonter puisque voilà que se dérobent tous leurs idéaux : le communisme en 1939, puis, dans la débâcle de l'été 1940, la France des Droits de l'homme. Leur détermination demeure pourtant intacte. Dès que le choc est surmonté, isolés d'abord, puis en liaison avec la direction clandestine maintenue par le PCF, les communistes étrangers seront parmi les premiers engagés dans la Résistance. Avant même le 22 juin 1941 et l'invasion de l'URSS par les armées hitlériennes, la MOI est reconstituée. En février 1942, elle fusionne avec l'Organisation spéciale et les bataillons de la jeunesse pour donner naissance aux Francs Tireurs Partisans. Certains groupes issus de la MOI, comme le deuxième détachement de Paris, la Carmagnole à Lyon, la 35e Brigade de Toulouse conserveront un peu d'autonomie. Mais désormais, le parti, ayant repris les rênes, fixe la stratégie du mouvement : action individuelle et guérilla urbaine. Avec si peu de combattants – en 1942, les FTP-MOI en comptent 50 à Paris, dont 30 aguerris – c'est aller à la catastrophe. La direction du PCF persiste et réclame, en 1943, une intensification des opérations, afin d'imposer à De Gaulle et au CNR, la réalité d'une résistance communiste. Les militants des FTP-MOI, déjà repérés, pourchassés, sont relancés dans l'action au pire moment. Que l'on y ajoute les inévitables imprudences, et c'est l'arrestation, en nombre. A l'automne 1943, une centaine de partisans sont arrêtés ; en février 1944, dans un retentissant procès, Missak Manouchian et vingt-trois de ses compagnons sont jugés à Paris. Sur le banc des accusés : trois Français et vingt étrangers, tous condamnés à mort et exécutés à l'issue du procès. Ceux de "L'Affiche Rouge" responsables, selon la propagande nazie, de "56 attentats, 150 morts et 600 blessés" deviennent alors et pour l'histoire, les symboles des femmes et des hommes qui, communistes et étrangers, choisirent de se sacrifier pour le pays qui les avait accueillis.

A la Libération, le PCF pourrait en tirer gloire. Il se contentera de vanter collectivement ses "75 000 fusillés". Il est vrai que l'organe des FTP s'appelait "France d'abord" : désormais, le PCF en fait un mot d'ordre. A l'heure du retour à la nation, ces étrangers deviennent donc d'encombrants héros, que l'on oubliera au plus vite. L'installation, à l'Est, des régimes de démocratie populaire sera l'occasion d'en éloigner le plus grand nombre, qui retournent dans leur pays d'origine construire le socialisme réel. Les autres doivent rentrer dans le rang, car le PCF, qui recueille désormais un quart des suffrages, se veut un parti "tricolore" et responsable.

En matière d'immigration, il prône le contrôle professionnel et sanitaire des entrées et la protection de la main-d'œuvre nationale. Cette stratégie servira de fondation au nouvel Office National d'Immigration (ONI), créé sous l'égide d'un ministre communiste du Travail, Ambroise Croizat. Mais, dès le début de la guerre froide, le parti durcit ses positions en matière d'immigration. Les nouveaux venus des années 1947-48 cessent d'être les frères d'armes de la classe ouvrière française ; voici venu le temps des "jaunes", alliés du patronat, agents de l'impérialisme, soldats du Plan Marshall. Le PCF réclame à cor et à cri que les entrées soient suspendues ; le thème est populaire, il le restera. Passés les excès de guerre froide, les communistes nuancent un peu leur argumentaire. L'impérialisme américain disparaît, avantageusement remplacé par la nécessaire protection de l'ouvrier français. En apparence, bien sûr, l'internationalisme est toujours de mise. Les communistes continuent de dénoncer le racisme, la répression et de prôner la solidarité de la classe ouvrière. Le bureau de la main-d'œuvre étrangère est réactivé et fournit aux immigrés aide sociale, presse et alphabétisation. Mais le temps est loin où les communistes accueillaient en leur sein l'avant-garde des réfugiés et exilés, prêts à se battre contre l'opinion et l'ensemble des politiques pour défendre l'égalité des droits. Aujourd'hui, le discours ne porte plus et les structures tournent à vide. Engagés dans une logique hexagonale, le PCF laisse, au cours des "trente glorieuses", les étrangers à leurs ghettos et à la clandestinité, incapables de fournir une analyse et des solutions adaptées à la réalité de l'immigration. La guerre d'Algérie sera, au cours de la période, l'unique exception qui confirme la règle. Les "immigrés" sont ici Français, engagés dans un conflit franco-français et directement politique : le PCF les soutiendra, sans pouvoir empêcher l'organisation autonome des Algériens de France. Inexistants dans le champ politique, qu'ils laissent *de facto* investir par l'extrême gauche, les communistes se révèlent également, pendant les années de croissance, incapables de renouveler leur analyse économique de l'immigration, témoin cette résolution, adoptée en 1967, que n'aurait pas renié le PCF des années trente : "La pratique des heures supplémentaires va de pair avec l'extension du sous-emploi partiel (...) et avec une politique qui tend, par l'appel massif à la main-d'œuvre immigrée et par d'autres moyens, à créer du chômage afin de peser sur les salaires". En 1974, les communistes approuveront donc, fort logiquement, la suspension de l'immigration.

Mais que faire de ceux qui sont là ? Les premières années, le PCF s'en tient à une défense en règle des travailleurs étrangers. La crise est celle du capitalisme, la responsabilité des pouvoirs publics est totale, les travailleurs étrangers sont donc ici victimes, et non coupables, d'ailleurs leur départ massif mettrait en péril l'économie française tout entière. Il faut donc refuser toute législation répressive (lois Marcellin et Fontanet), réprimer les actes et propos racistes, accorder les mêmes droits en matière économique, syndicale et sociale, régulariser les clandestins, démocratiser, enfin, l'ONI et le FAS. Mais dans la dialectique du PCF, la relation immigrés/capitalisme n'est pas uniquement une relation de victimes à coupable. Les travailleurs étrangers sont également miroir de la contradiction d'un système, utilisés hier par le capitalisme pour se sauver, premiers sacrifiés aujourd'hui. Leur présence demeure donc un phénomène transitoire, liée aux soubre-sauts d'un système. A terme, ils ont vocation à retourner dans leur pays. Dans ces conditions, il est nécessaire de maintenir les langues et cultures nationales et, à l'opposé, de ne pas provoquer une assimi-lation forcée en leur accordant, par exemple, le droit de vote. Égalité sur les lieux de travail, droit à la différence dans la sphère privée : le PCF ne pourra longtemps tenir cette logique qui s'inscrit à contre-courant des flux migratoires.

A la fin des années soixante-dix en effet, les immigrés s'installent, l'immigration familiale se développe, la seconde génération s'intègre. Au quotidien, les problèmes du logement et de l'enseignement deviennent chaque jour plus critiques, amenant leur lot de tensions entre Français et étrangers. Les municipalités communistes, à forte concentration immigrée, sont les premières concernées. Entre le respect des grands principes, les préoccupations électorales et le refus d'admettre l'installation durable des étrangers, le PCF est désormais sommé de trouver un équilibre, ou de choisir. Le 2 décembre 1980, au Congrès des maires de France, les élus communistes déclarent, d'abord, vouloir une répartition "équitable" entre les différentes localités. Le 24 décembre, le parti opte finalement pour la manière forte. Ce jour-là, le maire de Vitry-sur-Seine fait raser par des bulldozers un foyer où viennent d'emménager 300 travailleurs ma-liens. Émoi dans la communauté étrangère, tollé dans la presse et les milieux associatifs, mais le PCF n'en a cure. A ceux qui l'accusent de céder à la xénophobie, de refuser la réalité de l'intégration en marche, de transférer les problèmes au lieu de les affronter, le PCF répond qu'il ne peut admettre les ghettos qui génèrent le racisme, nuisent à la qualité de l'enseignement et entretiennent une crise du logement dont souffrent les familles ouvrières françaises. Un pas supplémentaire est franchi quelques semaines plus tard. A Montigny, dans le Val-d'Oise, une famille marocaine est accusée de trafic de drogue. Le maire communiste s'en mêle ; les instances nationales prennent le relais et dénoncent "ceux qui pourrissent" la jeunesse. Que l'on y ajoute la thématique "Fabriquons Français" qui sert alors d'unique réflexion économique, et les immigrés se retrouvent *de facto* en position d'accusés, responsables de la dégradation des conditions de vie ouvrière et inutiles, voire dangereux, dans une stratégie de dévelop-pement économique centrée sur l'Hexagone.

Comme dans les années trente, les communistes auront donc fini par céder à la pression de leur base. Mais c'est sacrifier en vain les principes et la solidarité ouvrière : dans le registre populiste et xénophobe, le PCF ne peut rivaliser avec le Front national. Petit à petit, l'extrême droite capte les suffrages de la désespérance, pendant que l'audience du parti communiste se réduit, élection après élection. Alors, au XXVe Congrès, pour préparer la reconquête, les communistes changent de stratégie, de génération et de mot d'ordre : "Les enfants des travailleurs immigrés forment la classe ouvrière de demain". Le tournant est pris, inévitable. Car l'immigration a changé. L'intégration, quels que soient les obstacles rencontrés, est désormais en marche. Les enfants sont souvent Français et le Parti ne peut ignorer ces futurs électeurs. Ses ambitions, de toute façon, ne sont plus les mêmes. Face à un Parti socialiste qui doit désormais composer avec la raison d'État, le PCF peut adopter des positions maximalistes, afin de regagner du terrain à gauche, au lieu de chercher en vain à le conserver à droite. Car son électorat, enfin, a changé. Les plus désespérés, les plus xénophobes ont fini par rejoindre le Front national : les bulldozers de Vichy n'auront pas suffi. Ceux qui restent sont plus solidement attachés aux valeurs de gauche et de l'internationalisme. Témoin de cette évolution : en 1972, le droit de vote pour les étrangers ne figurait pas dans le Programme commun de la gauche, car les communistes n'en voulaient pas ; aujourd'hui, ils réclament pour les immigrés non seulement le droit de vote, mais celui d'être élu.

Générosité des discours ; les actes suivent mal. Depuis le XXVe Congrès, l'intérêt électoral à court terme, les calculs politiques, les inclinaisons xénophobes de tel élu auront fait plus d'un accroc dans les grands principes affichés de solidarité. Mais le véritable échec du PCF, en matière d'immigration est consommé depuis longtemps, de toute façon. Pendant des décennies, en effet, par le réseau serré de leurs associations et le travail militant, les communistes ont fourni aux vagues successives de l'immigration un modèle et des structures d'intégration. La crise économique, leurs propres renoncements et aveuglements ont ensuite sapé les bases de cette culture ouvrière, avant de la détruire. Dans cet espace abandonné, le Front national s'est alors engouffré. Quartier par quartier, il y a imposé une autre culture, fondée sur l'exclusion et la négation des idéaux dont se réclame encore le communisme.

Polonais

Ils sont d'abord venus chercher la liberté. Dès la fin du XVIIIe siècle, la France révolutionnaire accueille les exilés polonais qui fuient leur patrie écartelée entre la Russie, la Prusse et l'Autriche. Le traité de Lunéville, signé par Napoléon et qui consacre la partition du pays, ne change rien. Au XIXe siècle, en 1831, 1848 et 1863, après chaque soulèvement, après chaque espérance déçue, c'est en France que viennent les Polonais. Émigration politique, qui rêve de retour après la liberté, elle reste numériquement peu importante et ne cherche pas à s'installer. La Belle Époque est un tournant : chassés de Pologne et de Russie par la misère et les pogroms, les travailleurs juifs viennent à la fois pour le pain et la liberté. Une immigration ouvrière, plus nombreuse que la précédente et pour qui la France, c'est d'abord un peu l'Amérique. Contrairement aux premiers Polonais, tous n'ont pas choisi de venir ici. Certains s'arrêtent, en effet, faute d'argent, de témérité ou de visas pour traverser l'Atlantique. Mais la richesse, même relative, n'est pas leur seule motivation. Derrière le serment des ghettos – "Heureux comme Dieu en France" – il reste encore cette espérance de liberté et de tolérance qui animait les premiers venus.

Avec la guerre de 1914-18, la structure et la nature de l'émigration polonaise va se trouver entièrement bouleversée. Premier changement : il est désormais possible de la chiffrer avec précision, puisque la Pologne est indépendante. Auparavant, les statistiques suivaient les passeports et recensaient les Polonais avec les Russes ou avec les Allemands. En 1921, ils sont 46 000, soit 3 % de la population étrangère vivant en France ; cinq ans plus tard, la communauté atteint

309 000 membres (12,8 %) et, en 1931, ils sont 501 000 : le "grand afflux" des années vingt fut d'abord polonais. Pour faire face à la pénurie de main-d'œuvre, la France s'est, en effet, tournée vers la Pologne dès 1919. Il existe entre les deux pays des liens d'amitié traditionnels. L'indépendance du pays rend plus difficile l'émigration de proximité en particulier vers l'Allemagne. Les Polonais, encore peu représentés en France, ne devraient pas susciter de rejet dans la population. Ils ont, enfin, la qualification requise pour les travaux de reconstruction : mines et agriculture. Dès le 3 septembre 1919, une convention d'émigration est donc signée. Le gouvernement polonais s'engage à aider à l'organisation du recrutement ; la France promet, en échange, la protection des travailleurs polonais et l'égalité de traitement avec les ouvriers français. La convention propose, par ailleurs, un contrat-type qui devra être respecté par les futurs employeurs.

En 1920, une mission des Houillères se rend en Pologne puis, devant les besoins croissants de l'économie française, la filière s'organise sous l'égide de la Société générale d'immigration. Deux centres de recrutement sont ouverts à Myslowice et Wejherowo, qui organisent les examens médicaux et professionnels exigés par les pouvoirs publics. Les travailleurs, souvent accompagnés de leur famille, sont ensuite acheminés vers Toul, par le train, ou vers Le Havre, en bateau. Une fois arrivés, ils attendent, dans ces dépôts leur affectation. Certains contrôles sont effectués sur place, dans des conditions d'hygiène parfois douteuses, comme en témoigne l'épidémie de variole qui touche le centre de Toul. Théoriquement, la SGI répartit les travailleurs entre entreprises et secteurs de production sans négliger les équilibres généraux et l'intérêt national. Mais la plupart des patrons obtiennent des passe-droit et viennent directement recruter la main-d'œuvre sur place, dans un singulier "marché" qui n'ose dire son nom.

Au départ comme à l'arrivée, deux qualifications professionnelles dominent parmi les travailleurs polonais : les mines et l'agriculture. Ceux qui sont directement recrutés en Pologne par la SGI sont en majorité des paysans, incapables de survivre sur les petites exploitations familiales. Mais, à leur arrivée, beaucoup sont finalement affectés dans les mines, car les besoins sont plus pressants, les Houillères mieux organisées et eux-mêmes préfèrent l'industrie où ils bénéficient d'avantages sociaux plus importants. Ceux que l'on appelle les "Westphaliens" échappent à ce double déracinement social et géographique. Originaires de Pologne prussienne, ils avaient émigré vers la Ruhr au début du siècle mais, après l'indépendance de leur pays, ils refusent de rester Allemands. Comme la Pologne est trop pauvre pour les accueillir, ils viendront en France. A la différence de leurs compatriotes, ils sont déjà familiers de l'industrie, de l'organisation syndicale, de la vie urbaine, et ce sont eux qui structureront la communauté, concurrençant de fait l'Église catholique. Westphaliens ou paysans, tous occupent, à la veille de la crise des années trente, une place essentielle dans l'économie française : 48 % des étrangers employés dans les industries extractives en 1931 sont Polonais, 13 % dans l'agriculture, mais 5 % seulement dans le commerce et 8 % dans les industries de transformation. Bons ouvriers, l'opinion française salue en général leurs qualités de courage, de discipline et de robustesse. Mais on les dit peu intelligents, manquant d'initiative ce qui les conduit à accepter n'importe quelles conditions de travail. De ce fait, ils font à la main-d'œuvre française une concurrence déloyale, et finissent par devenir instables, car ils ne savent que fuir, quand le travail est trop dur ou les brimades trop nombreuses. Dans les mines, la convention franco-polonaise leur évite ces abus, mais l'égalité de traitement est souvent tournée : payés au rendement, ils sont affectés aux veines les plus pauvres ce qui les empêche d'obtenir les mêmes résultats que leurs camarades français.

Ces réserves d'ordre professionnel pèsent peu cependant face à l'accusation de particularisme. On reproche aux Polonais de cultiver un nationalisme outrancier, culturel et religieux, de refuser de s'intégrer, en un mot de ne pas succomber à l'évidente supériorité de la civilisation française. Mal vus par la droite qui y lit un désaveu de son propre nationalisme et dénonce les dangers d'un État dans l'État, ils ne sont pas plus aimés à gauche, trop catholiques, trop peu politisés à l'exception d'une minorité communiste, pour se faire pardonner leur isolement. L'accusation n'est pas sans fondements. La convention additionnelle d'octobre 1920 ayant légalisé les organisations d'immigrés polonais, le mouvement associatif va très vite en profiter et se développer en tous domaines. Groupes de théâtre, de musique, activités sportives parfois interdites aux Français : dans certaines villes du Nord, il n'est pas rare de voir coexister deux clubs de football, le français et le polonais. La presse est également vivante, grâce au travail des "Westphaliens". Ce sont eux qui ont fait transférer à Lens le *Wiaruo Polski* et *Narodowiec,* les deux quotidiens en langue polonaise, qu'ils avaient fondés dans la Ruhr. Les enfants s'en servent pour apprendre la langue de leurs parents, on y trouve des informations sur le pays natal mais ils sont aussi un guide pratique pour aider les immigrés dans le dédale administratif français. L'école est un autre moyen de préserver leur identité, contre les tendances assimilatrices de la société française. Le gouvernement polonais, qui agit ouvertement en groupe de pression sous la bannière d'Opieka Polska, obtient que des cours de langue, d'histoire et de littérature polonaises soient dispensés aux enfants, ainsi que la présence de moniteurs polonais si le nombre d'élèves le justifie. Privilège énorme dans une France fidèle à l'esprit de Jules Ferry, mais qui sera accordé moyennant seulement quelques restrictions : à l'école publique, les cours spéciaux se déroulent en dehors des horaires normaux ; dans les écoles privées, ils ne peuvent excéder la moitié des enseignements dispensés. Cela ne suffit pas à entamer les certitudes d'une communauté repliée sur ses traditions qui sont, pour elle, depuis des siècles, une forme de patrie et la seule résistance possible face à l'exil et à la domination étrangère. Vingt mille enfants fréquentent, en 1929, 584 écoles privées qui leur enseignent le nationalisme et les mettent en garde contre l'influence pernicieuse de la culture française. A la maison, les parents leur imposent souvent de parler polonais ; à l'Église, enfin, tout les ramène vers la terre de leurs ancêtres.

Au départ, l'administration diocésaine des étrangers a pourtant essayé de former des prêtres français qui seraient des intermédiaires entre la société d'accueil et la communauté polonaise. Mais les volontaires sont rares, les allogènes résistent et, finalement, l'Église de France se résigne à faire appel à des prêtres polonais. Ici comme ailleurs, la France renonce de mauvaise grâce, le diocèse impose sa tutelle, mais sans empêcher le particularisme. L'intégration en panne, il y aura donc peu de mariages mixtes et peu de naturalisations au sein de la communauté polonaise, qui vit en France sans vouloir devenir française. Quand vient la crise des années trente, elle paiera cher ce repli. Les Polonais, plus que les autres étrangers, deviennent le bouc émissaire des difficultés économiques. Ils sont nombreux (la deuxième communauté parmi les étrangers), employés dans l'industrie plus durement touchée, récemment arrivés et surtout, leur nationalisme les désigne comme premières victimes. Moins politisés, par ailleurs, que les Italiens accusés des mêmes péchés, ils se défendent mal et feront les frais de la politique de retours massifs. En 1936, la communauté polonaise ne compte plus que 423 000 membres : les autres sont partis (20 731 départs officiels en 1935) de gré ou de force et quelques-uns ont fini par demander leur naturalisation, moins par volonté d'intégration que par souci d'éviter les refoulements. Devant le spectacle de familles entières qui partent comme elles sont venues, laissant derrière elles la plupart de leurs biens, le début d'une autre vie, l'opinion française ne s'émeut guère. Certains se précipitent même pour racheter mobiliers et terrains ; les autres se taisent car ils ne voient là aucune injustice. Appelés au temps de l'expansion, les Polonais doivent repartir quand vient la crise, puisqu'ils n'ont pas voulu être français.

La guerre, en 1939, n'apaise guère les tensions. Dantzig est en Pologne : faut-il mourir pour ce corridor ? Mais la défaite commune, l'Occupation détournent le ressentiment. La Pologne martyrisée impose le respect et, lors de la grande grève des mineurs de 1941, ouvriers français et polonais effacent le souvenir des années trente. La Résistance scelle un peu plus la réconciliation, mais elle annonce aussi les déchirements de l'après-guerre. La communauté polonaise est divisée entre les FTP communistes et la POWN, organisation polonaise de lutte pour l'indépendance ralliée au gouvernement de Londres, et composée en partie des soldats polonais qui ont rejoints la France après leur défaite de 1939. Au lendemain de la victoire, avec la création du régime de démocratie populaire, il faut choisir : 80 à 100 000 Polonais repartent, mais ceux qui restent savent, cette fois, que le retour est impossible. Puisqu'ils ont choisi la France, l'assimilation n'est plus une trahison. La deuxième génération, de toute façon, arrive à l'âge adulte, accélérant une évolution amorcée par le politique. Mais jamais ils ne renonceront à se sentir Polonais de France, ou Français d'origine polonaise. La première génération demeure hostile aux naturalisations, les francisations de noms sont assez rares, la presse et la culture demeurent vivantes. Que surgisse l'étincelle, l'élection du pape Jean-Paul II, *Solidarnosc,* et la Pologne revit, traversant toutes les générations de l'immigration.

Portugais

Pur produit des années de croissance, la communauté portugaise a longtemps partagé le sort de l'immigration maghrébine. Leurs ressortissants sont venus ensemble, ils ont travaillé ensemble et vécu dans les mêmes bidonvilles. Mais aujourd'hui, ces premiers temps sont oubliés. L'appartenance géographique et culturelle l'a emporté sur les solidarités historiques. La communauté portugaise se rapproche désormais des autres migrations européennes, installées en France dès l'entre-deux-guerres.

A cette époque, les ressortissants portugais se tiennent à l'écart du "grand afflux" migratoire, même si la courbe des arrivées reproduit assez fidèlement l'évolution générale de l'immigration. Ils sont 11 000 en 1921, puis vient la poussée des années vingt : 49 000 ressortissants en 1931, mais 28 000 seulement en 1936, contrecoup de la crise. Les effectifs stagnent après 1945, plus longtemps que les besoins économiques puisqu'ils sont, en 1962, au niveau des années trente. Et puis, brusquement, le flux migratoire va gonfler et s'emballer, pour finalement installer la communauté portugaise au premier rang de toutes les communautés étrangères vivant en France, avec 760 000 ressortissants recensés en 1975. Le phénomène est exceptionnel. Aucune autre communauté ne s'est, dans l'histoire, formée aussi rapidement, à l'exception peut-être des Polonais. Les causes de l'émigration ne datent pas de 1962 : ce qui est nouveau, c'est le choix de la France. Pendant les années cinquante, les difficultés économiques, l'exode rural poussent déjà de nombreux Portugais à l'exil. Mais ils préfèrent le Brésil, pour d'évidentes raisons culturelles et un potentiel économique plus attractif. Tout change quand le Portugal de Salazar s'engage, en 1963, dans une interminable guerre coloniale contre les mouvements de libération de ses possessions africaines. Les jeunes soldats doivent rester trois ou quatre ans sous les drapeaux, et faire la guerre. Alors, très vite, les déserteurs vont rejoindre dans l'exil ceux qui partent pour une vie meilleure. Au Brésil, ils préfèrent la France, plus proche, plus facile d'accès pour les clandestins, grâce au réseau de passeurs espagnols et portugais. La France est, de toute façon, plus accueillante. La croissance garantit l'emploi, les pouvoirs publics font montre d'indulgence pour les clandestins, les régularisations ont, de fait, remplacé la longue procédure exigée par l'Office national de l'immigration.

Dès 1968, 297 000 Portugais sont installés en France et plus de cent mille ont fait régulariser leur situation après une arrivée clandestine. Au tournant des années soixante-dix, ils arrivent au rythme de 150 000 par an, dont la moitié de clandestins, avant l'inévitable reflux.

Mais l'immigration familiale prend alors le relais : 29 000 entrées au titre des regroupements familiaux en 1969, 47 000 en 1970, autant l'année suivante ; derrière l'anonymat des statistiques, cela représente, le départ, chaque jour, de 90 familles vers le France. Dans ces conditions, l'accord tacite de régularisation ne suffit pas. En 1970, le gouvernement portugais accepte finalement de normaliser la situation des déserteurs pour que leurs familles puissent venir dans des conditions régulières. Le 29 juillet 1971, un protocole d'immigration est signé entre les deux gouvernements pour essayer de contrôler les départs et la sélection des travailleurs. Mesures rapidement suivies d'effet : l'immigration se tarit, les ressortissants portugais sont 767 000 en 1982, 7 000 de plus seulement qu'en 1975. Il est vrai que l'essentiel était acquis. Les regroupements familiaux sont achevés, les réserves de main-d'œuvre largement épuisées. La "révolution des œillets" de 1974, le désengagement africain et, en France, la crise économique feront le reste. S'ouvre alors une période d'installation, qui va pratiquement se confondre avec les années d'intégration.

Le sort des premiers n'a guère été enviable. Ils partagent avec les migrants du Maghreb les emplois les plus durs, en bas de l'échelle sociale, souvent au prix d'une déqualification professionnelle. Ceux qui arrivent sont des ruraux et des clandestins, autant de facteurs qui découragent la contestation. Le régime de Salazar qui se méfie des idées subversives, des syndicats français, et du contact avec la modernité, envoie de plus des prêtres pour les encadrer et, si nécessaire, la police politique vient convaincre les récalcitrants. Cette vigilance paraît, en fait, bien excessive. Les immigrés ne sont guère portés vers l'action politique. Ils sont venus pour gagner de l'argent en un minimum de temps, et entendent profiter de la moindre occasion offerte. Compte tenu de leurs origines rurales, du faible niveau d'instruction, ils préfèrent les réseaux familiaux ou villageois, aux organisations politiques ou syndicales.

La "révolution des œillets" les réjouit bien sûr, mais nulle lame de fond ne vient bouleverser la communauté et les retours sont rares. A vrai dire, il est déjà trop tard. En quelques années, les Portugais de France ont quitté les bidonvilles, installé leurs familles, scolarisé leurs enfants. Ils sont en France, même si le rêve du retour demeure, même si leurs envois massifs de devises (près de 10 % du revenu national) leur confèrent un rôle prépondérant dans la vie de leur pays d'origine.

Les femmes ont eu ici une influence déterminante. Certaines sont venues travailler seules. Celles qui sont arrivées dans le cadre du regroupement familial ont eu, par accord spécial, accès au marché de l'emploi. Toutes se sont donc rapidement introduites dans la société française, accélérant ainsi le processus d'intégration. Mais rien ne se serait fait sans le soutien d'un réseau associatif unique par la rapidité de son développement et sa densité. En 1971, il n'y a que 23 associations ; en 1982, on en comptait 769, nées des réseaux formés pour aider l'immigration clandestine. La chute du régime de Salazar, puis la nouvelle loi française sur les associations en 1981 les ont libérées d'une semi-clandestinité, permis leur croissance, puis un enracinement durable. Le mouvement associatif portugais a une double fonction. Il assure le maintien de l'identité nationale, en organisant un enseignement linguistique et des activités folkloriques ou religieuses. A cet égard, il sert de relais à la scolarisation des enfants de la seconde génération, puisque le gouvernement portugais rémunère 377 instituteurs qui assurent l'enseignement de la langue d'origine.

Mais le mouvement associatif est également un creuset, la première étape d'une future intégration. Il permet "d'apprendre la France". Ses activités culturelles et sportives imitent en partie celles des associations françaises et offrent ainsi aux Portugais l'occasion de s'initier en douceur au pays d'accueil. Presque toutes les associations ont, par ailleurs, un local où l'on peut boire, manger, organiser des fêtes. Autant d'activités qui sont soustraites à la rue, aux regards des Français. Les Portugais sont donc moins "visibles" que les Maghrébins, ce qui peut expliquer leur excellente image dans l'opinion. Ils sont, en effet, après les Italiens et les Espagnols, jugés les plus aptes à s'intégrer et, inversement, 4 % des Français seulement les citent quand ils désignent les nationalités "qui peuvent le plus difficilement s'intégrer à la société française".

Or, les Portugais cumulent tous les "handicaps" qui condamnent l'étranger aux yeux de l'opinion. Ils sont nombreux : 767 304 ressortissants au recensement de 1982, presque autant que les Algériens. Ils sont parmi les plus récemment arrivés. Ils ont revendiqué et obtenu pour leurs enfants la double nationalité, afin de ne pas complètement rompre les ponts avec le pays d'origine, ce qui témoigne *a contrario* d'une certaine méfiance à l'égard du pays d'accueil. Ils envoient toujours de l'argent au pays, même si les sommes diminuent au fur et à mesure de leur intégration : 9,4 milliards de francs en 1980, 6,4 milliards en 1986. Ils continuent, enfin, d'accueillir des clandestins.

La reprise économique ici, la crise persistante là-bas ont en effet brusquement gonflé l'offre et la demande à chaque extrémité du parcours migratoire à la fin des années quatre-vingt. Or, avec l'entrée du Portugal dans le Marché commun, les candidats à l'émigration ont la certitude d'être régularisés : la libre circulation est acquise pour 1993. Certains ont donc décidé de ne pas attendre et ils ont remonté les filières clandestines des années soixante. Mais l'histoire ne se répète pas. Les nouveaux venus bénéficient d'un réseau associatif solide et d'une vaste communauté d'accueil. Les épreuves d'hier leur seront donc largement épargnées. Quant aux anciens, ils aspirent désormais à une intégration sans bruit, ni arrière-pensée. Ils sont en France, certains Français, les autres ressortissants communautaires, donc privilégiés. Leurs enfants votent, et sont parfois élus. En moins de trente ans, dans une prodigieuse accélération, un cycle complet s'est donc achevé, de l'émigration à l'intégration, sans trop d'encombres. A défaut d'offrir un modèle, il peut servir de référence.

Recensements

Le nombre d'étrangers vivant en France nourrit depuis plus d'un siècle polémiques et fantasmes autour de "l'invasion" et conduit très souvent à la plus grande confusion statistique. Par ignorance ou malveillance, certains mélangent sans sourciller le nombre d'entrées, le solde migratoire, travailleurs et résidents pour donner une image erronée du poids de l'immigration.

Aucune méthode statistique n'est entièrement fiable, puisque les clandestins, par définition lui échappent. Pour cerner au plus près la vérité des chiffres, il reste néanmoins deux sources : le recensement général de la population et le dénombrement annuel effectué par le ministère de l'Intérieur.

Le ministère de l'Intérieur travaille à partir des cartes de séjour en cours de validité, détenues dans les fichiers des préfectures. Ceux qui ne sont pas obligés de détenir un tel titre – les mineurs de moins de seize ans par exemple – sont comptabilisés par simple estimation, ce qui conduit à une première source d'erreur. La plupart des étrangers qui quittent le territoire avant l'expiration de leur carte de séjour omettent par ailleurs souvent de la restituer – seconde source d'erreur qui conduit à surestimer le nombre total des étrangers vivant en France.

Le recensement de la population présente des inconvénients inverses. Il s'agit d'une enquête par questionnaires, fondée sur une déclaration en principe obligatoire. Mais le taux d'analphabétisme demeure important dans la communauté étrangère, certains logements, certains quartiers sont difficiles d'accès, la population est mobile : autant de facteurs qui conduisent à de nombreuses omissions et donc à la sous-estimation du nombre d'étrangers. C'est néanmoins cette source que l'on retiendra : elle seule permet d'obtenir un corpus homogène sur un siècle et elle présente l'avantage de ne jamais substituer une estimation, par définition aléatoire, aux données brutes, même imparfaites.

Nationalité	1851 (a) Nombre (en milliers)	1851 (a) (%)	1861 Nombre (en milliers)	1861 (%)	1866 Nombre (en milliers)	1866 (%)	1872 Nombre (en milliers)	1872 (%)
ALLEMANDS (b)							39	5,80
BELGES	128	33,60	205	40,60	276	42,10	348	51,50
ESPAGNOLS	30	7,90	35	6,90	33	5,00	53	7,80
ITALIENS	63	16,50	77	15,20	100	15,30	113	16,70
POLONAIS (c)								
PORTUGAIS (c)								
SUISSES	25	6,60	35	6,90	42	6,40	43	6,40
NATIONALITÉ D'AFRIQUE (c)								
AUTRES NATIONALITÉS (b,c)	135	35,40	154	30,40	204	31,20	80	11,80
Total étrangers	381		506		655		676	
% de la population totale	1,06		1,35		1,72		1,87	

(a) De 1851 à 1876, on recense la population résidant en France au moment du recensement ; de 1881 à 1946, celle qui est présente en France au moment du recensement ; depuis 1954 à nouveau, la population résidant en France.
(b) Avant 1872, les Allemands étant classés avec les Autrichiens et les Hongrois, ils ont été inclus dans la rubrique "autres nationalités".
(c) Leur nombre étant négligeable avant 1921, ils ont été inclus dans la rubrique "autres nationalités".

Nationalités	1876		1881		1866		1891	
	Nombre (en milliers)	(%)	Nombre (en milliers)	(%)	Nombre (en milliers)	(%)	Nombre (en milliers)	(%)
ALLEMANDS	59	7,40	82	8,20	100	8,90	83	7,30
BELGES	374	46,60	432	43,10	482	42,80	466	41,30
ESPAGNOLS	62	7,70	74	7,40	80	7,10	78	6,90
ITALIENS	165	20,60	241	24,10	265	23,50	286	25,30
POLONAIS (c)								
PORTUGAIS (c)								
SUISSES	50	6,20	66	6,60	79	7,00	83	7,30
NATIONATILÉS D'AFRIQUE (c)								
AUTRES NATIONALITÉS (c)	92	11,50	106	10,60	121	10,70	134	11,90
Total étrangers	802		1 001		1 127		1 130	
% de la population totale	2,17		2,68		2,97		2,96	

Voir (c) p. 268.

Nationalités	1896		1901		1906		1911	
	Nombre (en milliers)	(%)	Nombre (en milliers)	(%)	Nombre (en milliers)	(%)	Nombre (en milliers)	(%)
ALLEMANDS	91	8,70	90	8,70	88	8,40	102	8,80
BELGES	395	37,50	323	31,20	310 (e)	29,60	287	24,70
ESPAGNOLS	77	7,30	80	7,70	81	7,70	106	9,20
ITALIENS	292	27,60	330	31,90	378	36,10	419	36,10
POLONAIS (c)								
PORTUGAIS (c)								
SUISSES	75	7,10	72	7,00	69	6,60	73	6,30
NATIONALITÉS D'AFRIQUE (c)								
AUTRES NATIONALITÉS (c)	122	11,60	139	13,50	121	11,60	173	14,90
Total étrangers	1 052		1 034		1 047		1 160	
% de la population totale		2,75		2,69		2,70		2,96

Voir (c) p. 268.
(e) Dont 20 000 Luxembourgeois environ qui n'ont pas été décomptés séparément.

Nationalités	1921		1926		1931		1936	
	Nombre (en milliers)	(%)	Nombre (en milliers)	(%)	Nombre (en milliers)	(%)	Nombre (en milliers)	(%)
ALLEMANDS	76	5,00	69	2,90	72	2,60	58	2,60
BELGES	349	22,80	327	13,60	254	9,40	195	8,90
ESPAGNOLS	255	16,60	323	13,40	352	13,00	254	11,60
ITALIENS	451	29,40	760	31,50	808	29,70	721	32,80
POLONAIS	46	3,00	309	12,80	508	18,70	423	19,20
PORTUGAIS	11	0,70	29	1,20	49	1,80	28	1,30
SUISSES	90	5,90	123	5,10	98	3,60	79	3,60
NATIONALITÉS D'AFRIQUE	38	2,50	72	3,00	105	3,90	87	3,90
AUTRES NATIONALITÉS	216	14,10	397	16,50	469	17,30	352	16,10
Total étrangers	1 532		2 409		2 715		2 198	
% de la population totale		3,95		5,99		6,58		5,34

Nationalités	1946 (a) Nombre	1946 (a) (%)	1954 (a) Nombre	1954 (a) (%)	1962 (a) Nombre	1962 (a) (%)	1968 Nombre	1968 (%)
Total étrangers	1 743 619		1 765 298		2 169 665		2 621 088	
% de la population totale		4,38		4,12		4,67		5,28
Total nationalités d'Europe (sauf URSS)	1 547 286	88,7	1 396 718	79,1	1 566 205	72,2	1 875 648	71,6
ALLEMANDS	24 947	1,4	52 760	3,0	46 606	2,1	43 724	1,7
BELGES	153 299	8,8	106 828	6,1	79 069	3,6	65 224	2,5
ESPAGNOLS	302 201	17,3	288 923	16,4	441 658	20,4	607 184	23,2
ITALIENS	450 764	25,9	507 602	28,7	628 956	29,0	571 684	21,8
POLONAIS	423 470	24,3	269 269	15,2	177 181	8,2	131 668	5,0
PORTUGAIS	22 261	1,3	20 085	1,1	50 010	2,3	296 448	11,3
YOUGOSLAVES	20 858	1,2	17 159	1,0	21 314	1,0	47 544	1,8
Autres nationalités d'Europe	149 486	8,5	133 092	7,6	121 411	5,6	112 172	4,3
Total Afrique	54 005	3,1	229 505	13,0	428 160	19,7	652 096	24,8
ALGÉRIENS	22 114	1,3	211 675	12,0	350 484	16,2	473 812	18,1
MAROCAINS	16 458	0,9	10 734	0,6	33 320	1,5	84 236	3,2
TUNISIENS	1 916	0,1	4 800	0,3	26 569	1,2	61 028	2,3
Autres nationalités d'Afrique	13 517	0,8	2 296	0,1	17 787	0,8	33 020	1,2
Total nationalités d'Amérique	8 267	0,5	49 129	2,8	88 377	4,1	28 436	1,1
Total nationalités d'Asie	69 741	4,0	40 687	2,3	36 921	1,7	44 708	1,7
TURCS	7 770	0,4	5 273	0,3		(c)	7 628	0,3
Autres nationalités d'Asie	61 971	3,6	35 414	2,0	36 921	1,7	37 080	1,4
SOVIÉTIQUES, RUSSES	50 934	2,9	34 501	2,0	26 429	1,2	19 188	0,7
Nationalités d'Océanie, apatrides, et nationalités non précisées	13 386	0,8	14 758	0,8	23 573	1,1	1 012	0,1

Voir (a) et (c) page 268.

Nationalités	1975		1982	
	Nombre	(%)	Nombre	(%)
Total étrangers	3 442 415		3 714 200	
% de la population totale		6,54		6,84
ALLEMANDS	42 955	1,3	43 840 *	1,2
BELGES	55 945	1,6	50 200 *	1,4
ESPAGNOLS	497 480	14,5	327 156	8,8
ITALIENS	462 940	13,4	340 308	9,1
POLONAIS	93 655	2,7	64 820 *	1,7
PORTUGAIS	758 925	22,0	767 304	20,6
YOUGOSLAVES	70 280	2,1	64 420 *	1,7
Autres Nationalités d'Europe	108 055	3,1	109 840 *	2,9
TOTAL EUROPE	2 090 235	60,7	1 767 888 *	47,6
ALGÉRIENS	710 690	20,6	805 116	21,7
MAROCAINS	260 025	7,6	441 308	11,9
TUNISIENS	139 735	4,1	190 800	5,1
Autres Nationalités d'Afrique	81 850	2,3	157 380 *	4,2
TOTAL AFRIQUE	1 192 300	34,6	1 594 604 *	42,9
TOTAL NATIONALITÉS D'AMÉRIQUE	41 560	1,2	50 900 *	1,4
TURCS	50 860	1,5	123 540 *	3,3
Autres Nationalités d'Asie	53 605	1,5	170 240 *	4,6
SOVIÉTIQUES, RUSSES	12 450	0,4	6 840 *	0,2
Nationalités d'Océanie, apatrides et nationalités non précisées	1 405	0,1	1 600 *	–

Légende du tableau p. 272 et ci-dessus.

1946, 1954, 1962 : résultats du dépouillement exhaustif.
1968, 1975, 1982 : résultats du sondage au 1/4 sauf (*) au 1/20ᵉ.

Russes

La première immigration russe, à la fin du XIXᵉ siècle, fut surtout une immigration juive. Après l'assassinat du tsar Alexandre II, en 1881, des pogroms éclatent en Ukraine et en Pologne ; les juifs sont pourchassés et massacrés dans plus de cent cinquante villes et villages. Le pouvoir tsariste couvre le crime, avant de prendre, deux ans plus tard, une série de mesures ouvertement antisémites. Désormais, il est interdit aux juifs de s'établir, d'acheter ou de louer des immeubles en dehors des villes et des bourgs. Ils ne peuvent plus faire de commerce le dimanche et les jours de fêtes chrétiennes. A partir de 1887, enfin, un *numerus clausus* est imposé à l'Université. La vie devient alors impossible et les juifs russes décident de partir en Autriche-Hongrie, aux États-Unis, ou en France, pays pionnier de l'émancipation. Au tournant du siècle, chaque semaine, des dizaines de familles débarquent, gare de l'Est, chassées de Russie par les pogroms, qui reprennent en 1903, après l'échec de la révolution de 1905, et par la répression politique. Leur misère n'émeut guère. En pleine agitation nationaliste, dans la tourmente de l'affaire Dreyfus, ils sont au contraire les cibles désignées d'un antisémitisme en plein renouveau. On les accuse de voler le travail des Français, de distiller le poison de la révolution, en un mot de corrompre l'âme du pays. Le procès est infâme : ceux qui viennent, vivent en fait misérables dans le quartier du Marais, autour de la place Saint-Paul, casquettiers ou tailleurs travaillant à la pièce, seize heures par jour pour un salaire de misère. Pendant "la bonne saison", ils gagnent 8 F par jour et se nourrissent d'une soupe, de thé avec parfois, un poisson. Leur seul secours vient du Bureau de Bienfaisance israélite, mais il s'agit uniquement d'une aide matérielle.

Les rapports entre juifs français et russes dépassent en effet rarement les relations d'assistance ; les différences sont trop grandes. Les Français sont intégrés, dominés par une bourgeoisie juive qui ne cherche nullement à contester l'ordre social : elle en fait partie. Les étrangers, en revanche, ont toujours vécu dans un système de ghetto, révoltés contre leur condition, sympathisants avec le socialisme ou le sionisme. Ils ont néanmoins trop souffert de l'exclusion pour ne pas saisir les possibilités d'insertion. Tous veulent donc profiter des chances de promotion que leur offre la République et surtout son école. Ils ont, dans l'instruction, une foi énorme et même les plus démunis sacrifient l'essentiel, pourvu que leurs enfants puissent faire des études. A la veille de la Première Guerre mondiale, leur obstination, leur acharnement au travail commencent à être récompensés. L'immigration venue des ghettos de Russie est sortie de la misère absolue, accédant à une certaine aisance. Le nombre élevé des engagements dans l'armée française témoignera d'ailleurs de leur reconnaissance, mais ils n'ont pas renié leurs idéaux politiques.

Or voilà que la guerre précipite vers la France d'anciens compatriotes, cohorte disparate des soldats venus, en 1916, épauler les Français sur le front de l'Ouest et retenus ici après la révolution d'Octobre, plus tard des rescapés des armées contre-révolutionnaires, et enfin des réfugiés civils, ces "Russes blancs" qui feront les beaux jours du Paris des années folles. Dans l'immédiat après-guerre, les uns et les autres sont bien mal reçus. Car ils sont Russes, et donc traîtres, ou lâches, pour avoir déserté en 1918, et conclu une paix séparée. On pardonne certes aux "blancs", mais les anciens soldats sont, eux, accusés des pires maux : déprédations, trouble de l'ordre public, violences. Ils vivent alors enfermés dans des camps aux conditions déplorables. Certains affirment que leurs gardiens leur infligent de véritables sévices, mais l'opinion ne s'en soucie guère, à l'exception d'une poignée de militants de gauche. Ils sont de toute façon une parenthèse dans l'immigration russe. Après les juifs fuyant les pogroms, la seconde vague migratoire d'importance est celle des Russes blancs, qui choisissent Paris en souvenir des anciennes alliances et de certains liens culturels. Au total, 100 000 réfugiés – la SDN en comptera jusqu'à 400 000 – s'installent en France, surtout dans la capitale. L'opinion les croit beaucoup plus nombreux, car ils occupent avec éclat le devant de la scène parisienne. Petit à petit, le ressentiment de l'immédiat après-guerre recule. Désormais, on se souvient plutôt des beaux jours de l'alliance franco-russe, le charme slave opère, les stéréotypes s'installent. Dans les pièces, les romans à succès, il est toujours un Russe, aristocrate déchu, qui vit dans la misère, "chauffeur de taxi", qui n'a rien perdu de sa superbe. Paris s'enflamme pour leur culture, surtout dans le monde du spectacle où la langue n'est pas une barrière infranchissable. Il y a la mode, les cabarets russes. C'est aussi l'occasion unique de découvrir des artistes, des auteurs encore peu connus du grand public. Au théâtre, les Pitoëff popularisent Gorki et Tolstoï, les ballets de Diaghilev triomphent. Mais tout cela reste superficiel. A chaque convulsion, qui mène par étapes l'URSS au stalinisme, d'autres réfugiés arrivent, anarchistes, socialistes, militants juifs du Bund : trop tard, le Russe n'intéresse plus. De toute façon, une fois célébrée l'âme slave et ses mystères, les Français se gardent bien de venir en aide à une communauté dont la détresse demeure, en dépit de ses masques flamboyants.

Les Russes, de leur côté, vivent dans la nostalgie de leur pays perdu et leur assimilation restera inachevée, même si l'école, les mariages mixtes et les naturalisations ont pleinement joué leur rôle d'intégration. Après 1946, l'immigration se tarit. Il reste encore quelques réfugiés qui viennent s'installer en France à titre individuel, souvent figures de proue de la dissidence, mais le déclin est là. Au lendemain de la Seconde Guerre mondiale, 50 000 Russes vivaient en France ; ils sont aujourd'hui moins de 7 000.

Santé

Aux yeux des Français, la santé des migrants est en fait un devoir, non un droit. Le pays réclame des hommes solides, durs au travail, capables de vivre au moindre coût. Qu'ils tombent malades et l'opinion s'exaspère : l'étranger devient un parasite, vivant aux crochets du pays. Que se déclenche une épidémie, ou une maladie rare, et le voilà soupçonné d'avoir importé le mal, lui qui symbolise la menace, l'inconnu, qu'on ne parvient ni à comprendre, ni à maîtriser. Tout au long du siècle, la santé des migrants doit pourtant bien peu au mystère et presque tout aux conditions sanitaires du pays d'origine et de leur vie en France. Faute de contrôles sérieux, certains étrangers arrivent, dans l'entre-deux-guerres, porteurs de maladies exotiques, en général de type parasitaire. Elles effraient car les médecins les connaissent mal, elles sont un handicap pour le travailleur, mais ne menacent pas l'état sanitaire du pays.

On signale en revanche, certains cas de lèpre et même, une mini-épidémie de peste à Paris, au lendemain de la Première Guerre mondiale. Épidémies suivies de panique dans la population, soigneusement attisée par la presse xénophobe qui relaie les propos alarmistes des médecins, sans donner la moindre publicité aux solutions avancées. Car il faudrait alors changer d'accusé, plaindre les étrangers et dénoncer l'incurie des contrôles sanitaires. La loi en prévoit deux, un au départ, et un à l'arrivée. Mais d'exceptions en négligences, une infime partie des migrants subit ces deux examens dans des conditions sérieuses. Certains pays, comme l'Italie, refusent d'organiser un contrôle sur leur territoire. Une fois arrivés, il est trop tard, la France ne peut renvoyer les malades. Ceux qui viennent en bateau, d'Afrique ou d'Asie, subissent également un contrôle unique, dans le port d'arrivée. Et beaucoup n'en subissent aucun, simples touristes qui restent ensuite comme travailleurs, ou saisonniers officiellement exemptés.

Les travailleurs recrutés par la Société Générale d'Immigration (SGI) sont *a priori* mieux sélectionnés puisque la SGI a obligation d'effectuer un contrôle sanitaire dans le pays de départ. Mais ses critères de sélection ne coïncident pas forcément avec l'intérêt national. La SGI, mandatée par les employeurs, se préoccupe d'abord de rentabilité. Elle écarte les mutilés, ceux qui souffrent de hernies, ou d'une myopie excessive, parce que ces handicaps pèsent directement sur la force de travail. L'alcoolisme, les maladies vénériennes lui importent peu en revanche, sans grand effet à court terme. Les contrôles sont, de plus, réduits au minimum par économie, sans analyse de sang qui permettrait de détecter les maladies les plus graves. Face à ces contingences matérielles, les médecins ne peuvent rien. Ils travaillent dans des conditions déplorables. Les centres de recrutement ont été construits à la hâte sans le minimum de confort sanitaire et on y tombe malade au lieu d'être soigné. En 1922, à Toul, une épidémie de variole se déclenche : il faudra plusieurs jours avant que les mesures d'isolement ne soient prises. Ces épidémies graves restent l'exception mais, en revanche, de nombreux migrants arrivent en France en piètre état de santé et les conditions de vie qu'ils trouvent ici n'arrangent rien. Logements insalubres, humides, manquant de lumière, alimentation insuffisante, travail épuisant favorisent tous ensemble le développement de la tuberculose, surtout chez les Maghrébins, peu habitués aux rigueurs du climat. Les maladies vénériennes, les troubles mentaux se développent ensuite dans l'isolement et la misère sexuelle qui sont le lot de presque tous. A l'hôpital Saint-Louis, 20 % des malades de la syphilis sont étrangers et plus généralement, selon le recensement de Georges Mauco, il y a en France 6 % d'étrangers, mais 8 % d'hospitalisés. Il n'existe pas, alors, d'assurance sociale qui leur donnerait des droits, et à l'État des devoirs. Mais la loi du 7 août 1851 oblige les hôpitaux à accueillir tous les indigents, quelle que soit leur nationalité. Après quarante-cinq jours d'hospitalisation, et si la France a conclu avec le pays d'origine un accord de réciprocité, les malades étrangers peuvent être rapatriés, mais bien peu répondent à ces deux conditions. Fureur des xénophobes, et réprobation de l'opinion : malades, ils ne servent plus à rien, ils menacent le pays et coûtent cher, de surcroît.

En 1945, l'ordonnance qui fonde l'Office National d'Immigration leur donne raison à demi-mot, puisque l'accent est mis sur une immigration utile, forte, bien portante, capable de travailler dur et de "faire souche". Les grandes épidémies (typhus, variole, choléra, peste) sont cette fois définitivement écartées, mais les deux premiers fléaux de l'entre-deux-guerres – tuberculose et maladies vénériennes – demeurent. Vichy a, certes, instauré une obligation de se faire soigner, mais les malades, une fois guéris, sont libres d'aller où ils veulent et aucun suivi n'est prévu. Pour éviter que des étrangers atteints ne pénètrent sur le territoire national, l'ONI impose des contrôles beaucoup plus stricts, au départ comme à l'arrivée. Jusqu'aux années soixante, le système fonctionne plutôt bien. Les clandestins échappent bien sûr aux examens, mais ils ont traversé assez d'épreuves pour arriver en France, et l'opinion considère en général que cette sélection naturelle vaut bien la procédure officielle.

La crise économique relance la polémique. L'immigration est officiellement arrêtée en 1974. Mais les regroupements familiaux s'accélèrent, des enfants naissent, les besoins en logement, en soins de la communauté étrangère augmentent, à l'heure où le chômage les condamne souvent à l'inaction et menace, par ailleurs, l'équilibre général du système de santé. L'argumentation xénophobe s'empare du problème et ajoute la santé à la liste de ses griefs. En un demi-siècle, le débat n'a guère varié. Les étrangers sont plus souvent malades, donc ils coûtent cher ; ils constituent une menace pour le pays en amenant dans leur sillage de nouvelles maladies, dont le SIDA serait l'ultime forme. Il y a, de fait, une pathologie spécifique des migrants. Ceux qui viennent d'Afrique et, plus encore, du Sud-Est asiatique sont atteints de maladies parasitaires, comme la bilharziose ou le paludisme. Certains Africains souffrent d'affections héréditaires de la formule sanguine. Mais aucune de ces maladies "importées" ne sont transmissibles. Elles nuisent peut-être à la rentabilité des travailleurs, mais ne menacent en rien la santé du pays, touchant d'ailleurs un nombre limité de migrants.

Les pathologies d'acquisition sont en revanche largement répandues et, en premier lieu, la tuberculose. Les étrangers sont quatre fois plus touchés que les Français ; la mortalité est six fois plus élevée chez les Maghrébins, trente à quarante fois chez les ressortissants d'Afrique Noire. Mêmes causes, et donc, mêmes effets que dans l'entre-deux-guerres. Les immigrés vivent dans des conditions qui favorisent la maladie : logements insalubres, conditions de travail pénibles, mauvaise alimentation. Leur origine les rend par ailleurs plus vulnérables au froid. Pathologie d'acquisition, à nouveau : les accidents et maladies du travail touchent les étrangers en plus grand nombre parce qu'ils sont employés en priorité dans les secteurs à haut risque, comme le bâtiment, ou les industries du ciment et des lubrifiants. Mais la maladie peut toucher de façon plus insidieuse : cet ensemble de maux que les médecins appellent, faute de mieux, somatisation des difficultés d'adaptation. Certains symptômes sont facilement identifiables, dans leur forme, sinon dans leur origine : ulcères à l'estomac, troubles mentaux, dépressions, troubles du sommeil et de la sexualité. Ils n'apparaissent, en général, qu'après un certain délai, comme si le migrant jetait toutes ses forces à l'arrivée, pour résoudre les problèmes d'installation. Passés les premiers temps, ou quand survient le premier accident, les symptômes apparaissent, plus nombreux que ne le disent les seules statistiques.

Car les migrants hésitent à faire appel au système médical. Manque d'habitude, mauvaise intégration, refus de la maladie qui menace le corps, leur seul bien : autant d'éléments qui expliquent ce recours aux "douleurs", difficiles à traduire en termes purement médicaux. S'ils "coûtent cher", ce n'est donc pas par excès de consommation médicale. Les immigrés consomment en effet moitié moins de médicaments que les Français. Les hospitalisations sont, en revanche, plus nombreuses, en raison des accidents du travail (18 % de risque, 3 % pour les Français) et des maternités plus fréquentes. Les prestations familiales qui leur sont versées sont également plus importantes. En 1985, les familles françaises représentaient 88,7 % des allocataires et percevaient 84,5 % des allocations ; les ressortissants étrangers (hors CEE) représentaient 5,3 % des allocataires et percevaient 9,5 % des prestations. Mais il n'y a là nulle faveur. Les étrangers perçoivent plus, car ils ont plus d'enfants et de plus faibles revenus. Leurs droits sont même inférieurs à ceux des Français si les enfants sont restés dans le pays d'origine. Dans ce cas, en effet, le versement des prestations relève de conventions bilatérales. Or, toutes exigent que le demandeur exerce une activité salariée pour que les prestations soient versées. Les chômeurs en sont donc exclus, alors qu'il n'existe aucune restriction pour les demandeurs d'emploi français.

Seconde inégalité, de fait, sinon de droit : l'abandon total ou partiel des droits à la retraite, par les étrangers qui rentrent au pays. Finalement, en 1978, les remboursements annuels, tous risques confondus, s'élevaient, dans la région parisienne, à 3 820 F par cotisant français, et 3 281 F pour les étrangers. Mais une partie de l'opinion s'en moque. L'étranger est, à ses yeux, une charge insupportable pour le système de santé. Le Front national, puis les partis de droite, acquiescent et proposent une discrimination entre Français et étrangers pour certaines prestations. C'est oublier que le droit de la protection sociale repose sur l'égalité de traitement entre cotisants, Français et étrangers. Quant aux prestations de solidarité, non contributives, elles sont payées sur le budget de l'État et les étrangers paient ici des impôts, qui leur donnent les mêmes droits. Évidences sans doute, mais certains seraient tentés de les oublier.

Le Conseil constitutionnel se chargera donc de leur rappeler, dans un arrêt de janvier 1990, les principes de généralité et d'égalité contenus dans la constitution et la Déclaration des droits de l'homme continuent de s'imposer dans tous les actes de la République.

Socialistes

Socialistes et immigrés ne se sont pas toujours retrouvés côte à côte sous la bannière des Droits de l'homme. En 1845, Toussenel, un socialiste disciple de Fourier, publie *Les Juifs, rois de l'Époque : histoire de la féodalité financière,* pamphlet où la xénophobie côtoie tout l'argumentaire antisémite. Proudhon usera en partie des mêmes arguments. Le capitalisme est juif, cosmopolite ; la défense de l'ouvrier français passe donc par un combat contre l'étranger et l'apologie des vertus nationales. Puis au nom de ces principes, une partie des socialistes français ralliera le général Boulanger : sa campagne serait une révolte populaire, patriotique et socialiste. Marxiste ? Certes non. Mais le marxisme, n'en déplaise aux sociaux-démocrates d'outre-Rhin, apparaît ici, à certains camarades, comme un mouvement importé, étranger au génie français, "allemand", ajoutent ceux qui sont convertis à l'esprit de revanche.

Quand éclate l'affaire Dreyfus, l'ambiguïté n'est pas levée. Jules Guesdes en tête, les socialistes français refusent de s'engager en faveur d'un homme qui reste un officier, juif de surcroît. L'affaire n'est, pour eux, qu'une banale querelle de bourgeois, où le prolétariat n'a rien à faire ni à gagner. Il faudra la hargne xénophobe des antidreyfusards, les protestations des socialites de la *Revue Blanche,* le semi-échec des élections de 1898 et, surtout, l'engagement sans réserve de Jaurès dans le camp des dreyfusards pour changer le cours de l'histoire. Cette fois, les socialistes choisissent les Droits de l'homme, l'antisémitisme est formellement condamné, l'esprit de revanche recule devant le pacifisme. Mais une fois réaffirmés les grands principes et défendue la

République, les socialistes se montrent souvent indifférents, parfois méfiants. Dans les rangs du parti, des voix s'élèvent : les immigrés feraient aux ouvriers français une concurrence déloyale, en matière de salaire, d'emploi et de droits syndicaux.

Tout au long de l'entre-deux-guerres, l'hésitation demeure. La SFIO se fait bien sûr le champion des Droits de l'homme. Dès 1918, elle défend les anciens prisonniers allemands et russes vilipendés par l'opinion. Elle lutte ensuite sans relâche contre la germanophobie, promoteur infatigable du rapprochement franco-allemand. Et face à l'arrivée massive de travailleurs étrangers, les socialistes gardent confiance. Le génie français l'emportera, les étrangers seront assimilés. Même générosité en faveur des réfugiés : la SFIO réclame un droit d'asile sans condition, le respect des conventions internationales et le droit à une protection juridique en matière d'expulsion. Dans les années trente, des comités socialistes se mettent en place qui apporteront une aide non négligeable aux réfugiés allemands, puis espagnols. Mais les étrangers ne votent pas. Et l'ouvrier français, qui fait l'électorat de la SFIO, n'a pas toujours ces élans généreux, surtout quand la crise menace son emploi. Sans abdiquer totalement, les socialistes concéderont beaucoup à cet esprit du temps, qui pénètre leurs rangs, jusqu'à la direction, comme en témoigne la dérive des néo-socialistes emmenés par Marcel Déat. Le Parti défend certes les étrangers contre les bas salaires, les contrats d'esclaves, le refus de tout droit syndical. Il dénonce avec virulence les négriers de la SGI, mais il accuse aussi les immigrés d'accepter ces règles avec un peu trop de complaisance, au détriment des ouvriers français. Alors, dès les prodromes de la crise, la SFIO réclame la protection de la main-d'œuvre française. Le Parti ne participe pas, bien sûr, au déferlement de haine. Il reconnaît par ailleurs les responsabilités du capitalisme dans les difficultés présentes. Mais si, à demi-mot, il admet que les étrangers sont victimes, il leur demande, malgré tout, par égard envers leurs hôtes, de payer un peu plus que les Français les malheurs du temps. Même circonspection dans le champ politique. Les étrangers sont priés de rester à l'écart des débats hexagonaux. A la différence du PCF, ils ne seront jamais encouragés à intégrer les bataillons du Parti. L'assimilation a ses limites.

En dépit de cette prudence, les socialistes, et singulièrement Léon Blum, incarnent aux yeux de la droite, non le parti de l'étranger – les communistes ont hérité du rôle – mais celui qui fait le lit des étrangers, celui qui conspire à la ruine du pays, par son laxisme et sa xénophilie. Au moment du Front populaire, l'argument fera fortune, accompagné d'un torrent d'injures. Le nouveau gouvernement est pourtant fort timide en ce domaine, témoins les déceptions qu'il laissera dans les rangs de la communauté étrangère. Certaines mesures sont certes rapidement décidées, comme la garantie juridique en matière d'expulsion, la ratification du statut Nansen pour les réfugiés, le renouvellement des cartes d'identité. Les étrangers bénéficient par ailleurs d'une large amnistie, et des lois sociales de 1936, mais, signe d'une hésitation, aucun ministère ne leur est consacré, quand les sports, la jeunesse et la recherche scientifique accèdent à la reconnaissance administrative. La loi sur les contingentements de la main-d'œuvre, votée en 1932, est par ailleurs maintenue, complétée même par de nouveaux décrets.

Dans le domaine politique, les socialistes marquent les limites qu'ils entendent fixer aux droits des étrangers, en prononçant la dissolution de l'Étoile Nord-Africaine de Messali Hadj, pourtant adhérente du Rassemblement populaire. Dernier symbole, enfin, avant la guerre, d'une politique inachevée : c'est à un gouvernement radical que reviendra, en 1938, l'initiative d'un secrétariat d'État à l'immigration, première tentative d'une action gouvernementale globale et cohérente en ce domaine.

Les socialistes se rachètent en partie à la Libération. Ils sont parmi les promoteurs de l'Office National d'Immigration (ONI) qui reprend l'essentiel de leurs thèses : nécessité de l'immigration, dans certaines limites, avec un contrôle rigoureux des candidats, afin de protéger le marché national et préserver les chances futures d'assimilation. Mais le projet échoue, et son échec rejaillit sur la SFIO. Nul ne lui en tient alors rigueur. Face à l'immigration, tous les politiques se dérobent, laissant les étrangers seuls face au patronat et à l'administration.

L'indifférence des socialistes qui se traduit par l'absence de projet cohérent, dure bien au-delà de la IVe République. Le Parti affiche bien sûr une solidarité convenue avec les luttes immigrées. Il dénonce le racisme ou la législation répressive, mais cela ne fait pas une véritable réflexion. Il est vrai que les étrangers ne votent pas, or, et surtout après Epinay, le parti socialiste se préoccupe d'abord de revenir au pouvoir. La prise de conscience viendra en 1974, quand les Assises du socialisme voient les rangs du Parti s'ouvrir aux militants syndicaux et membres des associations, plus avancés dans la réflexion sur la question immigrée. La critique de l'action gouvernementale devient alors plus politique, liée à une analyse globale de la situation économique et sociale.

Contre l'esprit du temps, les socialistes essaient de convaincre les Français que le retour est une illusion, que l'immigration de toute façon les avantage car ce sont dans les secteurs où dominent les travailleurs étrangers que les mutations technologiques sont les plus douloureuses. Ils diront par ailleurs très tôt ce qui a fondamentalement changé. L'immigration de travailleurs étrangers est devenue installation durable d'une communauté. La France doit les insérer au plus vite, car les enfants de la seconde génération, nés ici, seront demain Français. Mais la mutation du Parti se fait lentement, et les socialistes manquent d'expérience sur le terrain pour trouver des solutions concrètes à ce défi qu'ils ont identifié. Le choix que font, par ailleurs, de nombreux militants en faveur du droit à la différence n'est pas sans contradiction avec leur ambition proclamée d'intégrer la communauté étrangère. Valoriser les cultures d'origine, maintenir en France des traditions importées rend certes aux immigrés un peu de cette dignité sans laquelle il ne peut y avoir volonté d'intégration, mais l'accent mis sur les différences dit aussi qu'ils ne sont pas du même monde et les désigne comme étrangers aux yeux de l'opinion. Cette thèse ne fait pas, d'ailleurs, l'unanimité au sein du Parti, où les tenants de l'assimilation demeurent nombreux. Vient la victoire de 1981. Le débat reste en suspens car les socialistes se réconcilient autour de l'état de droit. Entre août et novembre 1981, la législation répressive mise en place au cours du précédent septennat (lois Barre-Bonnet, circulaires Stoléru) est abolie. Plus de 100 000 clandestins peuvent régulariser leur situation par une procédure exceptionnelle. Les associations étrangères retrouvent le droit commun. Les étrangers peuvent désormais se marier sans autorisation administrative. Toute la législature sera, en fait, placée sous le signe du droit. De mai 1981 à mars 1986, 16 lois, 79 décrets, 62 arrêtés et 220 circulaires sont consacrés à l'immigration.

Une partie des textes vise à stabiliser le statut des étrangers, afin de faciliter leur intégration. L'instauration, en 1984, du titre unique séjour-travail de dix ans, renouvelable automatiquement et délivré de plein droit à certaines catégories, sera, à cet égard, une date majeure, comme la définition des catégories d'étrangers non expulsables. Second objectif des nouveaux textes : améliorer la participation institutionnelle des étrangers. Dès 1982, ils accèdent aux Conseils d'administration des caisses de Sécurité sociale. Suivront les Commissions des habitations à loyer modéré (HLM), les comités d'établissement des collèges et lycées, les fonctions de délégués de parents d'élèves, une meilleure représentation au sein du Fonds d'action sociale (FAS) et de l'Association pour le développement des relations interculturelles (ADRI). En 1984, le Comité national des populations immigrés, où sont préparées et discutées les mesures qui les concernent, viendra couronner ces progrès de la participation institution-nelle des étrangers. Dernier volet abordé par les textes : la politique sociale. Plusieurs dispositifs sont mis en place dans le cadre du FAS pour améliorer la formation professionnelle. La Commission natio-nale de développement social des quartiers est créée afin de coordon-ner les politiques urbaines. Les zones d'éducation prioritaires sont délimitées pour remédier aux problèmes d'échec scolaire. S'y ajoutent, dans le domaine social, d'autres initiatives comme les contrats d'agglomération pour l'insertion des immigrés ou les missions pour jeunes en difficulté.

Certaines de ces initiatives seront mises entre parenthèse de 1986 à 1988, le temps des années de cohabitation, avant d'être rétablies. Car elles restent, aux yeux des socialistes, l'indispensable cadre juridique de l'intégration. Mais ils en esquivent toujours la dernière étape : la question des droits civiques, souvent évoquée, toujours reportée, jamais étudiée dans ses modalités et conséquences. Incomplets, les progrès de l'égalité sont de plus en plus soumis à condition : que soit strictement interdit l'accès au territoire, afin de ne pas voir la pression des clandestins ruiner l'avenir de ceux qui sont en situation régulière. Une fois apurés les comptes du passé (130 000 clandestins régularisés en 1981), les socialistes vont donc multiplier les garde-fous. La durée des emplois saisonniers fournis par l'ONI est réduite. Des accords sont signés avec les pays du Maghreb pour limiter et contrôler les navettes de touristes. Les demandes de regroupement familial se font désormais dans le pays d'origine, afin d'éviter que des familles arrivées en France avec un visa de touriste ne s'y installent clandestinement après le rejet de leur dossier. Les sanctions sont aggravées par étapes contre les employeurs de main-d'œuvre en situation irrégulière. Les demandeurs d'asile, soupçonnés d'être des réfugiés économiques, sont placés sous haute surveillance.

Mais intégration ou contrôle, les lois ne sont pas tout. Certaines se sont finalement révélées impuissantes à atteindre leurs objectifs. Les dispositifs mis en place en matière d'emploi ou de logement, par exemple, ont vite rencontré leurs limites : sous d'autres prétextes, une discrimination de fait ne cessait de pénaliser les étrangers. D'autres textes ont été vidés de leur substance ou de leur signification première. Les Zones d'éducation prioritaire (ZEP) visaient, par exemple, à lutter contre l'échec scolaire sans distinguer entre Français et étrangers afin de ne pas dévaloriser par principe les enfants d'immigrés. Mais la force des préjugés, ou l'inertie, l'a emporté. Les ZEP ont été choisies en fonction du taux d'étrangers dans la population scolaire.

Restent les mots, les discours, qui sont venus tout au long de ces dix années nuancer, infléchir les lois et la politique des socialistes. On y trouvera, bien sûr, la réaffirmation des grands principes républicains et une opposition permanente aux manifestations ouvertes de xénophobie. Mais à côté, les socialistes n'ont pas su, ou voulu, éviter certaines polémiques et *a priori*. Dès 1983, lors des conflits sociaux qui affectent l'industrie automobile, certains ministres associent publiquement grévistes et intégristes musulmans : les seconds manipuleraient les premiers. Le temps d'un dérapage, l'étranger redevient ainsi dans le discours socialiste, cet "autre" menaçant, étranger, fauteur de troubles, qui attente à la bonne marche du pays. Un an plus tard, en 1984, Laurent Fabius viendra, lui, rendre indirectement un singulier hommage aux "bonnes" questions du Front national, tandis que son ministre de l'Éducation nationale réhabilitait avec éclat une histoire en tricolore, sur fond de *Marseillaise*. Pendant la cohabitation, le chœur socialiste retrouve un peu de son unité perdue, autour des Droits de l'homme. Mais après leur retour au pouvoir, nouvelles mises au point. Le Premier ministre, Michel Rocard, avertit que la France n'a pas vocation à accueillir toute la misère du monde et, en point d'orgue, François Mitterrand viendra rappeler que le seuil de tolérance était dépassé dès les années 1970. Le bilan mesuré à l'aune de ces quelques mots, rien n'aurait donc changé. On continue d'articuler le débat autour d'une symbolique des chiffres, sans dire la difficulté de les établir, sans distinguer entre les lieux, les nationalités, les générations et les problèmes posés. Car le seuil de tolérance ne renvoie à aucune réalité sociale, sinon à la xénophobie qu'il légitime. Après le verbe, les actes : le bilan des socialistes n'est guère plus encourageant. S'il faut, en 1990, après neuf années de pouvoir, en appeler à l'Union sacrée contre le racisme, c'est que les incantations vertueuses, l'aide apportée à SOS Racisme, les actions entreprises n'auront rien résolu. D'autres signes trahissent l'échec. Certains crûment : le Front national, inexistant en 1981, dépasse aujourd'hui les 15 % de suffrages. D'autres, plus discrètement : la création récente d'un Haut Conseil de l'Intégration dit, en filigrane, que les autres structures accumulées depuis 1981 ont échoué dans leurs ambitions. Sans doute les socialistes leur ont accordé trop de vertus mécaniques, négligeant de prendre en compte les blocages et effets pervers. Faute de les connaître ? Retranchés dans leurs ministères, abandonnant le travail militant pour des stratégies de pouvoir, ils ont perdu petit à petit contact avec la réalité de l'immigration, sans y gagner une vision à long terme où l'immigration sort de l'Hexagone pour s'inscrire dans une perspective européenne. Mais leur échec le plus cruel et le plus décisif se situe hors des politiques d'immigration *stricto sensu*. Depuis un siècle, l'intégration se faisait par l'ascension sociale : à l'arrivée en France, les travaux les plus rebutants, puis, après quelques rudes années, un peu d'aisance, des emplois mieux rémunérés, les quartiers d'accueil que l'on quitte pour un habitat amélioré. La crise a brisé cette logique d'intégration, pour la dernière vague de migrants. Or les socialistes, en dépit de leurs ambitions, ont laissé s'accroître les inégalités sociales et la pauvreté, ruinant ainsi les chances d'insertion d'une fraction importante de l'immigration.

Mais ils sont loin d'être les principaux responsables. Ils ont dû mener leur politique sous la pression constante, parfois démagogique, de la droite, du Front national et de l'opinion. Ils ne présentent pas, de plus, un bilan entièrement négatif. L'intégration est en marche. Le temps, bien sûr, fait son œuvre. Mais à défaut d'avoir sû réduire les épreuves et les délais, les socialistes ont donné au processus son élan premier, la stabilité juridique, une amorce de consensus politique et de dialogue religieux, témoin le début d'organisation de l'islam en France. Au quotidien, certaines villes, certains quartiers ont ainsi enregistré de spectaculaires progrès.

A travers les structures militantes du PS, ou des associations amies comme SOS Racisme, à travers le corps des élus locaux, une génération issue de l'immigration aura, enfin, pu faire l'apprentissage de la vie publique et préparer l'avenir. Il reste, pour tempérer l'optimisme, ces deux encombrants symboles, en forme d'itinéraires. Nombre d'immigrés, en une décennie, sont allés des marches pour l'égalité au revenu minimum d'insertion. Les socialistes, de leur côté, ont basculé du droit à la différence au seuil de tolérance.

Société générale d'immigration

Les premiers flux migratoires se sont organisés spontanément : un homme, une famille quittent leur pays pour aller trouver ailleurs un emploi, ou plus de liberté. L'offre et la demande peuvent, bien sûr, créer les conditions d'un mouvement collectif entre deux nations, mais il reste avant tout une somme de décisions et itinéraires individuels.

Puis, au tournant du siècle, cela ne suffit plus. L'industrialisation de la Belle Époque et, surtout, les contraintes de la guerre vont imposer un recrutement massif, accéléré que l'on ne peut laisser aux mains du hasard ou du seul marché. L'État organise ces premières filières en pays neutres ou dans l'empire, afin de pallier l'absence des Français mobilisés. L'armistice signé, il abandonnera son rôle de recruteur, mais l'impulsion est donnée. Dès 1919, le Comité des Forges et les Mines de l'Est vont en Italie chercher la main-d'œuvre nécessaire à la reconstruction. En 1920, une mission privée se rend en Pologne et le Comité des Houillères reçoit délégation du gouvernement pour recruter des travailleurs étrangers. La victoire de la Chambre "bleu horizon" a en effet sonné le glas de l'intervention des pouvoirs publics dans le domaine économique. Se dessine alors une redistribution des rôles, consacrée en 1922 par le projet d'Office d'Immigration : à l'État, la politique générale, les accords internationaux, les contrats-type et les centres d'hébergement ; au secteur privé, le recrutement, la sélection et le transport de la main-d'œuvre. Mais la loi ne sera jamais votée. En 1924, le Cartel des Gauches l'emporte et le patronat s'organise de son côté, sans grand souci de cohérence et de l'intérêt national. La Société Générale d'Immigration (SGI) naît cette année-là, qui réunit l'ancien Office central de la main-d'œuvre agricole, bien implanté en Europe orientale, et le Comité des Houillères. Très vite, la SGI va s'imposer comme la première filière de recrutement : 406 950 étrangers sont introduits par ses soins de 1924 à 1930, et en toute liberté, car les services officiels, dispersés entre le ministère du Travail et celui de l'Agriculture, manquant d'argent et de personnel (116 agents en 1930) ne peuvent rien contre son monopole et les pressions du patronat en sa faveur. Son pouvoir ainsi reconnu par accord tacite, la SGI peut s'organiser durablement. Elle installe des centres de recrutement en pays étranger, recueille les candidatures, met en place les contrôles sanitaires et professionnels, avant d'acheminer en France les travailleurs retenus, où ils sont remis à leurs futurs employeurs, moyennant une importante contribution financière. Le système est efficace, mais cette pure logique du profit vaut à la SGI une réputation de négrier. On l'accuse d'accumuler des profits énormes, masqués par des augmentations successives de capital, d'agir en groupe de pression sur le gouvernement français et d'être à la solde du gouvernement polonais, puisque c'est là qu'elle fait l'essentiel de son recrutement. On l'accuse également de sélectionner les candidats sur des critères purement économiques, sur des aptitudes professionnelles, en négligeant l'intérêt national. Dernier grief, venu des syndicats : organisme patronal, la SGI sert uniquement le dessein des employeurs avec des salaires de misère, garantis sur la base de 1919, et une classification hasardeuse, parfois indulgente pour se débarrasser des spécialistes français trop chers et encombrants, parfois sévère pour utiliser des spécialistes étrangers au prix d'un manœuvre.

Les pouvoirs publics, même libéraux ou conservateurs, sont conscients de ces privilèges exhorbitants, mais ils n'ont aucun moyen de s'y opposer. Une première loi, en 1926, essaie bien d'en finir avec la pratique du débauchage. Elle interdit d'embaucher avant l'expiration du contrat ; elle exige que soit respectée la profession inscrite sur la carte d'identité. Mais faute d'inspecteurs pour organiser le contrôle, ces dispositions resteront lettre morte. Deux ans plus tard, la loi du 19 juillet 1928 consacrera finalement le monopole de la SGI et des sociétés d'immigration. Leur création est certes soumise à l'autorisation gouvernementale, mais ensuite, l'État se contente d'un simple contrôle administratif, sans intervenir dans le recrutement. Signe des temps : la SGI ne change rien à ses activités et il faudra attendre 1932 pour qu'elle sollicite enfin l'autorisation d'exister légalement. En ces années de prospérité, la seule menace qui pèse sur la SGI vient en fait des patrons eux-mêmes. L'offre et la demande de travail sont telles, en effet, que la SGI n'est pas forcément un intermédiaire nécessaire. Les employeurs se tournent vers les clandestins venus par leurs propres moyens, puis les font régulariser, évitant ainsi de verser leur obole à la SGI. En 1928, il y a 21 620 régularisations, 43 928 en 1929, plus de 60 000 en 1930. Mais la crise va interrompre ce recrutement parallèle car, cette fois-ci, les pouvoirs publics sont décidés à lutter contre l'immigration, préférant flatter la xénophobie de leurs électeurs, que de céder aux arguments du patronat.

Au début de 1932, les entreprises de recrutement sont sommées de respecter un cahier des charges et le Ministère se réserve désormais un droit de regard sur le nombre et les aptitudes professionnelles des travailleurs introduits. Pour répondre à l'accusation de "négriers", les comptes de la SGI seront examinés. Sans trop de conséquences : elle bénéficie toujours de soutiens, même s'ils se font plus discrets. A droite, l'opinion a, en effet, choisi : entre le libéralisme économique et le malthusianisme, c'est l'esprit de fermeture qui triomphe. Le patronat peut arguer de ses difficultés à trouver des Français pour certains emplois, il soulève l'indignation dans son propre camp où on l'accuse de faire le jeu des internationalistes. Seul parmi les hommes politiques, Paul Reynaud essaie de faire valoir l'importance à moyen terme de l'immigration, mais en vain. La SGI ne pourra empêcher la mise en place d'une politique de fermeture : décrets de contingentement et refus de délivrer de nouvelles cartes de travailleurs.

A partir de 1935, l'adversaire se renforce. Les services officiels sont enfin unifiés et les moyens mis en œuvre pour contrôler l'application des lois deviennent plus efficaces. L'offensive finale contre la SGI viendra plus tard. Ce n'est pas le Front populaire assez modéré en ce domaine : les entreprises qui emploient de la main-d'œuvre étrangère sont taxées, non la SGI. Ce sera l'éphémère sous-secrétariat à l'immigration, dirigé par Philippe Serre en 1938. Fort des réels pouvoirs qui lui sont enfin accordés, le nouveau ministre décide en effet d'en finir avec l'impunité dont jouissent les sociétés d'immigration. Puisque les travailleurs étrangers feront les Français de demain, qu'on le veuille ou non, leur recrutement ne peut être une affaire de profit à court terme, mais un investissement à long terme, conforme à l'intérêt national. Il préconise donc la création d'une société d'économie mixte gérée à la fois par l'État et les partenaires sociaux afin de ménager l'avenir. C'est condamner la toute-puissance de la SGI, mais les aléas du politique lui donneront finalement un sursis de sept ans. Le Ministère tombe, en effet, au bout de trois mois, à peine le temps d'élaborer le projet de loi, d'ouvrir les comptes de la SGI et de préparer un retrait d'autorisation. La guerre et l'occupation relégueront ensuite au second plan la querelle de l'immigration mais, à la Libération, par ordonnance du 2-11-1945, les anciennes sociétés d'immigration sont dissoutes et remplacées par l'Office national d'immigration qui s'inspire du projet de Philippe Serre. Sur vingt-quatre membres siégeant au conseil d'administration, les représentants du patronat ne sont plus que quatre, le commissaire du gouvernement a cette fois droit de veto pour les décisions les plus importantes, autant de garde-fous qui devraient préserver l'intérêt national des seules préoccupations mercantiles. Ils résisteront quinze ans, avant d'être balayés à nouveau dans le grand afflux des années soixante.

SOS Racisme

SOS Racisme, ou l'irruption des "potes". L'idée d'un mouvement fondé à la fois sur l'antiracisme et la solidarité de générations remonte à l'automne 1984. Quelques militants venus de l'extrême gauche et d'autres, déçus des organisations traditionnelles (Ligue des Droits de l'homme, MRAP), décident de créer un mouvement qui offrirait à la société tout entière, l'exemple d'une intégration réussie au sein de la jeunesse. Les débuts sont difficiles. Les autres associations se méfient de ces militants issus de la petite et moyenne bourgeoisie, où ne figure, les premiers temps, aucun "beur". Les jeunes Maghrébins qui viennent d'organiser deux marches pour l'égalité voient avec amertume leurs efforts tomber dans l'oubli, tandis que l'étoile de SOS Racisme grandit. Car l'intrus bénéficie de prestigieux soutiens politiques et culturels. Il a parfaitement intégré les règles de la médiatisation. Il s'imposera finalement sur le devant de la scène, pour ne plus la quitter.

En termes de renommée, la réussite est éclatante. Le sigle, le slogan : "Touche pas à mon pote" sont emblèmes de l'esprit du temps ; les dirigeants, portés par le succès, intègrent petit à petit les élites socialistes et pénètrent les lieux de pouvoir.

Mais, en termes d'efficacité, le bilan est plus mitigé. En 1985, le président de SOS Racisme, Harlem Désir, remarquait sarcastique que les organisations traditionnelles n'avaient pas réussi à endiguer la montée du racisme. Cinq ans plus tard, ces dernières pourraient aisément retourner le réquisitoire contre le procureur. Loin de reculer, en effet, le Front national a prospéré, y compris dans la jeunesse. Il y avait, en avril 1988, 15 % d'électeurs Front national chez les 18-24 ans, soit exactement la moyenne nationale. Plus généralement, l'opinion publique a conservé l'essentiel de ses réflexes xénophobes, les crimes racistes n'ont pas disparu et rien n'est résolu des véritables problèmes de l'immigration.

Ce n'est pourtant pas faute d'être intervenus. A chaque crime, à chaque dérapage, SOS Racisme proteste et manifeste. Mais il dépasse rarement un antiracisme de bonne volonté, dont on sait les limites. En prônant, les premiers temps, une France multiculturelle, il a de plus, consciemment ou non, encouragé ceux qui, côté français, justifient les discriminations par une altérité irréductible, et ceux qui, côté étranger, refusent l'intégration, en invoquant la tradition. En parlant, enfin, des seuls problèmes de l'immigration, sans mettre en valeur les réussites, SOS Racisme a consolidé, à son corps défendant, les représentations négatives de l'étranger.

A la fin des années quatre-vingt, l'échec est patent, qui précipite le tournant. L'intégration prend alors le pas sur la France multiculturelle. Au quotidien, les "Maisons des Potes" consacrent la prééminence nouvelle de l'action sur l'image et la médiatisation. Dans plusieurs villes, ces maisons se sont imposées comme un lieu de ralliement, d'accueil, de conseil, de médiation, prenant la relève des organisations traditionnelles. Dans les instances dirigeantes du mouvement, les Français "de souche" ont par ailleurs commencé de céder la place à la génération issue de l'immigration, appelés eux à des responsabilités politiques et franco-française. A défaut d'avoir fait reculer l'intolérance, SOS Racisme aura donc au moins offert à quelques-uns le début d'une socialisation politique, compromise ailleurs par la crise de représentativité des partis et syndicats.

Stoléru (décrets)

Premier secrétaire d'État chargé des immigrés dans le gouvernement de Raymond Barre, Lionel Stoléru inaugure, en 1977, une politique d'aide au retour pour les travailleurs étrangers, décidée unilatéralement et sans négociations avec les pays d'origine. A défaut de pouvoir les expulser, il s'agit de convaincre le plus grand nombre de travailleurs étrangers de quitter la France en leur offrant un "pécule" de 10 000 F. Proposé d'abord aux chômeurs non secourus, le fameux "million" sera ensuite offert aux salariés immigrés en situation régulière, s'ils acceptent de partir définitivement, en compagnie de toute leur famille. En principe, le départ reste volontaire, mais il sera, pour nombre d'employeurs, un argument assez efficace pour provoquer des démissions, ou décider de certains licenciements.

Ce premier projet n'était en fait qu'une étape vers une réforme généralisée de l'emploi des travailleurs immigrés. En 1979, le gouvernement élabore en effet un "statut du travailleur étranger" qui revient sur la plupart des acquis de l'ordonnance de 1945. Les cartes de travail sont supprimées. On les remplace par une autorisation de travail, indispensable pour obtenir ou prolonger un titre de séjour. En cas de chômage, ou après un licenciement dû à un retour de congés trop tardif, l'autorisation peut être retirée, entraînant automatiquement le retrait du titre de séjour.

Le projet de statut instituait, par ailleurs, un système de quotas pour le renouvellement des autorisations de travail, ce qui signifiait le renvoi possible de travailleurs, même pourvus d'un emploi, si leur autorisation venait à expirer et qu'ils travaillaient dans un secteur jugé surchargé.

Le statut de résident privilégié devenait, enfin, infiniment plus difficile à obtenir. Il fallait vingt ans de résidence ininterrompue, au lieu de trois, et ceux qui en bénéficiaient ne pouvaient plus prétendre à un renouvellement automatique de leur carte.

La politique d'aide au retour avait été boudée par les travailleurs immigrés, trop installés en France pour retourner dans leur pays d'origine, où de plus rien n'était prévu pour leur réinsertion. Le projet de loi de 1979 soulèvera, quant à lui, une vive émotion ainsi que l'opposition des syndicats, des Églises et des partis de gauche.

En juin 1979, lors de la Conférence internationale du travail, il sera même condamné par l'ensemble du groupe "travailleurs".

Le gouvernement de Raymond Barre préféra alors abandonner son projet, mais certaines dispositions seront reprises dans la loi du 10 janvier 1980, notamment en matière des pouvoirs de police.

Suisses

L'immigration suisse commence dès l'Ancien Régime, comme toutes les migrations de proximité. C'est alors une émigration d'agriculteurs, d'artisans, de spécialistes de la finance, ou de militaires : elle ne changera plus, à l'exception des militaires qui disparaissent avec la monarchie. En 1851, 25 000 citoyens helvétiques habitent en France. Ils ont, plus tôt et plus massivement que Belges et Hollandais, commencé d'avancer à l'intérieur du pays, installés dans la région parisienne et sur les bords de la Méditerranée.

Il est vrai que leur activité économique ne permet pas à tous de rester dans les montagnes du Jura et des Alpes. Les éleveurs y ont, bien sûr, élu domicile, mais certains agriculteurs sont appelés par les grandes exploitations de la région parisienne. Les artisans vont dans les villes et le personnel de service, très prisé dans l'hôtellerie, rejoint les régions touristiques. A la veille de la Première Guerre mondiale, les Suisses sont 73 000, trois fois plus qu'en 1851 mais, en raison de la très forte croissance de l'immigration, leur poids dans la communauté étrangère ne varie pas (6,5 %). Après l'armistice, le flux migratoire reprend. Le pays est trop peuplé, compte tenu des surfaces cultivées ; l'industrie n'est guère développée et la fermeture forcée des frontières pendant le conflit a entraîné une hausse rapide du chômage, y compris chez les travailleurs très qualifiés.

En 1923, 40 % des candidats à l'émigration sont des travailleurs intellectuels, techniciens ou ingénieurs sélectionnés par les bureaux locaux du travail. Le voyage est aux frais de l'ouvrier, les recruteurs français intervenant seulement après le passage de la frontière. En

1926, l'avancée à l'intérieur du pays se confirme : 25 % des Suisses seulement, habitent dans les cinq départements frontaliers. Les autres sont installés en région parisienne (25 % également), dans les Alpes-Maritimes, ou dans les grandes plaines du Nord. Spécialistes et techniciens de l'agriculture, ils jouissent d'une excellente image. Il est vrai qu'il n'y a nulle part de véritables colonies, la tentative d'implantation dans le Sud-Ouest ayant échoué. Seules fausses notes : on leur reproche parfois de profiter d'un change favorable pour acheter des terres et l'on constate qu'ils s'adaptent mal loin de leur pays. Dans le Sud-Ouest, on dit même qu'ils sont trop isolés, mal intégrés, peu performants, inférieurs ici aux colons espagnols ou italiens. Mais ces rares contre-exemples ne peuvent remettre en cause l'essentiel : l'intégration exemplaire d'une immigration de proximité.

Syndicats

Avant la Première Guerre mondiale, les étrangers, trop peu nombreux, n'intéressent guère les syndicats. Pourtant, ces premières années du siècle sont, déjà, comme une répétition, avant le grand afflux des années vingt et la crise des années trente. Dès la Belle Époque, en effet, quand l'économie subit une dépression passagère, c'est à l'étranger que s'en prend l'opinion, plaçant les syndicats devant cette alternative : renier l'internationalisme ou se couper des ouvriers français, qui font leur véritable puissance. La question sera un temps oublié pendant la guerre. Mais l'armistice à peine signé, elle est de nouveau posée.

Au début de l'année 1919, l'économie française enregistre une poussée de chômage purement conjoncturel, sous l'effet conjugué de la démobilisation, de la reconversion encore inachevée des industries de guerre et de la reconstruction des régions dévastées. L'embellie ne fait donc aucun doute, mais l'opinion ne retient qu'un slogan : les étrangers ont pris la place des démobilisés. La droite renchérit et, à gauche, les syndicats ne protestent que mollement, car ils entendent eux aussi défendre "la main-d'œuvre nationale". Les véritables défenseurs de l'immigration sont en fait parmi les patrons, économistes, militants catholiques, lucides ou simplement intéressés. Mais ils restent dans l'ombre, loin d'une base qui va, à nouveau, laisser éclater son inquiétude en 1921. La réponse syndicale demeure ambiguë. Au nom de l'internationalisme, ils se démarquent du sentiment xénophobe mais, au nom de la classe ouvrière, ils accusent les étrangers de faire le jeu du patronat par excès de zèle : heures supplémentaires ·et salaires de misère. Avec la prospérité retrouvée, les tensions s'apaisent. Les syndicats essaient de s'organiser pour accueillir les nouveaux venus qui grossissent les rangs de la classe ouvrière.

En 1924, la CGT se dote d'un "bureau de la main-d'œuvre étrangère, avec des sections d'ouvriers italiens, polonais et russes. Il ne s'agit pas d'un "syndicat dans le syndicat" qui diviserait les adhérents selon leur nationalité. Plutôt une structure spécifique, capable de résoudre les difficultés inhérentes à la condition d'immigré : conseils de droit social, défense du statut administratif, conditions de vie.

Mais la centrale syndicale justifie sans cesse ces efforts par les bénéfices que peuvent en retirer les ouvriers français. Son internationalisme, en vérité, manque quelque peu de conviction. Dans son programme de 1924, il n'y a, en effet, aucune revendication spécifique concernant la main-d'œuvre étrangère. Certains éditorialistes du *Peuple,* les dirigeants locaux, résistent mal à la xénophobie latente, même si, bien sûr, ils lui donnent d'autres noms : peur de la maladie, soumission aux prêtres et aux patrons, concurrence déloyale sur le marché du travail.

La CGTU, proche des communistes, paraît beaucoup plus intransigeante sur les principes. A ses yeux, Français et étrangers sont unis dans un Front international du travail, et les syndicats n'ont pas à distinguer entre nationalités. D'ailleurs, les Français ont tout à gagner dans une alliance avec les travailleurs allogènes. Dans certaines branches, dans certaines régions, ils sont majoritaires et peuvent seuls assurer le succès des revendications. De plus, en cas d'échec, la répression frappera indistinctement Français et étrangers. Dans la perspective de la victoire finale du prolétariat, enfin, les étrangers tiennent une place essentielle. Certains représentent l'élite de leur pays, comme les Italiens antifascistes. Les autres, surexploités, ne peuvent que se laisser séduire par les idées révolutionnaires. A ces conceptions radicales, répond un encadrement systématique des étrangers.

Dès 1923, le bureau de la main-d'œuvre étrangère est chargé de la propagande, de l'information et des relations avec les syndicats étrangers. Des groupes ethniques sont organisés, mais sans pouvoir de décision. Leur premier objectif est en effet de vaincre l'obstacle de la langue, de rompre l'isolement des étrangers et de les rapprocher des Français. Dans cette optique, sont organisés des cours de français pour les étrangers, mais également, des cours de langues étrangères pour les militants français. Maigre succès : la base demeure au mieux indifférente, et bien souvent hostile. A la différence de la CGT, les dirigeants de la CGTU essaient de lutter contre cette xénophobie, mais en vain. Au quotidien, dans les rangs du syndicat, on reproche à l'étranger de "manger le pain des Français", de briser les grèves, d'être influencé par l'Église et la réaction. Certains ne l'accusent de rien mais, privé du droit de vote, il est tenu pour inutile. La solidarité ouvrière, même en période de croissance, même dans les rangs internationalistes, a donc bien piètre allure. La crise des années trente ne fera qu'aggraver ce climat peu favorable. Cette fois, l'indifférence se transforme en hostilité ouverte. Pressés par la base, les dirigeants se laissent emporter par le malthusianisme et certains, surtout à la CGT, utilisent des arguments purement xénophobes, voire racistes. Si la loi de 1932 et les décrets de contingentement les déçoivent, c'est qu'elle est en-deçà de leurs exigences, car tous saluent l'initiative de défendre le "travail français".

Le tournant est aussi politique. Dans les années qui suivent, CGT et CGTU amorcent un rapprochement, prélude au Front populaire. Pour l'étranger, cela devrait se traduire par une meilleure défense de ses droits, mais en fait, à demi-mot, priorité est donnée aux réfugiés sur les travailleurs. On combat le racisme, le fascisme en termes généraux, sans faire de propositions concrètes sur la condition des étrangers et sans essayer de changer la mentalité de l'ouvrier français, même si la CGT réunifiée cesse d'alimenter la campagne xénophobe. Dans ces conditions, quelle place réserver aux immigrés dans la lame de fond qui balaie l'été 1936 ? Ils ont été acteurs, partie prenante des grèves et du mouvement massif de syndicalisation : il y a 50 000 étrangers sur 750 000 adhérents au moment de la réunification ; 400 000 environ sur trois millions au plus haut de la vague. Dans la décrue, il semble que les immigrés seront plus fidèles à l'engagement syndical que les Français. A l'automne 1938, par exemple, les grèves seront dures là où les étrangers sont les plus nombreux.

Mais cet engagement est bien peu récompensé. Signe d'une hésitation : aucun responsable à l'immigration dans le gouvernement Blum, quand les loisirs et la recherche scientifique accèdent à la reconnaissance officielle. Les étrangers ne sont certes pas complètement oubliés, puisqu'ils bénéficient de la plupart des grands réformes de l'été 1936.

Mais les mesures spécifiques concernent surtout les réfugiés, et les travailleurs subissent toujours les décrets de contingentement, les refoulements, des difficultés administratives de toute sorte, même s'ils ont plus de garanties juridiques. Cette indifférence relative n'est pas seulement un reste de méfiance. Avec les Accords Matignon, s'instaure une nouvelle pratique du syndicalisme qui dialogue avec l'État pour obtenir des améliorations collectives, au lieu d'affronter directement le patronat sur le terrain. Or les étrangers sont privés du droit de vote, ce qui les exclut presque mécaniquement de certaines négociations, alors qu'ils pesaient directement sur l'issue des conflits sociaux, par leur simple présence.

La Seconde Guerre mondiale répète un peu le scénario du Front populaire. Les immigrés sont largement engagés dans la Résistance ; les syndicats jouent d'abord la carte politique et nationale, invités à rejoindre le CNR où ils collaborent à l'élaboration de la Charte. Cette conception d'un syndicalisme de participation triomphe à la Libération. La CGT entre au Conseil d'administration de l'ONI nouvellement créé, elle est partie prenante des grands accords internationaux en matière d'introduction de main-d'œuvre, en particulier l'accord franco-italien de 1947. En ce sens, elle apparaît surtout l'héritière de la CGT socialiste des années vingt, qui réclamait avant tout des négociations internationales et un contrôle public. Le Congrès de 1946 consacre ce compromis entre solidarité internationale et stratégie hexagonale. La motion finale revendique certes un statut juridique démocratique pour les migrants, mais il ne conçoit rien d'autre que l'assimilation, par naturalisations automatiques.

Seconde allégeance à la nation : les délégués demandent avec insistance des garanties pour éviter la concurrence avec les ouvriers français et, en particulier, une régulation des entrées en fonction du chômage.

La guerre froide, suivie d'une scission syndicale, va donner priorité à d'autres revendications et d'autres conflits. La CGT est écartée de l'ONI en 1949. Dans sa stratégie d'affrontement avec l'État, les étrangers n'ont pas une importance majeure de toute façon. Quant aux autres syndicats, CFTC et FO, ils sont plus indifférents encore. Quelques articles sur l'immigration algérienne, mais rien de plus car priorité est donnée aux réfugiés venus de l'Est.

Ils ont eux, des sections autonomes, surtout au sein de la CFTC. Ils inspirent une abondante littérature, comme si l'immigration était surtout affaire politique. Il est vrai que la CFTC avait exprimé, dès 1945, un avis définitif sur la venue de travailleurs étrangers : "Qu'on ne revoie plus ce scandale que nous avons connu d'ouvriers français obligés d'émarger au fond de chômage, pendant que les travailleurs étrangers faisaient leur semaine de travail complète et même plus. Le souci de la bonne hospitalité, du bon accueil, ne doit pas aller jusque-là." La CGT, en comparaison, n'a guère de mal à passer pour activiste. Le bureau de la main-d'œuvre étrangère est maintenu, ainsi que les commissions nationales. Les structures d'avant-guerre sont diversifiées, avec le développement de l'aide sociale, de l'alphabétisation et des cours de langue. Mais cela ne vaut pas approbation du fait migratoire, au contraire. La CGT y voit la sournoise tentative des pouvoirs publics de désintégrer la classe ouvrière française, d'accélérer sa paupérisation et de faciliter la domination américaine sur le pays. La sollicitude dont bénéficient les étrangers est donc soumise à condition. A chaque congrès, la CGT ne manque d'ailleurs jamais de réclamer un strict contrôle des entrées.

Chacune à leur manière, les grandes centrales syndicales intègrent donc l'immigration dans une stratégie française. Sans grand écho, chez leurs adhérents. L'opinion assiste, indifférente, à l'installation définitive des anciennes communautés européennes. Les Portugais arriveront seulement au cours de la décennie suivante. Ceux qui viennent d'Afrique du Nord posent surtout un problème politique. Pourtant, la guerre d'Algérie va rapidement interpeller les syndicats français. La CGT doit affronter une concurrence nouvelle. En 1955, en effet, deux syndicats sont créés dans l'immigration algérienne : l'UGTA, proche du FLN et l'USTA, proche du MTLD. Les deux organisations sont rivales, au point de se déchirer, mais elles sont, au moins, d'accord pour exclure du jeu la CGT, trop française dans ses ambitions et son recrutement. La centrale essaie de plaider sa cause, au nom de l'unité qui fait l'efficacité, mais elle parle intérêt professionnel, quand les travailleurs algériens se soucient d'indépendance nationale. La vieille hantise de l'autonomie gagne la CGT, tandis que les immigrés lui reprochent sa timidité à dénoncer les crimes commis au nom de la France. Le problème sera résolu dans les dernières années de guerre, le FLN recommandant la double appartenance, en échange d'une promesse de non-ingérence donnée par le syndicat français.

La CFTC, de son côté, après l'indépendance des pays d'Afrique sub-saharienne, se tourne vers l'immigration noire de Paris, la plus déshéritée, la moins politisée, capable de mobiliser l'idéal des militants chrétiens. Dans le même temps, elle profite des mauvaises relations entre les syndicats maghrébins et la CGT ou FO, pour mieux s'implanter dans la communauté algérienne. Aussi, quand le syndicat achève sa mue et devient CFDT, l'immigration est devenue une préoccupation majeure. L'ancien secrétariat pour la main-d'œuvre étrangère est réorganisé et, en 1966, signe d'un intérêt nouveau, la CFDT tient sa première Conférence nationale des travailleurs immigrés. Même si l'on note, ici et là, des gages donnés aux tenants du "travail français", le discours a changé. Prise de conscience des militants, mais aussi nécessité économique : sans immigrés, la croissance risque de s'enrayer ; or, elle assure une prospérité exceptionnelle à la classe ouvrière française. Tout n'est pas intérêt matériel. Au sein de la CFDT, l'humanisme chrétien retrouve ses prérogatives ; le syndicat défend la dignité de l'immigré, lutte contre le racisme et réclame plus de justice.

La CGT, la guerre d'Algérie finie, doit affronter la détente. L'ère stalinienne est révolue, les anathèmes de guerre froide aussi. Le syndicat reconnaît désormais le fait européen et accepte la libre circulation des travailleurs au sein de la CEE. Un peu tard. La nouvelle immigration vient de la péninsule ibérique ou d'Afrique. Face à ces données nouvelles, la CGT s'en tient à une prudente réserve. Le problème des entrées est esquivé : "Les travailleurs arrivent quand même."

Les critiques sont dirigées contre le pouvoir gaulliste, qui planifie le chômage, "avec ou sans immigrés". Dès lors, "tant que l'expansion se poursuit", autant faire l'économie d'une analyse réelle du phénomène migratoire. La CGT en prend acte, multiplie les initiatives (alphabétisation, contacts avec les syndicats étrangers, développement de la presse en langue étrangère) et cherche surtout à maintenir un dialogue permanent, dans le respect du particularisme national, pour éviter de renouveler les erreurs de la guerre d'Algérie.

A la veille de mai 1968, les positions des deux grandes centrales ne sont donc guère éloignées. Finis les temps de l'indifférence ou du rejet : les immigrés sont désormais un terrain d'action privilégié. On dénonce moins leur présence que l'utilisation qui en est faite : pression sur l'emploi, utilisation d'une main-d'œuvre surexploitée, tolérance de l'immigration clandestine. Mais personne ne se soucie vraiment de droits, et tous parlent d'un phénomène réversible, admettant donc à l'avance une politique de retour en temps de crise. Dans le tourbillon de mai, les immigrés ne gagneront rien, d'ailleurs, sinon ce qui est accordé à l'ensemble des travailleurs, et la fonction de délégué syndical créée en décembre est réservée, de fait, aux nationaux. Mais le printemps a ouvert une brèche. La toute-puissance du PCF et de la CGT contestée, les débats menés autour du pouvoir, l'émergence du tiers mondisme, le rejet des analyses purement économiques sont autant de facteurs qui modifient le regard porté sur la communauté étrangère. Entre la vision utilitaire de la CGT et l'humanisme de la CFDT, les années soixante-dix sont en effet celles d'une prise de conscience parmi les immigrés. Longtemps silencieux, ils réclament la parole, une plus grande autonomie et avancent leurs propres revendications : droit à la dignité, amélioration des conditions de vie et de travail. Des grèves éclatent dans les foyers de la région parisienne et dans les entreprises où les étrangers sont majoritaires. En 1972, ils se mobilisent contre les "circulaires Fontanet" et le renforcement de la surveillance administrative. Mais dans tous ces combats, auxquels le mouvement associatif et certains groupes d'extrême gauche apportent leur soutien, les syndicats sont presque absents. Il est vrai que l'enjeu ne les concerne guère, leurs adhérents sont indifférents, voire hostiles, et les méthodes utilisées, comme la grève de la faim, sont étrangères à l'action syndicale.

La crise économique, l'arrêt de l'immigration vont les replacer en terrain plus connu. L'étranger est à nouveau un travailleur. Mais c'est un travailleur qui entre désormais en concurrence avec les ouvriers français. L'histoire se répète. Les grandes centrales approuvent alors la fermeture des frontières, l'arrêt de l'introduction de main-d'œuvre et la lutte contre les clandestins. Mais tout n'est pas identique aux années trente. Le nazisme, le remords de la dérive xénophobe marquent encore les esprits. Si la base, instinctivement, accuse les immigrés, la violence verbale ou physique a disparu et les dirigeants syndicaux réaffirment solennellement que les immigrés sont victimes, avant d'être coupables. Il est vrai que les travailleurs étrangers viennent de conquérir de nouveaux droits dont les états-majors doivent tenir compte. La loi du 27 juin 1972 les autorise à être élus membre des comités d'entreprise ou délégués du personnel, s'ils savent lire et écrire en français. En juillet 1975, une nouvelle loi assouplit les conditions d'éligibilité (il suffit de s'exprimer en français) mais surtout, elle autorise les étrangers à devenir délégués syndicaux et à participer à l'administration et à la direction des centrales syndicales. Les temps d'un certain paternalisme sont donc révolus. Désormais, ce sont des ouvriers comme les autres qui peuvent peser à tous les niveaux de décision. Consciemment ou non, la démarche des différents syndicats en ces années de crise semble esquisser une sorte de compromis entre leurs deux clientèles. L'approbation de l'arrêt de l'immigration est un gage donné aux Français. Seconde concession : même s'ils réclament de strictes garanties (volontariat, capitalisation des droits acquis, aide à la réinsertion), les syndicats ne rejettent pas *a priori* l'aide au retour et lui donne ainsi un début de légitimité. La défense des immigrés, à l'opposé, marque mieux les différences entre centrales. FO se refuse à aller au-delà d'un anti-racisme de principe, et réclame sans cesse un contrôle des frontières très strict. La CFTC reste fidèle à l'humanisme chrétien, soutient les plus déshérités et combat le racisme, sans néanmoins proposer de réponse globale à ce que l'on appelle communément la "question immigrée". Mais la véritable frontière passe entre les deux autres grandes centrales ouvrières, CGT et CFDT. La Confédération générale du travail paraît intransigeante : refus des expulsions, lutte contre le racisme, revendication d'une égalité complète en matière de droits économiques. Mais certains de ses arguments ont parfois des effets pervers. En dénonçant la surexploitation des immigrés qui pèse sur l'ensemble de la classe ouvrière, en accusant la politique de logement social de favoriser les ghettos, des conditions de vie inacceptables, elle transforme les étrangers en coupables involontaires, et donne l'impression de "comprendre" certaines réactions xénophobes sur les lieux de travail ou dans les cités. Par ailleurs, son analyse purement professionnelle, la réduction du problème posé à un rapport de force social, l'accent mis sur l'unité de revendication avec les Français, la conduisent à rejeter toute idée de revendication spécifique, de luttes autonomes, comme si elle craignait de voir émerger des organisations concurrentes, sinon rivales.

En dépit de mots d'ordre similaires, l'action de la CFDT s'inscrit dans une autre logique. A ses yeux, l'essentiel de la question immigrée se situe désormais en dehors de l'entreprise. A l'école, dans les quartiers, dans les stages de formation qui doivent aider cette main-d'œuvre non qualifiée à se réinsérer dans le marché du travail. Autant de secteurs où le syndicat doit savoir partager son pouvoir, et son expérience, avec le mouvement associatif et les autorités locales. Au nom de cette stratégie fondée sur la diversité, la CFDT a ainsi apporté son soutien à des conflits qui concernaient les étrangers sans être syndicaux : grèves de la faim des travailleurs turcs sans papiers, organisation des nettoyeurs du métro parisien. A la différence de la CGT, elle prend donc acte d'intérêts séparés, sinon divergents entre Français et étrangers, et rejette même la notion d'"immigrés", concept purement français qui nie les différents vécus nationaux, toujours vivaces dans la démarche des communautés étrangères. En privilégiant l'intégration, la CFDT a ainsi conquis une influence non négligeable dans l'immigration sans la protéger. En dépit d'une fermeté de principe, les syndicats n'ont pu en effet éviter aux étrangers de payer plus cher les conséquences de la crise. Et, dans les rangs français, ils n'ont su ni contenir la poussée xénophobe, ni maintenir vivante une culture ouvrière, qui servait, hier, de modèle pour l'intégration des étrangers.

Tamouls

Dans l'ancienne île de Ceylan, les discriminations administratives et religieuses à l'encontre de la minorité tamoule (20 % de la population) commencent en 1956. Quinze ans plus tard, las de n'avoir pu faire reconnaître leurs droits, une poignée de combattants s'engage dans la lutte armée. Guérilla, représailles de l'armée contre les populations civiles : à la fin des années soixante-dix, les premiers réfugiés tamouls quittent le Sri-Lanka ; en 1980, ils sont 640 en France. Puis à partir de 1983, la guerre civile s'intensifie et gonfle les flux migratoires vers les pays d'accueil traditionnels (France, Grande-Bretagne, Pays-Bas, Suisse, Canada). En France, les réfugiés sont 14 000 fin 1985, 22 000 en 1987, estimation qui inclut les clandestins.

En théorie, les Tamouls sont des réfugiés que la France doit accueillir en vertu de la Convention de Genève. Mais ses frontières sont en fait à peine entrebaillées. Les pouvoirs publics considèrent en effet que les Tamouls sont avant tout des travailleurs, qui fuient la misère et non de réelles persécutions. Dès leur arrivée, la quasi-totalité des Tamouls demande néanmoins l'asile politique et le statut de réfugié auprès de l'Office français de protection des réfugiés et apatrides. Il s'agit d'hommes jeunes, dans leur majorité, envoyés par leur famille afin d'échapper à l'enrôlement forcé dans la guérilla, ou à la répression de l'armée régulière. Quelques-uns sont en revanche plus âgés. Ils ont vendu sur place tout ce qu'ils possédaient, afin de payer leur voyage, et ils arrivent parfois accompagnés de leur famille. Mais une fois en France, tous sont confrontés aux mêmes difficultés. Comme ils ne parlent pas le français, à peine l'anglais, ils se perdent dans le dédale administratif, font appel à des compatriotes déjà installés pour rédiger leur demande. Les récits sont pleins d'erreurs, parfois fantaisistes, souvent stéréotypés. Or, l'OFPRA exige des récits personnels, décrivant avec précision les persécutions subies. Finalement, la plupart des dossiers sont rejetés : 5 % à peine des demandeurs d'asile tamouls obtiennent le statut de réfugié, au bout d'une procédure de plusieurs années. Pendant ce temps, les Tamouls doivent vivre. Ils sont *a priori* favorisés puisque la demande d'asile équivaut, dans la procédure française, à un passeport pour le marché du travail. Mais leur ignorance complète de la langue, la précarité de leur vie quotidienne les obligent à accepter des emplois de manœuvres, voire de clandestins, quelle que soit leur formation antérieure. L'hébergement est pris en charge selon des fortunes diverses. Ceux qui ont accès aux centres ouverts pour les réfugiés y trouvent des conditions de vie décente ; les autres n'ont d'autre solution que les hôtels sordides où ils s'entassent à dix par chambre, faute de revenus suffisants.

Quand vient la décision de refus, ils choisissent pourtant de rester, clandestinement cette fois, et sans le moindre secours. Car ils craignent plus la guerre et les persécutions, que la pauvreté ou le soupçon qui les désigne, en France, comme faux réfugiés et vrais immigrés, profitant de la richesse nationale.

Tchécoslovaques

Travailleurs dans les années vingt, puis réfugiés en 1939, 1948 et 1968, la petite communauté tchécoslovaque reflète assez bien la diversité de l'immigration en France. De tout temps, le pays a eu une tradition d'émigration : le relief montagneux freinait l'expansion de l'agriculture, et l'industrie ne pouvait employer toute la main-d'œuvre disponible. De 1899 à 1914, on compte 30 000 départs annuels, mais rares sont ceux qui choisissent alors la France comme destination finale. Puis, au cours des années vingt, les flux migratoires s'infléchissent. La Première Guerre mondiale a considérablement augmenté le besoin en main-d'œuvre.

En Tchécoslovaquie, les problèmes demeurent : la terre est trop pauvre, les exploitations trop petites pour nourrir toute la population. Mais les quotas imposés outre-Atlantique et les difficultés allemandes réduisent les possibilités d'émigrations dans les deux pays d'accueil traditionnel. Les flux migratoires, toujours nourris, vont donc se tourner vers la France. Le 20 mars 1920, un accord est signé ouvrant les portes de la Tchécoslovaquie aux recruteurs de la Société générale d'immigration. Dans l'agriculture, la sélection est opérée sur place par l'Office slovaque de Bratislava, mais les derniers contrôles médicaux et professionnels relèvent des autorités françaises, de même que le transport des travailleurs sélectionnés. Le bureau central de placement, à Prague, s'occupe, lui, des ouvriers d'industrie, recensés par un réseau serré de services locaux. Mais, comme dans l'agriculture, la sélection finale, le contrôle et le transport sont effectués par les Français, la SGI collaborant avec les services du ministère du Travail.

Les immigrés tchèques rejoignent en chemin, à Petrowice, les convois de travailleurs polonais, partis de Myslowice à destination de Toul ; itinéraire commun qui symbolise la similitude des deux migrations. Toutes deux connaissent en effet une croissance très rapide dans l'entre-deux-guerres : il y a, en 1921, 5 580 Tchécoslovaques, près de 33 000 en 1926. L'une et l'autre s'installent surtout au nord de la Loire, mais les Tchèques sont employés plus nombreux dans l'agriculture. Dans l'industrie, leur image est meilleure que celle des Polonais même si on leur fait grief de leur instabilité, de leur isolement et d'un esprit de revendication un peu trop véhément.

De son côté, la jeune république tchécoslovaque, impuissante à stopper l'émigration, essaie de consolider ses liens avec les expatriés, mais ils ne rentreront plus et, après l'occupation des Sudètes par l'Allemagne hitlérienne, d'autres viendront au contraire grossir leurs rangs.

Ces réfugiés arrivent les derniers, après Allemands et Autrichiens. La France, à cette date, n'a plus assez de force ou d'invectives pour les blâmer, pas assez de compassion pour les plaindre. Alors elle les ignore et ils s'installent dans une totale indifférence, pris en charge par les autorités religieuses catholiques, protestantes et juives. Au cours de la Seconde Guerre mondiale, ils subiront le sort des autres réfugiés. Volontaires dans la Légion étrangère, prestataires de l'armée française, "suspects", "indésirables", juifs : tous se retrouvent dans des camps, coupables aux yeux des Français, chacun à sa manière, laissant seulement hors des barbelés une minorité de femmes et d'hommes qui essaient de survivre libres. Au fil des mois, "prestataires", et "indésirables" sont peu à peu libérés, mais les juifs sont pris au piège dans les camps de Vichy. En 1942-1943, des rafles les livrent aux nazis "en échange" des juifs français, provisoirement épargnés à la demande de Vichy.

A la Libération, les survivants témoignent de la tourmente, perdus dans l'immense cohorte des déportés, réfugiés, personnes déplacées qui sillonnent l'Europe sans patrie et sans but. Les Nations unies s'occupent des rapatriements. Quelques Tchécoslovaques de France repartent, en particulier les militants communistes, mais les autres resteront. Dès 1948, après la mise en place du régime stalinien, une nouvelle vague de réfugiés les rejoint.

Vingt ans après, enfin, arriveront ceux qui fuient la Tchécoslovaquie du Printemps de Prague vaincu. Exil symbolique, mais de faible ampleur. Les réfugiés tchèques sont peu nombreux. Ils sont également privilégiés dans leur malheur. La plupart, en effet, ont pu préparer leur départ. A l'arrivée, ils ont trouvé un statut juridique, un emploi et une solidarité qui les ont protégés de la marginalité. Désormais, ils sont bien intégrés, souvent Français, à l'image de Milan Kundera, le plus connu de ces Tchécoslovaques en diaspora. Ils ne rentreront sans doute pas, même s'ils suivent attentifs et heureux, le retour de leur pays dans le concert des démocraties.

Tunisiens

En 1954, dernier recensement avant l'indépendance : il y a en France à peine cinq mille Tunisiens. Le pays souffre pourtant des mêmes maux que ses voisins du Maghreb, mais il n'a aucune tradition migratoire, et guère de fascination pour le modèle occidental. L'indifférence persiste tout au long des années cinquante, avant de reculer de plus en plus nettement au cours de la décennie suivante. Dès 1962, la communauté tunisienne compte en effet 27 000 membres, le double deux ans plus tard et les effectifs n'ont pas cessé d'augmenter depuis. En 1986, on recensait 235 257 titulaires d'un titre de séjour, ce qui place les Tunisiens au cinquième rang des nationalités étrangères vivant en France. La communauté juive est partie la première, pour des raisons politiques et religieuses, avant de céder la place à une migration de travailleurs plus classique, poussée d'abord par le chômage endémique et l'explosion démographique. La "révolution scolaire", l'influence des media ont ensuite durablement transformé les mentalités, et créé un modèle de consommation emprunté à l'Occident, qui séduit la jeunesse et favorise les flux migratoires.

Classiquement, les premiers venus sont des hommes jeunes, âgés de vingt à trente ans. Mais l'immigration tunisienne compte très vite un pourcentage élevé de femmes, non pour travailler (4 % de femmes seulement chez les travailleurs tunisiens), mais pour reconstituer la cellule familiale. Dès 1962, alors que l'immigration est à peine naissante, le taux de féminisation est supérieur à celui des Algériens (31,5 % contre 16 %).

Il augmentera encore, en dépit d'un certain tassement au milieu des années soixante-dix, pour se situer aujourd'hui au niveau des deux autres communautés maghrébines, aux alentours de 38 %. Pour venir, les femmes ont utilisé à la fois les possibilités de regroupement prévues par l'ONI et les filières "touristiques", quand les délais légaux s'allongent ou que les conditions de logement et de revenus paraissent trop sélectives.

Géographiquement, les trois quarts des Tunisiens sont regroupés dans les trois pôles privilégiés de l'immigration maghrébine : 44,4 % dans la région parisienne, 15,8 % dans la région Rhône-Alpes, 20,7 % dans la région Provence-Côte-d'Azur. En matière d'activité économique, on retrouve les travailleurs tunisiens dans trois secteurs dominants : l'industrie de transformation (33 %), le bâtiment (32 %), le commerce et les services (30 %). L'importance de ce dernier secteur est due à l'originalité des Tunisiens, par rapport aux autres immigrés et à leurs voisins du Maghreb et aussi à leur niveau de qualification relativement élevé. Au départ, il reflète l'émergence des classes moyennes dans la Tunisie indépendante. A l'arrivée, il sera le meilleur passeport pour l'intégration dans la société française, réelle ou vécue comme telle par les Français. A l'"indice d'intégration", différence entre les jugements "bien" ou "mal" intégrés, les Tunisiens sont en effet bien mieux perçus par les Français que les Marocains et surtout, que les Algériens (respectivement à l'indice – 5, – 12 et – 49 en 1984).

Le faible taux de retour, l'importance des regroupements familiaux disent également que l'intégration est en marche. Ceux de la première génération parlent certes d'installation provisoire, le temps d'épargner ou d'acquérir une formation professionnelle. Le gouvernement tunisien les encourage. Mais il est sans doute trop tard. L'exil s'est prolongé. La seconde génération a grandi, bien intégrée, décidée à rester. Finalement, entre le rêve de retour, et la réalité d'une installation durable, le temps a arbitré.

Turcs

Les premiers accords franco-turcs en matière d'immigration datent de 1969. Jusque-là quasi inexistante avec 8 000 ressortissants en 1970, l'immigration turque se développe rapidement et, en 1973, le cap des 45 000 ressortissants est atteint. Nouvelle accélération quelques années plus tard, quand se ferment les frontières allemandes. Certains Turcs franchissent alors le Rhin pour ne pas être refoulés de RFA vers leur pays d'origine ; ceux qui n'en sont pas encore partis se dirigent directement vers la France, réputée plus hospitalière. Il y a 100 000 ressortissants turcs en 1980, 180 000 en 1987 dont 7 715 réfugiés kurdes, assyro-chaldéens, arméniens ou militants de gauche.

Chez les travailleurs immigrés les causes de départ sont classiques. Un fort taux de chômage, le surpeuplement rural dans un pays où 87 % des exploitations font moins de dix hectares, et une industrialisation insuffisante alimentent les flux migratoires. Les premiers partis, originaires des régions Ouest et Nord-Ouest du pays, plus peuplées, plus industrialisées, se sont dirigés vers l'Allemagne en raison des liens anciens qui unissent les deux pays. Ceux qui choisissent la France sont en revanche des paysans qui ont tardé à quitter leur terre pour le monde industriel.

Jusqu'en 1974, les entrées se font légalement, par le biais de l'ONI et de l'Office de l'emploi turc. Ce dernier sélectionne les candidats en fonction de son intérêt national, privilégie ceux qui sont originaires des régions sinistrées ou économiquement sous-développées. C'est également l'office turc, et non français, qui exige des candidats d'être alphabétisés, en turc. En 1973, dernière année d'immigration légale de travailleurs, arrivent en France 18 628 Turcs, ce qui les placent au quatrième rang après les Portugais, les Marocains et les Tunisiens. Le tournant de 1974 ne modifie pas le volume, mais la nature, du flux migratoire. La communauté turque profite en effet très largement des possibilités de regroupement familial ; les femmes et les enfants remplacent les hommes adultes. De 1972 à 1975, le pourcentage de jeunes de moins de seize ans est multiplié par deux et la tendance au rajeunissement ne s'est, depuis, jamais démentie. En dépit de son implantation très récente, cette immigration est donc familiale, avec un nombre moyen de personnes par foyer supérieur à celui des Algériens, par exemple (3,6 en 1981, contre 2,28), un plus grand nombre de familles ayant au moins trois enfants de 0 à 16 ans (45 % en 1981 contre 30 % pour les Algériens) ou ayant au moins un enfant (71 %).

En matière d'activité économique, la communauté turque obéit à certaines des règles imposées au "dernier arrivé" : emplois de manœuvres dans la métallurgie, le bâtiment ou l'agriculture ; déqualification à l'arrivée en France, comme prix à payer de l'émigration (en 1977, 20 % des Turcs seulement étaient employés dans leur spécialité d'origine). Mais toute l'immigration turque ne se retrouve pas dans ce modèle classique. Il y a d'abord le réseau parallèle de la confection, les ateliers-habitats à Paris ou en banlieue, qui emploient les deux tiers des Turcs installés en Ile-de-France, un monde de surexploitation où il n'est pas rare de travailler dix, douze heures par jour et parfois plus. En contrepoint, surgit à l'inverse une Turquie plus revendicative, plus fière, moins fataliste que les précédentes vagues d'immigration et qui utilise sans hésiter les armes traditionnelles du mouvement ouvrier, à la différence par exemple des Asiatiques qui paraissent, eux, séduits par le modèle américain de la réussite individuelle. Les travailleurs turcs se distinguent en effet par un taux élevé de syndicalisation, par leur combativité, témoin la grève des "sans papiers" de 1980. Certains ont été aguerris par leur expérience allemande.

Mais le vécu historique fournit une autre explication. Les travailleurs turcs sont, et se sentent, héritiers de l'Empire ottoman qui entreprit de son propre chef une modernisation, subie ailleurs, par le biais du colonialisme. Par leurs revendications, c'est cette identité, très vivante, et ce passé qu'ils veulent faire reconnaître, contre la société d'accueil qui leur refuse l'égalité, et contre le reste de la population immigrée, trop soumise à leurs yeux, sinon inférieure. Cette réaction de défense, ce besoin d'affirmer leur "turquitude" influence aussi leur attitude face au modèle socio-culturel français.

Ils vivent entre eux, n'ont guère de contacts avec leur entourage, d'autant que l'immigration familiale les préserve de la solitude. Il est vrai que cette situation est parfois subie, et non voulue, compte tenu de leurs difficultés à apprendre le français, et de leur volonté de respecter la coutume islamique. Quoi qu'il en soit, on parle turc en famille, on "écoute" et on "lit" turc ; les traditions culinaires, les codes de politesse sont maintenus. Il y a donc, à l'évidence, résistance à l'acculturation mais, à la différence des Yougoslaves, communauté comparable par la taille et l'ancienneté, les retours annuels sont rares, même si le "désir" est rituellement réaffirmé. Venus en France pour obtenir une promotion sociale, les travailleurs turcs ont compris et adopté les règles du jeu social. Les enfants sont scolarisés, intégrés à l'environnement français et leur réussite est ouvertement encouragée. De même, le changement de nationalité, l'accès à une nouvelle citoyenneté ne pose pas de problèmes d'identité car le rapport à la société française est d'abord un rapport pratique. La communauté turque est habituée à distinguer entre sphères publiques et privées et la laïcité de l'État français ne lui paraît pas menacer ses traditions. S'il peut se révéler utile, elle en fera alors bon usage comme en témoigne sa capacité à organiser ses revendications sur un modèle occidental, pour aider au maintien de son identité culturelle. Il reste que la seconde génération vit, elle, ce dualisme comme un conflit, parce que les deux apprentissages vont de pair dès le plus jeune âge, parce qu'ici, les modèles ne se sont pas succédé, mais s'opposent au quotidien. Le problème est en train de devenir crucial car les premiers qui sont "nés en France" arrivent maintenant à l'âge adulte. Les filles, en particulier, scolarisées jusqu'à seize ans, qui se retrouvent ensuite "à la maison" pour aider leur mère en attendant un mariage arrangé supportent de plus en plus mal leur condition.

Pour l'heure, l'immigration turque est trop récente pour faire entendre sa voix. Mais en contrepoint de l'immigration maghrébine, elle dit la nécessité de trouver un compromis entre islam et laïcité, entre religion privée et règles publiques. Le compromis est urgent : les bouleversements européens et allemands risquent de modifier rapidement l'équilibre de la communauté turque et de réorienter les flux migratoires entre les différents pays d'accueil. Compromis possible, car la Turquie, république laïque, a su, en d'autres temps, redessiner les sphères d'influence de la nation et de la religion sans trahir la foi.

Vénissieux/Villeurbanne

L'agglomération lyonnaise est, avec Paris et Marseille, l'une des principales concentrations d'étrangers en France. Au début de ce siècle, elle vit d'abord à l'heure italienne. Certains travailleurs transalpins arrivent directement dans la région lyonnaise ; d'autres font d'abord un arrêt au bord de la Méditerranée, avant de remonter la vallée du Rhône. Diversité dans les origines : les pionniers sont surtout Piémontais, rejoints ensuite par les travailleurs du Trentin, du Latium ou de la Vénétie. A une écrasante majorité, ils sont ouvriers d'industrie, embauchés par les usines de l'agglomération lyonnaise ou les mines de la région stéphanoise. Mais dès l'entre-deux-guerres, l'hégémonie italienne est battue en brèche. Les mines et l'industrie sidérurgique se tournent vers le travailleur polonais, l'industrie chimique fait appel aux Algériens. Après 1945, ces derniers vont venir beaucoup plus nombreux et marquer toute l'agglomération lyonnaise de leur empreinte. Les étrangers d'origine européenne restent présents, mais la répartition entre communautés ne reproduit pas exactement le modèle national. Les Portugais sont moins nombreux (21 000 à ce jour) ; les Espagnols et Italiens connaissent ici un déclin moins brutal. La répartition géographique est en revanche classique : dans le centre de Lyon, les étrangers habitent les zones industrielles et dévalorisées, comme le quartier Saint-Jean, le bas de la Croix-Rousse ou La Guillotière. Il s'agit surtout de nouveaux arrivants, célibataires, qui trouvent des structures d'accueil tenues par leurs compatriotes : hôtels meublés, commerces mais également contacts avec les éventuels employeurs. Au fil des ans, le profil n'a guère varié, même si se sont succédé Italiens, Polonais, Portugais ou Maghrébins. Les étrangers d'origine européenne se sont petit à petit disséminés dans la ville, ou à la périphérie, une fois gravis les premiers degrés de l'échelle sociale. Seuls sont restés les Nord-Africains, dans des habitations totalement dégradées, promises à la rénovation.

Mais Lyon est atypique au sein d'une agglomération qui compte cinquante-cinq communes, et autant de stratégies vis-à-vis de la population étrangère. Villeurbanne, la plus importante, ressemble un peu à Saint-Denis, en région parisienne. Un ancien foyer industriel, une population ouvrière, une tradition d'immigration avec, jusqu'à la crise, une forte corrélation entre habitat et main-d'œuvre non qualifiée. Il s'agit, ici, surtout de Maghrébins, logés dans des bidonvilles ou des cités de transit, dans l'urgence des années de croissance. Puis, avec les regroupements familiaux, la population s'est brusquement gonflée car l'habitat était mieux adapté qu'en centre ville. Mais la crise a empêché de trouver une harmonie, un équilibre qui permettraient d'intégrer ces nouveaux venus. Les bidonvilles ont certes été réduits, remplacés par des cités d'urgence, ou des HLM. Mais la désindustrialisation est très vite venue remettre en cause la corrélation habitat/travail, qui faisait l'armature sociale de Villeurbanne. Désertée par les usines, la ville s'est retrouvée face à des HLM désormais sans raison d'être. Les familles françaises ont abandonné les lieux, laissant derrière elle se former de véritables ghettos étrangers. Pour les résorber, des opérations ont été entreprises. Mais les nouveaux logements n'étaient pas réservés aux anciens locataires. Les immigrés ont donc dû nombreux quitter Villeurbanne. Destination incertaine. La plupart des communes de l'agglomération, surtout celles de l'Est, ont refusé de prendre la relève, quitte à entretenir des logements vacants. Restait Vénissieux et, en son sein, ville dans la ville, Les Minguettes qui deviendront, pour la France entière, le triste emblème de l'immigration. Inventaire 1982 de ce quartier trop célèbre : 25 000 habitants, 51 % de moins de 20 ans, 42 nationalités, 117 ethnies, 20 % de chômeurs et la déplorable image des rodéos automobiles et incendies de l'été 1981. La cité vit loin du centre, sans transports, sans activités, avec une densité exceptionnelle de tours et de population. Tant de handicaps seront peut-être sa première chance. La cité est choisie comme site prioritaire pour les opérations de développement social des quartiers. Tous vont collaborer. L'Office HLM fait un effort de rénovation et de gardiennage. Plusieurs tours sont dynamitées. Les entreprises sont aidées si elles embauchent des jeunes de la cité. Les travailleurs sociaux s'organisent. Les parents s'engagent à leur tour, en développant le réseau associatif islamique qui prend en charge les enfants. Le réseau français, de son côté, bénéficie d'une forte et ancienne implantation locale. Dès les années soixante, des groupements comme l'Association de coopération franco-algérienne, animée par des militants chrétiens, ont favorisé les échanges culturels entre communautés et l'insertion des étrangers en intervenant dans des domaines aussi divers que la santé, l'administration, ou les conflits du travail. Après 1968, beaucoup ont abandonné ce travail pour un militantisme plus politique. Mais quelques-uns ont maintenu vivante la tradition, en particulier les animateurs de la CIMADE. Ce sont eux qui feront le lien entre deux générations de l'immigration. Au début des années quatre-vingt, ils guident les premiers pas des jeunes immigrés lyonnais qui essaient de s'organiser. Leurs efforts mèneront aux marches pour l'égalité de 1983-84 avant d'être occultés par le succès médiatique de SOS Racisme. Depuis, les "Jeunes Arabes de Lyon", selon le nom de leur association sont rentrés dans le rang. Mais Les Minguettes grâce à ces efforts conjugués ont retrouvé la dignité, le calme et un visage humain, à défaut d'un bonheur de vivre. A leur manière, elles prennent ainsi acte de ce qui a été accompli et de ce qui reste à faire.

Yougoslaves

L'immigration serbe, puis yougoslave, est longtemps restée marginale en France. Dans l'entre-deux guerres, les 24 000 ressortissants yougoslaves, auxquels il faut ajouter autant de travailleurs saisonniers, pèsent bien peu par rapport aux communautés italiennes ou polonaises. Après 1945, le flux migratoire paraît même définitivement stoppé. Inconcevable dans le cadre d'une économie socialiste, l'émigration est interdite. La population se laisse convaincre, séduite par l'essor économique et la création d'emploi. Le rôle de la France se réduit alors à l'accueil des réfugiés : 5 700 en 1950. Mais au tournant des années soixante, cet équilibre est soudain rompu. En Yougoslavie, l'industrialisation de l'immédiat après-guerre s'est faite au détriment des investissements agricoles, et les paysans ont dû prendre le chemin des centres urbains. Dans un premier temps, les villes ont absorbé cet excès de main-d'œuvre mais, vers 1960, les capacités d'emploi dans l'industrie atteignent leurs limites. Il y a alors 160 000 chômeurs, 236 000 deux ans plus tard. Pour y remédier, le gouvernement décide de jouer sur les départs à l'étranger. Entre 1963 et 1966, l'émigration est petit à petit libérée, puis intégrée dans l'élaboration du plan 1966-1970. Le 25 janvier 1965, un accord bilatéral est signé avec la France ; quatre ans plus tard, 32 140 travailleurs yougoslaves sont déjà installés, 50 % de plus qu'en 1962.

Mais ceux qui arrivent ne sont pas ces chômeurs qui embarrassent tant les autorités yougoslaves, plutôt des hommes jeunes, qui cherchent à améliorer leurs conditions de vie, ou des petits propriétaires privés dont l'avenir est compromis dans le cadre d'une économie socialiste. Leur nombre va quadrupler de 1965 à 1973, date à laquelle les autorités yougoslaves se décident à prendre des mesures drastiques pour stopper l'hémorragie. En 1986, on recensait 78 316 Yougoslaves titulaires d'un titre de séjour, auxquels il faut sans doute ajouter des clandestins, en nombre important.

La croissance s'est faite selon des règles non écrites qui donnent à la communauté une certaine cohérence. 67 % des Yougoslaves de France sont Serbes, sans doute par fidélité aux alliances de la Première Guerre mondiale, le second conflit mondial jouant par ailleurs contre l'Allemagne, premier pays d'accueil des Yougoslaves. 60 % de la communauté est regroupée en région parisienne. La présence féminine est supérieure à la moyenne et atteint des niveaux surprenants (47 %) pour une immigration aussi récente.

Pourtant, les Yougoslaves sont mal intégrés, tournés vers leur pays d'origine et non vers un avenir français. Même ceux qui sont arrivés depuis plus de quinze ou vingt ans se considèrent en transit. Ils épargnent en vue du retour, investissent dans l'achat de terres ou de logements. Plus surprenant : les deux tiers de la seconde génération préféreraient vivre en Yougoslavie, et moins d'un jeune sur cinq est résolu à s'installer définitivement en France. La vie associative florissante (une centaine de clubs à ce jour), la presse nationale cultivent ce sentiment communautaire qui n'est pas sans rappeler les Polonais de l'entre-deux-guerres, originaires eux aussi d'un pays ayant tardivement conquis son indépendance et son identité. Le maintien des traditions est alors une sorte de devoir national, auquel s'ajoute, dans le cas des Yougoslaves, un déracinement socio-économique qui justifie un peu plus la tentation du repli. Les conditions d'une bonne intégration sont pourtant réunies. L'immigration est jeune, plus instruite et plus qualifiée que la moyenne, bien implantée sur le marché du travail grâce à un taux élevé d'activité féminine, autant d'atouts favorables à la mobilité sociale, qui demeure la condition première de l'intégration. La communauté yougoslave dispose d'un dernier avantage. Epargnée par le racisme, à l'exception de la communauté tzigane, elle bénéficie d'une certaine bienveillance de l'opinion française. Mais jusqu'à présent, cette bonne volonté n'a pas réussi à convaincre ces travailleurs de s'installer vraiment, car ils veulent vivre mieux, sans vivre autrement.

BIBLIOGRAPHIE

BADIA (Gilbert). – *Les Barbelés de l'exil,* Paris, PUG, 1979.

BASTIDE (Henri). – *Les Enfants d'immigrés et l'enseignement français,* Paris, INED/PUF, Cahier n° 97, 1982.

BONNET (J.C.). – *Les Pouvoirs publics et l'immigration dans l'entre-deux-guerres,* Lyon, Presses Universitaires, 1974.

BONNET Serge et HUMBERT (Roger). – *La Ligne rouge des hauts fourneaux,* Paris, Denoël, 1981.

BONNET (Serge), (en collaboration avec E. Kagan et M. Maigret). – *L'Homme du fer. Mineurs de fer et ouvriers sidérurgistes lorrains,* Metz (SMEI), 2 vol., 1975 et 1977.

COSTA-LASCOUX (Jacqueline) et TEMIME (Émile), sous la direction de, *Les Algériens en France. Genèse et devenir d'une migration,* Paris, GRECO 13/CNRS, PUBISUD, 1985.

COSTA-LASCOUX (Jacqueline). – *De l'Immigré au citoyen,* Paris, La Documentation française, 1989.

COURTOIS (Stéphane). – *Le Sang de l'étranger. Les immigrés de la MOI dans la résistance,* Paris, Fayard, 1989.

DREYFUS (Michel) et MILZA (Pierre). – *Un Siècle d'immigration italienne en France (1850-1950),* Etats des travaux, Paris, CEDEI/CHEVS, 1987.

ETIENNE (Bruno). – *La France et l'islam,* Paris, Hachette, 1989.

Etre français aujourd'hui et demain. Rapport de la Commission de la nationalité, présenté par M. Marceau Long, Président, au Premier ministre, Paris, UGI/10-18, 2 vol., 1988.

GASPARD (Françoise) et SERVAN-SCHREIBER (Claude). – *La Fin des immigrés,* Paris, Seuil, 1984.

GEORGE (Pierre). – *L'Immigration en France,* Paris, Armand Colin, 1986.

GIRARD (Alain) et STOETZEL (Jean). – *Français et immigrés,* Paris, PUF.
  1. *L'attitude française. L'adaptation des Italiens et des Polonais,* Cahiers de l'INED, n° 19, 1953.
  2. *Nouveaux documents sur l'adaptation – Algériens, Italiens, Polonais,* Cahiers de l'INED, n° 20, 1954.

GIUDICE (Fausto). – *Têtes de Turcs en France,* Paris, La Découverte, 1989.

GREEN (Nancy). – *Les Travailleurs immigrés juifs à la Belle Époque,* Paris, Fayard, 1985.

Immigration (L'). – Numéro 47 de la revue *Pouvoirs,* 1988.

Immigration italienne en France dans les années 20 (L'). – Actes du colloque franco-italien d'octobre 1987, Paris, CEDEI, 1988.

Immigrés du Maghreb. Études sur l'adaptation en milieu urbain (Les). – Paris, INED/PUF, Cahier n° 79, 1977.

Insertion des jeunes d'origine étrangère dans la société française (L'). – Paris, La Documentation française, 1982.

KASPI (André) et MARES (Antoine). – *Le Paris des étrangers depuis un siècle,* Paris, Imprimerie nationale, 1989.

KASTORYANO (Riva). – *Être Turc en France,* Paris, CIEMI/L'Harmattan, 1986.

KEPEL (Gilles). – *Les Banlieues de l'Islam,* Paris, Seuil, 1987.

LAACHER (Smaïn), sous la direction de. – *Question de nationalité : histoire et enjeux d'un code,* Paris, CIEMI/L'Harmattan, 1987.

LEQUIN (Yves), sous la direction de. – *La Mosaïque France,* Paris, Larousse, 1988.

LEVEAU (Rémy) et KEPEL (Gilles), sous la direction de. – *Les Musulmans dans la société française,* Paris, Presses de la FNSP, 1988.

LIVIAN (Marcel). – *Le Parti socialiste et l'immigration. Le gouvernement Léon Blum, la main-d'œuvre immigrée et les réfugiés politiques (1920-1940),* Paris, Editions Anthropos, 1982.

LLAUMET (Maria). – *Les Jeunes d'origine étrangère. De la marginalisation à la participation,* Paris, CIEMI/L'Harmattan, 1984.

MALET (Émile). – *Adresse sur l'immigration aux bonnes âmes de droite et aux belles consciences de gauche,* Paris, Joseph Clims, 1987.

MAUCO (Gérard). – *Les Étrangers en France,* Paris, A. Colin, 1982.

MILZA (Olivier). – *Les Français devant l'immigration,* Bruxelles, Complexe, 1988.

MILZA (Pierre). – *Français et Italiens à la fin du XIXe siècle,* Rome, École française de Rome, 2 vol., 1981.

MILZA (Pierre), sous la direction de. – *Les Italiens en France de 1914 à 1940,* Rome, École Française de Rome, 1986.

MINCES (Juliette). – *La Génération suivante,* Paris, Flammarion, 1986.

NOIRIEL (Gérard). – *Le Creuset français. Histoire de l'immigration, XIXᵉ-XXᵉ siècle,* Paris, Seuil, 1988.

NOIRIEL (Gérard). – *Longwy. Immigrés et prolétaires, 1880-1980,* Paris, PUF, 1984.

PHILIPPE (Béatrice). – *Être juif dans la société française,* Paris, Ed. Montalba, 1979.

PONTY (Janine). – *Polonais méconnus,* Paris, Publications de la Sorbonne, 1988.

ROLLAT (Alain) et PLENEL (Edwy). – *L'Effet Le Pen,* Paris, La Découverte - "Le Monde", 1984.

SALQUE (J.), MACCARINI (J.), MAILLET (P.) et REISS (B.). – *L'Anniversaire de Thomas,* Nancy, 1982.

SCHOR (Ralph). – *L'Opinion française et les étrangers, 1919-1939,* Paris, Publications de la Sorbonne, 1985.

STASI (Bernard). – *L'Immigration : une chance pour la France,* Paris, R. Laffont, 1984.

TEMIME (Émile), sous la direction de. – *Migrance. Histoire des migrations à Marseille,*
  1. *1482-1830,* par Pierre Echinard et Émile Temime, Aix-en-Provence, EDISUD, 1989,
  2. *1830-1918,* par Renée Lopez et Émile Temime, Aix-en-Provence, EDISUD, 1990.

Un siècle d'immigration en France. – Numéro spécial de la revue *Vingtième Siècle,* septembre 1985.

WITOLT de WENDEN (Catherine). – *Les Immigrés et la politique,* Paris, Presses de la FNSP, 1988.

INDEX

Les pages indiquées en gras renvoient à la rubrique concernant ce sujet.

Abbas Cheikh, 176

Action française **15-17,** 46, 65, 69, 197, 198, 201

Alexandre Iᵉʳ de Yougoslavie, 138

Alexandre II, 274

Algériens, 12, 13, 21, 23, **36-44,** 68, 88-90, 112, 150, 157, 159, **163-165,** 174, 179, 187, 192, 207, 211-213, 215, 216, 222, 234, 237, 241, 248, 254, 272, 273, 312, 313, 315, 317, 318

Allemands, 8, 11, 12, 15, 16, **45-51,** 55, 77, 86, 87, 92, 98, 104, 138, 139, 155, 187, 198, 208, 214, 233, 234, 240, 250, 252, 257, 268-273, 283, 310

Américains, 207, 208, 231

Amicale des Algériens en France, 41, 44, 62

Amicale des Marocains, 62

Amicale des travailleurs et commerçants marocains, 62

Amicale des travailleurs tunisiens, 62

Argentins, **52-53**

Armand Jean, 9

Armée secrète arménienne de libération de l'Arménie (ASALA), 59

Arméniens, 13, **56-59,** 68, 97, 215, 245, 314

Association de coopération franco-algérienne, 319

Association des Algériens de France, 131

Autrichiens, 50, 71, 155, 252, 310

Baldini, 144

Barre Raymond, 295, 296

Barthou Louis, 138

Basch Victor, 153

Belges, 10, 12, 16, 37, **64-65,** 77, 86, 87, 92, 147-149, 155, 187, 209, 234, 244, 268-273, 297

Blanc Jacques, 72
Blum Léon, 16, 49, 136, 138, 139, 152, 198, 283
Boat-people, **66-68,** 74
Bonservizi, 190
Boulanger général Georges, 69, 230, 282
Brecht Bertold, 49
Brésiliens, **52-53**
Briand Aristide, 15, 144
Brigades internationales, 50
Britanniques, 11, 16, 187, 229
Büchner Georg, 45
Buozzi Bruno, 144

Cachin Marcel, 251
Cagoule (La), 146
Cambodgiens, 13, **66-67**
Camerounais, **27**
Campolonghi Luigi, 145
Carnot Sadi, 184
Caserio Santo Jeronimo, 184
Cauchon Jean, 93
Chalandon Albin, 223
Chaptal Mgr, 69
Chiliens, 13, **52-53**
Chinois, **66-68, 74-75,** 156
Chirac Jacques, 123, 134, 135, 223, 224
Clemenceau Georges, 119
Clermont-Tonnerre Stanislas de, 195
Club de l'Horloge, 133
Comité de défense de la cause arménienne, 58
Comité inter-mouvements auprès des évacués (CIMADE), 71, 319
Comité Maghreb, 72
Comité Matteotti, 48
Comité national de secours aux réfugiés allemands victimes de l'antisémitisme, 48
Confédération française des travailleurs chrétiens (CFTC), 302-305
Confédération française et démocratique du travail (CFDT), 303, 304, 306

Confédération générale du travail (CGT), 39, 46, 138, 230, 301-304, 306
Confédération générale du travail unitaire (CGTU), 230, 251, 300, 301
Confederazione Generale del Lavoro (CGL), 144
Conseil national de la Résistance, 253, 302
Croix (La), 196
Croizat Ambroise, 253

Daladier Edouard, 109
Déat Marcel, 283
Delorme Christian, 73
Désir Harlem, 293
Diaghilev Serge de, 276
Donati Giuseppe, 144
Doriot Jacques, 251
Dormoy Marx, 152
Doumer Paul, 138
Dreyfus Capitaine Alfred, 15, 197, 198
Dubois Mgr, 69
Dupuy Charles, 33
Duval Mgr, 72
Duvalier Jean-Claude, 52

Espagnols, 8, 11, 12, 22, 68, 70, 78, 86, 89, 93, 97-99, 104, **115-118,** 140, 147, 150, 154, 156, 159, 174, 187, 192, 214-216, 244, 248, 264, 268-273, 317
Étoile Nord-africaine, 140

Fabius Laurent, 287
Force ouvrière (FO), 302, 303, 305
Foucauld Charles Eugène, vicomte de, dit le père de Foucauld, 72
Fourier Charles, 282
Foyer français, 108
France Terre d'Asile, 101
Francisme, 198
Franco Francisco, 105, 154
Francs tireurs et partisans (FTP), 253, 261
Front de libération nationale (FLN), 39-41, 62, 104, 131, 303

Front national (FN), 73, 78, **92-96,** 123, **129-135,** 171, 193, 202, 217, 223, 235, 243, 255, 256, 280, 287, 288, 293, 294

Gaspard Françoise, 93, 94
Gaulle général Charles De, 202, 222, 253
Giolitti Giovanni, 33
Giscard d'Estaing Valéry, 42, 164
Giustizia e Libertà, 144-146
Glasberg abbé, 71
Gobetti Piero, 144, 145
Gorguloff, 138
Gorki Alexis Maximovitch Pechkov, dit Maxime, 276
Grecs, 156, 214
Groupe d'information et de soutien des travailleurs immigrés (GISTI), 63
Guesde Jules, 282
Guillaume V, 166

Hadj Messali, 39, 140, 284
Haïtiens, **52**
Hanau Marthe, 197, 231, 245
Heine Heinrich, 45
Henri IV, 9, 166
Herriot Edouard, 20, 240
Hieaux Jean, 95
Hitler Adolf, 47, 50
Hollandais, 8, 9, 55, **166,** 167, 229, 234, 244, 297
Hongrois, 155

Indochinois, 36, 156, 215
Italiens, 8, 10, 12-14, 19, 21, 25, **29-35,** 36, 45, 55, 61, 65, 68, 70, 77, 86-88, 90, 92, 97, 98, 104, 117, 118, 121, 143-145, 147-149, 155, **179-194,** 207, 214-216, 221, 227, 229, 234, 241, 244, 245, 264, 268-273, 289, 300, 317, 318, 320
Ivoiriens, **27**

Jaurès Jean, 282
Jean-Paul II, 261
Khomeiny Ruhollah, 177

Kundera Milan, 311
Kurdes, 314
Langevin Paul, 153
Laotiens, **67**
Laval Pierre, 138, 222
Le Pen Jean-Marie, 129, 130, 132-135
Lecache Bernard, 198
Libertà (La), 145
Libre Parole (La), 196
Ligue anti-impérialiste, 251
Ligue des communistes, 45
Ligue des Droits de l'Homme, 63, 138, **204-206,** 293
Ligue internationale contre l'anti-sémitisme, 198
Ligue italienne des Droits de l'Homme (LIDU), 144, 145
London Arthur, 138
Louis XIV, 9
Lussu Emilio, 145
Luxembourgeois, 11
Main-d'œuvre immigrée (MOI), 192, 252, 253
Malgaches, 36, 156
Maliens, **26**
Maltais, 214
Mandel Georges, 80, 141
Mann Heinrich, 49
Manouchian Missak, 57, 138, 200, 253
Marocains, 36, 90, 112, 150, 161, 174, 179, 187, 207, **211-213,** 234, 237, 245, 247-249, 272, 273, 313, 315, 318
Marx Karl, 45
Matteotti Giacomo, 144
Mauco Georges, 7, 82, 278
Mauritaniens, **26**
Maurras Charles, 15, 16
Mayer Daniel, 205
Mendès France Pierre, 201
Mitterrand François, 59, 96, 106, 133, 172, 224, 287
Modigliani Giuseppe-Emanuele, 144
Morgari Oddino, 144

Moutet Marius, 139

Mouvement contre le racisme et pour l'amitié entre les peuples (MRAP), 63, 293

Mouvement nationaliste algérien (MNA), 39

Mouvement pour le triomphe des libertés démocratiques (MTLD), 303

Mussolini Benito, 140, 191

Narodowiec, 259
Navachine, 140
Nenni Pietro, 144
Nitti Saverio, 144

Opieka Polska, 61, 260
Ordre nouveau, 129
Organisation de l'armée secrète (OAS), 129
Organisation polonaise pour l'indépendance (POWN), 261

Painlevé Paul, 108
Pakistanais, 101
Papon Maurice, 40
Parri Ferruccio, 145
Parti communiste français (PCF), 98, 104, 135, 138, 140, 144, 192, 199, 201, 202, **250-256,** 283, 304
Parti national fasciste, 190
Parti populaire français, 198
Parti républicain, 144
Parti socialiste (PS), 256, 285, 287, 288
Patrie (La), 34
Péguy Charles, 197
Pensiero Latino (II), 190
Pereire Frères, 195
Pertini Sandro, 144
Pétain maréchal Philippe, 16, 72, 233
Peuple, 300
Pinochet général Augusto, 130
Piquet Marcel, 94
Pitoëff Georges, 276
Poincaré Raymond, 46

Polonais, 9, 12, 14, 19, 20, 61, 70, 71, 87, 88, 90, 99, 108, 121, 147-149, 187, 192, 208, 209, 221, 223, 230, 234, **257-261,** 262, 268-273, 289, 300, 310, 318, 320, 321

Portugais, 12, 13, 22, 25, 68, 78, 89, 90, 104, 112, 117, 150, 156, 159, 179, 209, 248, 248, 249, **262-265,** 272, 273, 303, 315, 317, 318

Poujade Pierre, 201
Proudhon Pierre Joseph, 282

Ramette, 251
Rassemblement populaire, 140, 284
Rassemblement pour la République (RPR), 94, 133, 134
Rastel Georges, 93
Révolution libérale, 144
Revue Blanche (La), 282
Reynaud Paul, 80, 141, 221, 291
Rivarol, 201
Rocard Michel, 172, 287
Rollin Louis, 104
Rosseli Carlo, 140, 144-146
Rosseli Nello, 140, 146
Rothschild famillle, 195
Rushdie Salman, 177
Russes, 11, 13, 97, 98, 104, 156, 187, 215, 245, 257, 272, 273, **274-276,** 283, 300

Salazar Antonio de Oliveira, 105, 263
Salvemini Geatanno, 144, 145
Saragat Giuseppe, 144
Sarraut Albert, 80
Secours catholique, 72
Secours ouvrier, 47
Secours rouge international, 48, 251
Section française de l'Internationale ouvrière (SFIO), 46, 283, 284
Sénégalais Soninké, **25-28**
Serre Philippe, 140, 141, 291
Société allemande, 48

Sokol (s), 61
Solidarité française, 198
Solidarnosc, 261
SOS Racisme, 63, 73, 287, 288, **293-294,** 319
Staline Joseph, 58
Stavisky Alexandre, 138, 197, 231, 245
Stirbois Jean-Pierre, 94, 132
Stirbois Marie-France, 96
Stoléru Lionel, 295
Suisses, 11, 12, 16, 37, 92, 187, 209, 214, 234, 268-273, **297-298**
Szymbor abbé, 70

Tamouls, 101, **307-308**
Tchèques, 20, 71, 309, 310
Témoignage chrétien, 71
Thorez Maurice, 251
Tolstoï Léon, 276
Toussenel, 282
Trepper Leopold, 138
Treves Claudio, 144, 145
Trotsky Léon, 98
Tunisiens, 36, 90, 112, 150, 187, 207, 212, 234, 237, 248, 272, 273, **312-313,** 315, 318

Turati Filippo, 144
Turcs, 12, 90, 93, 161, 170, 237, 272, 273, 306, **314-316**

Union de défense des commerçants et artisans de France (UDCA) – voir Poujade Pierre, 201
Union des syndicats et travailleurs algériens (USTA), 303
Union générale des travailleurs algériens (UGTA), 303
Union pour la démocratie française (UDF), 95, 133, 134
Université ouvrière de Lille, 61
Unzer Wort, 199

Vallat Xavier, 199, 221
Veil Simone, 95
Vietnamiens, 13, **66-67**
Violette Maurice, 93

Wiaruo Polski, 259

Yougoslaves, 12, 20, 272, 273, 316, **320-321**

Zalewski, 250
Zetkin Clara, 250

Armand Colin Éditeur
103, Bd Saint-Michel
75240 Paris Cedex 05
Dépôt légal : Octobre 1990
N⁰ d'éditeur : 9861

Achevé d'imprimer
par l'Imprimerie de Pithiviers
45300 Pithiviers
Dépôt légal : Septembre 1990
N⁰ d'imprimeur : 816